ちくま学芸文庫

# 翻訳仏文法 上

鷲見洋一

筑摩書房

**目次**

はじめに　11

引用文献　16

序　　　　　仏語翻訳という文化　27
　　　　　　1　外の世界　28
　　　　　　2　内の世界　31

第1章　　　フランス語の特性　39
　　　　　　1　フランス語の単語は多義的である　40
　　　　　　2　フランス語は抽象性の強い言語である　44
　　　　　　練習問題1　53

第2章　名詞(1)　訳しにくい名詞　54
　　　　　　1　凝縮と分解　55

　　　　　　　　　　2　主語名詞をめぐって　58
　　　　　　　　　　3　逆転の原理　67
　　　　　　　　　　練習問題2　72

第3章　名詞(2)　　何故これほどまでに名詞か　73
　　　　　　　　　　1　文法的・形態的条件　75
　　　　　　　　　　2　社会的条件　80
　　　　　　　　　　練習問題3　84

第4章　名詞(3)　　抽象名詞をめぐって　85
　　　　　　　　　　1　抽象名詞の複数形　86
　　　　　　　　　　2　抽象名詞の特殊用法　92
　　　　　　　　　　練習問題4　101

第5章　形容詞(1)　訳語と語順　102
　　　　　　　　　　1　いくつかのおさらい事項　103
　　　　　　　　　　2　転位形容詞　108
　　　　　　　　　　3　「そのまま」上手に訳す　111
　　　　　　　　　　4　語順をどうするか　116
　　　　　　　　　　練習問題5　121

第6章　形容詞(2)　品詞を変えて訳す　122
　　　　　　　　　　練習問題6　133

第7章　形容詞(3)　　省略・短縮と用法転換　134
　　　　　　　　　1　省略・短縮　135
　　　　　　　　　2　叙述用法と限定用法の相互転換
　　　　　　　　　　139
　　　　　　　　　練習問題7　144

第8章　副詞(1)　　そのまま訳と加減訳　145
　　　　　　　　　1　「そのまま」訳す　145
　　　　　　　　　2　訳しかたの加減　149
　　　　　　　　　練習問題8　155

第9章　副詞(2)　　抱きあわせ訳・述語訳・転換訳
　　　　　　　　　156
　　　　　　　　　1　ほかの語と抱きあわせて訳す　157
　　　　　　　　　2　述語的に訳す　159
　　　　　　　　　3　さまざまな転換　162
　　　　　　　　　練習問題9　166

第10章　限定詞(1)　　冠詞　167
　　　　　　　　　1　冠詞の重要性　168
　　　　　　　　　2　定冠詞　170
　　　　　　　　　3　不定冠詞　174
　　　　　　　　　練習問題10　183

第 11 章　限定詞(2)　指示形容詞　184
　　　　　　　　　　1　小説における「あれこれ」　185
　　　　　　　　　　2　「以上」と「以下」、および「例の」
　　　　　　　　　　　187
　　　　　　　　　　3　訳しかたの工夫　191
　　　　　　　　　　4　感情的用法　192
　　　　　　　　　　練習問題 11　194

第 12 章　限定詞(3)　所有形容詞　196
　　　　　　　　　　1　ほかの訳語への置き換え　198
　　　　　　　　　　2　習慣的関係　200
　　　　　　　　　　3　分解練習　202
　　　　　　　　　　4　主語となる所有形容詞　203
　　　　　　　　　　練習問題 12　206

第 13 章　人称　　　翻訳と人称分裂　208

第 14 章　代名詞(1)　人称代名詞　217
　　　　　　　　　　1　人称支配　218
　　　　　　　　　　2　視点移入　221
　　　　　　　　　　練習問題 14　226

第 15 章　代名詞(2)　指示代名詞、および不定代名詞 on
　　　　　　　　　　227

　　　　　　　1　指示代名詞　227
　　　　　　　2　不定代名詞 on　231
　　　　　　　練習問題 15　236

**第 16 章　代名詞(3)　関係代名詞 1**　237
　　　　　　　1　限定用法と説明用法　238
　　　　　　　2　うしろから訳し上げる　239
　　　　　　　3　順行訳が義務づけられる場合　242
　　　　　　　練習問題 16　246

**第 17 章　代名詞(4)　関係代名詞 2**　247
　　　　　　　1　並列式の処理　247
　　　　　　　2　入れ子式の処理　251
　　　　　　　3　普遍的記述の関係代名詞　254
　　　　　　　練習問題 17　258

**第 18 章　動詞(1)　抽象動詞を訳す**　259
　　　　　　　1　目的語を動詞で訳す　261
　　　　　　　2　動詞を副詞に転換する　263
　　　　　　　3　「思う」と訳せる動詞　264
　　　　　　　4　「言う」と訳せる動詞　265
　　　　　　　練習問題 18　267

第 19 章　動詞(2)　「説明」の時制 1　現在形　268
　　　　1　発話主体と発話態度　269
　　　　2　現在形　271
　　　　　練習問題 19　284

第 20 章　動詞(3)　「説明」の時制 2
　　　　未来形と複合過去形　285
　　　　1　未来形さまざま　285
　　　　2　複合過去形　289
　　　　　練習問題 20　298

第 21 章　動詞(4)　「語り」の時制 1
　　　　単純過去形と大過去形　299
　　　　1　単純過去形　300
　　　　2　大過去形　302
　　　　　練習問題 21　309

第 22 章　動詞(5)　「語り」の時制 2
　　　　半過去形(1)　310
　　　　1　半過去の説明と翻訳　310
　　　　2　小説の作中人物にかかわる半過去形　313
　　　　3　因果関係を表わす半過去　319
　　　　4　反復および未遂　320

練習問題22　323

第23章　動詞(6)　「語り」の時制3
　　　　　　　　半過去形(2)　324
　　　　　1　絵画的半過去（その1）　324
　　　　　2　絵画的半過去（その2）　329
　　　　　　練習問題23　331

第24章　動詞(7)　アスペクト　333
　　　　　1　展開のアスペクト　335
　　　　　2　開始のアスペクト　338
　　　　　3　「折節」や「以前・以後」を表わすアスペクト　340
　　　　　　練習問題24　343

第25章　動詞(8)　分詞1　現在分詞　344
　　　　　1　ジェロンディフ　345
　　　　　2　文頭と文末の現在分詞　348
　　　　　3　現在分詞の並列文　352
　　　　　　練習問題25　353

第26章　動詞(9)　分詞2　過去分詞　354
　　　　　1　訳し上げる処理　355
　　　　　2　主語にかかる過去分詞　357

3　フラーズにほどく　360
      練習問題26　363

**練習問題訳例**　365
**内容索引**　381

# はじめに

　『翻訳仏文法』と題するこの奇妙な書物の成り立ちについて、まず簡単にのべておきたいと思う。

　もうかなりまえのこと、私の大学の後輩で小池三子男という人物が日本翻訳家養成センター（現バベル）に入社した、という話を聞いた。なんでも『翻訳の世界』なる日本では珍しい専門誌の編集にたずさわっているという。良き文学青年である小池君は、またなかなかの先輩思いでもあり、ちょくちょく母校に顔を出しては私の仲間や同僚たちから話を聞いたり、ときには原稿を依頼したりしていた。かくいう私にお鉢がまわってきたのは 1979 年ごろだったと思う。それも単発の記事ではなくて、できれば一年間の連載を、という注文である。

　当時の私はさしたる翻訳の実績もなく、また翻訳という営みについて特別な考えがあるわけでもなかった。そこで、じぶんが大学で担当している仏文科の授業の現場報告といった形での、現在進行形の連載であれば引き受けてもよい、と返事した。こうして 1979 年 8 月号から翌年の 8 月号まで、都合 13 回にわたり、「ふれんち先生てんやわんや」と題するなんとも奇抜な連載記事を、月刊誌『翻訳の世界』に書かされるはめとなったのである。

　外国文学や外国語を教える日本の大学教師がものを書こうとするとき、本人の教室体験や現場感覚は努めて忘れようとするのが通例だ。教室という世界はあまりにも初歩的

で、誤謬や誤解にみちあふれ、チョークの粉にまみれすぎている。しかしながら、この騒々しい職場はもしかすると一般に考えられている以上に生々しい外国摂取の現場なのではないかという認識を、すくなくともこの私はどうしても捨て去る気になれなかったのである。

モルモットにされた当時の仏文科の二年生たちこそいい迷惑だったろうが、この体験をつうじて、私は学生たちの答案や訳例を検討しながら、あらためて翻訳とは何かという問題についてあれこれ思案するという貴重な機会に恵まれた。

折も折、『翻訳の世界』誌上に安西徹雄氏が「翻訳英文法」という画期的な連載を開始し、私は一読者として安西氏の卓抜な発想や論考からひとかたならぬ刺激を受けた。「ふれんち先生……」の仕事にも先が見えてきたころ、小池君は何くわぬ顔をして「どうです、今度は「翻訳仏文法」というのをやってみませんか」ともちかけてきた。良き先輩思いである彼は、同時にまた良き編集者でもあったのである。安西氏の翻訳者としての力量に常々畏敬に近い賛嘆の念を抱き、また、すでにして連載記事執筆のしんどさを毎月いやというほど味わわされてきた私は、この注文におおいに怯え、また逡巡した。しかしながら一方で、長いことフランス語・フランス文学に親しんできた身としては、ほかに類書のないこのような試みは大きな魅力であったし、何よりもじぶん自身にとって有益な励みになるのではないか、とも考えた。そしてついには、蛮勇が臆病にうちかち、またしてもわが小池青年をほくそ笑ませる仕儀とあいなったのである。

連載は1980年9月号より始まり、1985年夏現在六年目を迎えてようやく先が見えてきたところである。そのあいだ、私は一年半ほどパリに留学し、連載稿を毎月、航空便の速達でパリ中央郵便局から東京の編集部へ送るなどという綱渡りのような芸当を演じもした。また、留学直前には日本翻訳家養成センター（現バベル）に新設された通信教育による「翻訳家養成講座・翻訳仏文法コース」のテクストをたった半年で執筆するという重労働を余儀なくされ、いつしか私は、社員の平均年齢三十余歳という、まるで学生のサークルみたいな、やたらに人使いの荒いこの会社に、半ば強制される形で深い親近感と連帯感のようなものを抱くようになったのである。
　そうこうするうちに、小池三子男君は一身上の都合で退社し、「翻訳仏文法」の担当は海保なをみさんに替り、さらに海保さんから藤井恵子さんに、そしてまた海保さんに受け継がれて現在に至っている。
　本書は連載稿の主として前半部分を大幅に手直ししてまとめたものであり、安西徹雄氏の『翻訳英文法』（のちに『英文翻訳術』としてちくま学芸文庫に収録）をお手本に、語学文法の枠組みを温存しながら、そのなかで仏文翻訳の発想や技術を論じる体裁をとっている。いわゆる文法枠を離れて翻訳本来のさまざまな問題を検討する後半部分は、いずれ刊行される下巻に収録される。安西氏の優れた業績に比べて、私のつたない仕事にいくばくかの新しさがあるとすれば、それは仏文翻訳のノウハウを考えていくプロセスのなかに、現代の日本において翻訳というものが果たしている文化的役割をめぐってのささやかな考察をところど

ろに挿入した、ということぐらいであろう。その意味で本書は、単なる文法書ではなく、私流のエッセーないしは文化論・文学論として読まれるべきものであるかもしれない。

 もとより私は文法や語学の専門家ではない。日頃からフランス語の書物に親しみ、いくばくかの翻訳を手がけ、じぶんなりの研究活動に従事している、ごくありきたりの大学教師の一人であるにすぎない。その限りではこの翻訳仏文法は、1980年代日本におけるフランス語翻訳に関する、ごく平均的なレポートという以上のものではない。望むらくは、今後、有能な翻訳者、そしてとりわけ言語学者や文法学者の方々が、私の模索してきた領域をさらに拡大しまた踏み越えて、より本格的な翻訳実践書や翻訳理論書を生み出してほしい、とつくづく思うものである。

 なお本文中に引用したフランス語の文例は、時事文、童話、学術書、小説などできるだけ多くのジャンルから収集するように努めたが、ほとんどのものについては出典を記した。ただし文法教科書や辞書などから借用した短文についてはその限りではない。

 さらに、上巻・下巻をつうじ、フランス文学作品の優れた既訳をときどき使わせていただいた。また、思い切った頭の切り換えのために、新しい試みとして日本文学の仏訳を逆用するという方法を援用した。これまでのようにフランス文から日本文へという方向で翻訳を考えずに、逆に日本文の仏訳をテクストとして、もとの日本文を仏訳文の「翻訳」にみたてるやりかたである。この方法にはそれなりの欠陥もある。「テクスト」はあくまで日本文からの翻訳に

すぎない以上、フランス語本来の自然な姿からはいくらか遠いところにあるはずである。けれども、すぐれた邦訳の文章がそのまますぐれた日本語になっているというのが本当なら、すぐれた仏訳の文章もまたすぐれたフランス語になっている道理であろう。それに、この方法の強味はなんといっても一流作家の筆になる日本文のこなれた味わいにある。いくつかの留保はつけた上で、私たちはこう考えることができるのではないか——すぐれた邦訳とは、日本文の仏訳文をできるだけもとの日本文に移し戻すとでもいうかのように、フランス人の書いたフランス語の文章を翻訳しようとする作業のことである、と。

　毎月、締切日に怯え、苦労して例文を集め、問題点を整理して原稿にまとめるのはひどくつらい作業であったが、観念の世界に一つの建物を構築していく手応えは決して悪いものではない。翻訳仏文法という名の家を建てるために貴重な土地を提供して下さった『翻訳の世界』の若いスタッフの皆さん、とりわけ連載稿を単行本としてまとめる厄介な仕事に協力してくださった海保なをみさん、また私の設計に斬新なアイディアをいくつもあたえて下さった「翻訳英文法」の安西徹雄さんや「翻訳独文法」の宮下啓三さんに、深い感謝の意を表明したいと思う。

　なお、今回の文庫化にあたり、「序」を全面的に差しかえた。

## 引用文献

　本文中に引用したテクストは以下のとおりであるが、ほぼ八つのカテゴリーに大別されると思う。
　1：フランスで出版されている単行本、定期刊行物からの直接引用。
　2：フランスおよび日本で出版されている論文や選文集からの孫引き。この場合は（→ □）の形で、出典の該当数字を示した。
　3：日本で出版されているフランス語教科書からの引用。原題につづく（　）内で日本語題名を示した。
　4：日本語のテクストとその仏訳。日本語のテクストは、原則として現代かなづかいに改めたものをもちいた。仏訳は原作につづけて示し、訳者名を明示した。
　5：フランス語のテクストの和訳。原作につづけて示し、訳者名を明示した。ただし、フランス語の原文を本文中に引用していないものについては、和訳のみを示した。
　6：ただ言及のみで、引用していないテクストのうち、本書の作成に何らかの形で深いかかわりをもつもののみを掲げ、［　］に入れた。
　7：定期刊行物からの引用のうち無署名の記事については、日付のみ示した。
　8：辞書や日本で出版されている文法教科書から借用した短文、および私自身の作文になるものについては、このリストに加えず、引用の都度＊印を付した。

以下の引用文献リストは、1〜6までに該当するものを著者名のアルファベット順にならべ、7の定期刊行物のみ末尾にまとめた。本文中の引用文末尾に付した数字（— □）はこのリストの番号を表わしている。

1　ALAIN : *Mars ou la guerre jugée*, Gallimard
2　ALLIOUX, Yves-Marie : *Un Spectacle amusant*（『続日本点描』），白水社
3　ALLIOUX, Yves-Marie : *Un Spectacle intéressant*（『日本点描』），白水社
4　AMIEL, Henri Frédéric : *Journal intime*（→53）
5　［安西徹雄：『英文翻訳術』，ちくま学芸文庫］
6　有吉佐和子：『華岡青洲の妻』，新潮文庫
7　ARIYOSHI, Sawako : *Kaê ou les deux rivales*（tr. Yoko Sim / Patricia Beaujin），Stock
8　AYMÉ, Marcel : *La Vouivre*, Gallimard
9　BARRÈS, Maurice : *Le Jardin de Bérénice*, dans *Œuvres*, t. 1, Club de l'Honnête Homme
10　BELLETTO, René : *L'Enfer*（→22）
11　BEN JELLOUN, Tahar : *La Vie est pudique comme un crime*（→22）
12　BOSCO, Henri : *L'Enfant et la rivière*（『少年と川』），海出版社
13　BRUNHOFF, Laurent de : *Gregory et Dame Tortue*（『兎と亀の愉快な冒険旅行』），白水社
14　CAILLOIS, Roger : *Art poétique*（→15）
15　CAILLOIS, Roger : *Babel*, Gallimard

16  CAMUS, Albert : *Le Mythe de Sisyphe*, Gallimard
17  カミュ，アルベール：『シーシュポスの神話』（訳 清水徹），新潮社
18  CARTANO, Tony : *La Gorge aux loups* (→22)
19  クルツィウス，エルネスト・ロベルト：『フランス文化論』（訳 大野俊一），みすず書房
20  ディドロ，ドニ：『ラモーの甥』（訳 本田喜代治／平岡昇），岩波文庫
21  ENARD, Jean-Pierre : *Morts en fanfare* (*Le Monde Dimanche*, 20 février 1983)
22  *Etat des lieux*, Presses de la Renaissance
23  遠藤周作：『海と毒薬』，角川文庫
24  ENDO, Shusaku : *La Mer et le poison* (tr. Moto Miho / Colette Yugué), Buchet / Chastel
25  *Etude de l'expression française*, Larousse
26  FERAOUN, Mouloud : *Les Jours de Kabylie* (『カビリアの日々』)，白水社
27  FLAUBERT, Gustave : *Madame Bovary* (→40)
28  フーコー，ミシェル：『狂気の歴史』（訳 田村俶），新潮社
29  *La France et les Français* (*Encyclopédie de la Pléiade*), Gallimard
30  GADENNE, Paul : *La Plage de Scheveningen*, Gallimard
31  ガデンヌ，ポール：『スヘヴェニンゲンの浜辺』（訳 菅野昭正），集英社
32  GIDE, André : *Journal*, Gallimard

33　GIROD, Roger / GRAND-CLÉMENT, François : *La France au jour le jour* (『ふらんす・あれこれ』), 朝日出版社

34　GONCOURT, Edmond / Jules : *Madame Gervaisais*, Gallimard

35　GREEN, Julien : *Amours et vie d'une femme* (『ある女の愛と生活』), 駿河台出版社

36　GREEN, Julien : *Le Grand Œuvre de Michel Hogier* (→35)

37　GREEN, Julien : *La Révoltée* (→35)

38　GREVISSE, Maurice : *Le Bon Usage*, Duculot

39　*Le Guide Michelin 1972* (→40)

40　GUILLEMIN-FLESCHER, Jacqueline : *Syntaxe comparée du français et de l'anglais — Problèmes de traduction*, Editions Ophrys

41　GUILLOT, René : *Le Voyage en ballon*, Hachette

42　檜谷昭彦：『ことわざの世界』, 日本書籍

43　日高佳：「直説法半過去試論——現代フランス語におけるその本質的機能と用法」,『東洋女子短期大学紀要』Nº 13, 1981

44　［堀口大學：『月下の一群』, 新潮文庫］

45　池内紀：「ひとり二役」,『図書』, 岩波書店, 第 650 号 2003 年 6 月

46　KARASU, Bilge : *Un Pèlerin du moyen âge* (*Le Monde Dimanche*, 17 octobre 1982)

47　工藤庸子：『ヨーロッパ文明批判序説——植民地・共和国・オリエンタリズム』, 東京大学出版会, 2003 年

48 レイン，R.D.：『ひき裂かれた自己』（訳 阪本健二／志貴春彦／ほか），みすず書房
49 LAUDE, André : *Bulle* (*Le Monde Dimanche*, 3 octobre 1982)
50 LEBLANC, Maurice : *813*, Le Livre de Poche
51 LEGRAND, Eloi : *Stylistique française — Livre du maître*, Gigord
52 LEJEALLE, Léon : *«Analyse de la pièce»* dans son édition du *Barbier de Séville*, Nouveaux Classiques Larousse
53 LOMBARD, Alf : *Les Constructions nominales dans le français moderne, étude syntaxique et stylistique*, Uppsala
54 LOUŸS, Pierre : *Lêda,* dans *Pages choisies*, Aubier-Montaigne
55 MALRAUX, André : *La Condition humaine* (→40)
56 MARK TWAIN : *Tom Sawyer* (→40)
57 MAUPASSANT, Guy de : *Histoire d'une fille de ferme* (→58)
58 MAUPASSANT, Guy de : *La Maison Tellier*, Garnier-Flammarion
59 MAUPASSANT, Guy de : *Un Réveillon* (→43)
60 MAUPASSANT, Guy de : *Une Vie*, Garnier-Flammarion
61 MAUPASSANT, Guy de : *Yvette* (→58)
62 MAURIAC, François : *Thérèse Desqueyroux* (→40)
63 MIHO, Moto : *Visages de la France* (『フランスの素

顔』),第三書房

64 三島由紀夫:『午後の曳航』,新潮文庫
65 MISHIMA, Yukio: *Le Marin rejeté par la mer* (tr. Gaston Renondeau), Gallimard
66 三島由紀夫:『金閣寺』,新潮文庫
67 MISHIMA, Yukio: *Le Pavillon d'or* (tr. Marc Mécréant), Gallimard
68 三島由紀夫:『潮騒』,新潮文庫
69 MISHIMA, Yukio: *Le Tumulte des flots* (tr. Gaston Renondeau), Gallimard
70 [宮下啓三:「翻訳独文法」(月刊誌『翻訳の世界』に 1983 年 12 月号から 1985 年 7 月号まで連載)]
71 MOIGNET, Gérard: *Systématique de la langue française*, Klincksieck
72 MOREAU, Maurice: *Le Japon d'aujourd'hui*(『日本のすがた』),三修社
73 [中村保男・谷田貝常夫:『英和翻訳表現辞典』],研究社
74 大野晋/浜西正人:『類語新辞典』,角川書店
75 PAOLETTI, Michel: *Civilisation française contemporaine*, Hatier
76 PIVIDAL, Raphael: *08 ou la haute fidélité* (→22)
77 RECHER, Robert: *Rudi et le chamois*, Amitié
78 RICHARD, Michel: *La Mort d'Ulysse*(『ユリスの死』),三修社
79 ROTHSCHILD, Nadine de: *La Baronne rentre à cinq heures*, Jean-Claude Lattès

80  SAGAN, Françoise : *Le Sang doré des Borgia*, Flammarion
81  SAGAN, Françoise / HANOTEAU, Guillaume : *Il est des parfums ...*, Jean Dullis Editeur
82  SARTRE, Jean-Paul : *La Chambre* (→43)
83  SARTRE, Jean-Paul : *Erostrate* (→43)
84  SARTRE, Jean-Paul : *Intimité* (→43)
85  SARTRE, Jean-Paul : *La Mort dans l'âme* (→43)
86  SARTRE, Jean-Paul : *Le Mur* (→43)
87  SARTRE, Jean-Paul : *La Nausée* (→43)
88  SCHMIDT, Joël : *Le Cyclope* (→22)
89  SEMPÉ/GOSCINNY : *Le Petit Nicolas*, Denoël
90  SUPERVIELLE, Jules : *Orphée* (『オルフェ』), 文林書院
91  [高橋泰邦：『日本語をみがく翻訳術』], バベル・プレス
92  谷崎潤一郎：『陰翳礼讃』, 中公文庫
93  TANIZAKI, Junichiro : *Eloge de l'ombre* (tr. René Sieffert), Publications orientalistes de France
94  多和田葉子：「ある翻訳家への手紙」,『図書』, 岩波書店, 第652号 2003年8月
95  TOKAREVA, Viktoria : *Happy End* (*Le Monde Dimanche*, 10 octobre 1982)
96  TOURNIER, Michel : *Vendredi ou la vie sauvage*, Gallimard
97  外山滋比古：「記憶のアンソロジー」,『学鐙』, 丸善, 第100巻第8号 2003年8月
98  TRIOLET, Elsa : *La Femme au diamant* (『ダイヤの

女』)，三修社
99 VERCORS : *Le Silence de la mer* (→40)
100 ヴァインリヒ，ハラルト：『時制論』（訳 脇坂豊ほか），紀伊國屋書店
101 WILMET, Marc : *Etudes de morphosyntaxe verbale*, Klincksieck
102 ［柳父章：『比較日本語論』］，バベル・プレス
103 ZOLA, Emile : *Nana*, Garnier-Flammarion
104 ZOLA, Emile : *La Bête humaine*, Garnier-Flammarion

i *Figaro*, 4 octobre 1982
ii 『翻訳の世界』，1980 年 3 月号
iii *Le Monde*, 11 novembre 1980
iv *Le Monde*, 19 octobre 1982
v *Le Monde*, 12 mars 1983
vi *Le Monde*, 15 avril 1983
vii *Le Monde*, 7 mai 1983
viii *Le Monde*, 21 mai 1983
ix *Télérama*, N°1705
x *20 ans*, juillet 1980
xi *Magazine littéraire*, avril 1983

**翻訳仏文法──上**

序

# 仏語翻訳という文化

　21世紀に入ったばかりの現在、日本における仏語翻訳について論じるということは、何を意味するのか。いいかえれば、本書の初版が刊行された1980年代と比較してみて、ここ20年間に何が変わり、何が変わらなかったといえるのか。

　はっきりしているのは、国際関係や社会環境などの、どちらかというと外部世界の激変によって、翻訳、それもとりわけ仏語翻訳をめぐる状況は大きく変わったという事実である。一方、翻訳それじたいの「内部」、あるいは現場の事情、すなわちフランス語で書かれたテクストを睨みながら、翻訳作業を進めるという営みそれ自身についてはどう

だろうか。何が変わったかと問われると、原稿用紙に代わり、パソコンが愛用されるようになって久しいという、いわば道具や機材に関する新機軸を話題にできるぐらいだろう。20年前と今とで、フランス語翻訳の方法や思想に、とりたててここで強調したくなるほどの革新や変化があったとは思えない。まずは、このあたりが、私の漠然とした認識である。

## 1　外の世界

　ともかく、ここ20年で変わったことの確認からはじめよう。変化はもっぱら、翻訳作業にとって外の世界に起きている事柄に限定されるようである。

　私の職場に引き寄せて言えば、大学でフランス語を履修する学生数が激減したこと。トルシエ監督率いるサッカー・チームの活躍で、全国の大学におけるフランス語履修者数が微増したなどという儚い喜びも、もはや旧聞に属する。ましてや、フランス文学専攻の在籍者数は、この20年間で、おおげさでなく半分以下から四分の一にまで落ちてしまった。

　また、大学に開設されているフランス語教室が、従来の文法中心型から発信型に決定的に転換したことも無視できない。それによって、従来のように短期間で初級文法を学習してから、無理は承知で、すぐに「読んで訳す」式の講読型授業に切り替えるという定型（すなわち文学青年向きの定型）が壊れ、発音もよく聞き取りも確かだが、内容のあ

るテクストに向かうとあまり読めない学生が目立ってきた。原文への距離はますます遠くなり、むろん例外もあるが、フランス文学専攻の平均的学生で、卒業論文作成のために原書を読む、いや、それ以前に原書を買う学生が、いまやほとんど見あたらない事実はやはり衝撃である。また、文学が好きで仏文科を志望する者はほとんど見あたらず、わずかにフランスという国が日本でまとわされている幻想のヴェールを信じて、「カフェ」や「サロン」や「ロココ」や「ポンパドゥール夫人」などという、ろくに参考文献もなく、また、正直言ってそれほど取り組みがいがあるとも思えないテーマについて、「研究」とやらをしたがる学生が多い。

　居酒屋に入って、「とりあえず」ビールという注文の仕方があるが（外国人がこれを銘柄の一種と勘違いしたという、無理からぬ笑い話がある）、いまや「ロココ」や「ポンパドゥール夫人」は「とりあえず」の研究テーマなのである。

　次に、仏語翻訳書の中で、文学が占めていた地位がますます低下してきた傾向は無視できない。大出版社が次々と繰り出してはそれなりに評判をとり、売れ行きも上々だった大規模な「文学全集」が、いつの間にか影を潜めたのも、もうかなり前からのことである。手にとって読まれるかどうかは別にしても、とにかく一般家庭のリヴィングの壁に「バルザック」や「プルースト」という背文字が見えるという時代は終わったのだ。

　もう少し細かくみていくと、フランスの海外領土や海外県、あるいは旧植民地を除外した、「エグザゴーヌ」（六角形）と呼ばれるフランス本土中心の中華思想が低下して、

わが国でもさすがに「クレオール」への関心が高まったり、旧植民地作家の作品が翻訳されたりしはじめている。いきおい、フランスときけば、サルトルやカミュを思い浮かべた頃にフランスが享受していた、「本土文学」人気に陰りが兆している。

ようするに、フランスに限らず、まず世界は脱文学に向かい、また文学の世界では脱フランスの傾向が強まっているのだろう。工藤庸子氏の『ヨーロッパ文明批判序説——植民地・共和国・オリエンタリズム』（— ㊼）は、そうした動向を見据えた上で、おどろくべき膂力をふるって執筆された、まったく新しいフランス文学論であり、フランス文化論である。

この傾向には、サイードらの影響も一役買っている。ヨーロッパ中心主義という言葉は、いまや口にするのも恥ずかしいほど手垢にまみれ、アジアや辺境への興味が学生レヴェルでも増してきて（心ある仏文の学生は、卒業旅行にパリになど行かず、インドやメキシコに行くのが流行っているらしい）、フランス文学をこれまでのような絶対的、一方的観点から無条件に評価しようとする憧憬者の視点は希薄になってきた。すなわち、翻訳をかならずしもヨーロッパ中心で考えなくなってきたのだ。

翻訳文化が一頃体現していた、あの懐かしい教養主義の装いをまとった文化的権威主義も変質し、圧倒的なカリスマ性をもった若干のこけおどし的名辞（「ボオドレエル」、「ワグネリスム」、「ロマネスク美術」、「作者の死」、「非人称性」、「実存」など）が、いまやまったく死に絶えてしまった。

最後に、デジタル・メディア時代という、20年前には想

像だにできなかった背景を考慮しないわけにはいかない。インターネットの普及、各種テクスト・データベースの充実、コピー&ペーストによる、文章や、いやそれどころか場合によっては、思想それじたいの複写や移動が簡便化した今、すべては何かの翻訳であり、模写であるといった、ある意味では終末観にも似た考えが瀰漫しはじめてもおかしくはないだろう。私たちが書いたり喋ったりすること、いや、それ以前に、何かを感じたり考えたりする内面の営みのすべてが、すでにどこかで感じられ、考えられたことの反復や模写にすぎないとしたら、翻訳など機械に任せてしまっても構わないのでは、という疑問が生じてきてもおかしくない。

　問題は、以上にのべた事柄が、フランス語を翻訳するという作業それじたいに、「本当に」深刻きわまりない影響をあたえているのかということである。


## 2　内の世界

　ここまで紹介してきた諸事情をすべて認め、ここ20年来の環境の激変ぶりを強く感じてみても、いざ翻訳という営みの正真正銘の現場に即して我に返ってみると、実際の翻訳手続きにさほど劇的な変化は認められないのではないか、というのが私の正直な実感でもある。机の上で翻訳者が引く辞書が、冊子体からDVDに替わり、訳語選びにデジタル・データ化された類語辞典を活用できても、基本的には、翻訳文を作成するのは翻訳者自身であり、紙と鉛筆

で原稿用紙の升目を埋めていくという訳業の感触や手応えは、依然として健在だということである。

　それに加えて、まず、わが国における翻訳書なるものの体裁は、この20年間で何も新しい兆候など見せていない。どれでもいい、翻訳書をひもといてみよう。巻頭の原著者序文に続く、翻訳者序文、翻訳者後書き、恩師や配偶者への謝辞、本文中に「ベートーヴェン」とあるだけで生没年を割り注にしないと気がすまない原注に倍する煩瑣な訳注。すなわち、フランス現代思想風にいうなら「パラテクスト」群の発散するそれなりのしつこさ、あるいはカリスマ性から見ても、日本文化に占める翻訳の場所は、欧米におけるそれとはかなり趣を異にすると断定せざるをえない。欧米の翻訳書は、洋書屋で手に取ってみれば分かることだが、翻訳者のステイタスがきわめて低く、表紙に名前が見つからないような場合すら珍しくない。ひるがえって我が国では、依然として、翻訳は外来の「重大事件」であり、「事件」の報道に関しては、翻訳者という「識者」のコメントや解説が欠かせない。大学の人事などでも、翻訳が書き下ろしの単行書とほぼ同じレヴェルの重要な「業績」とみなされるのも、このことと無関係ではない。

　その結果、翻訳をめぐって生み出されるさまざまな意見や言説は、この「事件性」に焦点をあてた、ということは実際に読んだり、訳したりという現場をどちらかというと置き去りにしたような高踏的なものが多くなる。その種の議論でもっとも説得性のあるのが、質の高い文学作品の、例外的で苦難に満ちた翻訳作業を論じると、それがいつの間にか翻訳に関する普遍的な一般論として受け取られてしま

いがちな風潮である。たとえば、こういう感慨が書き留められる。

　「モンテーニュについて、いつも感じるのは訳文の壁である。いずれも苦心の労作であるのはわかるが、ところどころ隔靴掻痒の思いをする。本当のモンテーニュの声のきこえないのがもどかしい。そんなことは、何もモンテーニュに限ったことではないが、エッセイでは大きな問題である。
　翻訳されたものはわれわれの心のひだの奥まで達することが難しいのではあるまいか。明治以降、外来の文学、著作が日本で古典になりにくいのは、やはり、文体が翻訳できなかったからであろう。」（外山滋比古「記憶のアンソロジー」、『学鐙』— 97）

酸いも甘いも嚙み分けた大読書家である外山滋比古氏が、「エッセイ」というものの翻訳しにくさについて書いている。一読、私もまったくその通りだと思う。ただ、そう思わされてしまうのは、実は外山氏が書いている文章そのものが一個の「エッセイ」になっていて、私がその文体に共感・共鳴しているという、きわめて文学的事情によるのであって、日本では翻訳を論じるエッセイという、一個の文学的ジャンルとでも呼べる営みが成立するのである。ところが、読者によっては、モンテーニュという、日本人が一万人に一人も読んでいるかどうか分からないような西洋古典作家の筆になる大傑作の「味わい」を説いた、外山氏のこの一文を、エッセイと読まず、あらゆる外国語テクス

トの翻訳に当てはまる、いわば翻訳不可能論として解釈しかねない人が少なくないはずである。この誤解には無理からぬものがある。「翻訳」をイコール「文学の翻訳」と置きかえてしまう、やや古いタイプの反応である。そこから、「文学の翻訳論」イコール「翻訳論一般」に変身してしまうまではわずかに一歩である。むろん、これは先ほどのべた、シェイクスピアやゲーテやポーが客間を飾る世界文学全集の中心的スターであった時代の名残りなのであって、そのような時代に、新聞・雑誌記事や広告文などを素材に翻訳を論じるなどという試みは、むしろ的はずれで軽佻浮薄な印象をあたえたにちがいない。現在、事情はまったく逆である。翻訳の「現場」を論じるとは、ほとんど誰も読まないような古典文学をどう訳すかについて思考をめぐらせるのではなく、巷にあふれたごく日常的な外国文をいかに日本語に移し替えるかについて工夫することなのである。

　もう一例をあげよう。翻訳家の池内紀氏は翻訳者を三つのタイプに分ける。「おとなしい子」、「お利功な子」、「腕白な子」である。「おとなしい子」は退屈、「お利功な子」は冷たい。では「腕白な子」は？

　「腕白型はどうであるか？　彼は石をおそろしく遠くに投げられるし、標的に命中できる。ときには標的のないところにも剛球を投げこむ。明快そのもののところを、腕力で混乱させ、埋もれた深さは無視するが、背後に入りこんで、独自の鉱脈を掘りあてたりする。遊び仲間としては楽しいが、その言動はあてにならない。
　世の母親、また教師の好みのせいだろう、町から腕白

坊主が急速に姿を消したように、このタイプの翻訳者も また、近年めだって少なくなった。」(池内紀「ひとり二 役」、『図書』— ㊺)

　私には痛いほどよく分かる、うがった真理がのべられて いる。いうまでもなく、ここで池内氏が「腕白型」で思い 浮かべているのは、すこしヤクザっぽくて酒の好きそう な、ようするに「文学が分かる」昔風な翻訳者のイメージ であり、たとえば「ニューヨーク・タイムズ」の社説を見 事な時事日本語に翻訳したり、テレヴィで放映される洋画 の吹き替え用に、あの絶妙な台詞を案出するような人間の ことではない。
　もうそろそろ察して頂けたと思うが、私が本書で狙って いるのは、いわゆる「フランス文学」の翻訳論ではなく、 どちらかというと、どこにでもあるようなフランス語で書 かれた文章を、なるべく分かりやすい現代日本語に移し替 えるためのマニュアルなのである。いたるところに「文学」 作品が引用され、ところどころに我流の文化論のようなも のが挿入されるが、目指すのはどこまでも平易なフランス 文の日本語訳であって、なにやら香り高い文化的営為や悪 戦苦闘の文学翻訳などとは、一線を画した平凡で地味な作 業を原点にしているつもりである。
　ただ、いくら平凡で地味とはいっても、翻訳者がただの 「記号解読者」であるとは思わないでほしい。翻訳仏文法は お手軽な「解読教本」ではない。多和田葉子氏が、それに ついて、うまいことを言っている。

「文学の翻訳は、作品の中の『情報』を訳すのではないはずです。なぜなら、文学を文学にしているのは、情報ではないからです。それが一体何なのかを原文において自分なりに理解し（この段階がすでに作者にとっては誤解されるということですが、しかし、誤解以外の理解の仕方はないのでそれでいいのです）、それを別の言語で再現するということは、一種の演出です。演出家として何らかのアイデアが必要ということになるでしょう。原文をなぞっているだけでは平板になってしまいます。」（多和田葉子「ある翻訳家への手紙」、『図書』— 94）

　多和田氏が言わんとしていることは、別に対象を文学に限定することはなく、翻訳者が手がけるあらゆるテクストについて言えることである。本書の随所で私が書いている「翻訳者道化論」が、ここでは違った言葉でのべられているにすぎない。「演出」、「道化」、「媒介」、「演奏」、どんな比喩を使おうとも、狙いは一つなのである。ようするに、二つの異なった言語間を往復し、それなりに苦労する中間的存在、これが翻訳の現場にいる人間なのである。
　最後に、本書で私が大切にしている「現場感覚」を支える二つの認識を確認しておく。まず、日本語の複数性、重層性という問題である。日本語には大和言葉のほかに、漢語と外来語とがあって、三層構成をなしていると指摘したのは柳父章氏である。翻訳の問題を考える上で、この指摘はことのほか重要である。なぜなら、私たち日本人は、日本語という単一言語を皆ひとしなみに使用しているようで、その実、日本語内部の多層構造を常に意識して、それ

ぞれを使い分け、ときによってはある層から別な層へ、またおなじ層のある語から別な語へと、翻訳するという離れ業までやってのけているからである。月刊誌『翻訳の世界』(― ⅲ) から実例をいくつか拾ってみると――

　飲みものに入れるのが「シュガー」
　煮ものに入れるのが「砂糖」

　暗いときに使うのが「ろうそく」
　わざわざ暗くして使うのが「キャンドル」

　箱に入っているのが「馬鈴薯」
　鍋に入っているのが「じゃがいも」
　皿にのっているのが「ポテト」

　制限のあるのが「タイム」
　限りないのが「時」
　すぐなくなるのが「時間」

　こういう微妙な使い分けの呼吸については、どんな類語辞典も教えてくれはしない。ただ、現代日本人であれば、だれもが無意識にやっていることなのである。似たような現象は、漢字の用法にもある。ペンで書くのが「書簡」、筆で書くと「書翰」。「髭」はクチヒゲ、「鬚」はアゴヒゲ、「髯」はホオヒゲ。辞書は「引く」もの、馬は「曳く」もの、車は「牽く」もの、同情は「惹く」もの、現役は「退く」もの、籤は「抽く」もの。広く考えれば、同音異義語で片づ

けてしまえそうだが、実際に使い分けているときの手応えでは、まず「引く」という「原語」があり、文脈に応じて、それを「牽く」や「曳く」へと「翻訳」する感じというのが、一番正確ではないだろうか。

　二番目の「現場感覚」は、日本語に独特の「視点移入」という現象である。この決定的に重要な問題の捉え方については、本巻第14章の、文字通り「視点移入」と題された節にほぼ尽くされている。この件(くだり)を読んで、私がどのような「センス」や「運動感覚」を伝えようとしているかがピンときてくれるような人がいたら、その人は本書の理想の読者であり、翻訳仏文法の基本感覚をすでに身に付けているということである。この感覚は、ある日突然どこからともなくやってきて、身体に住み着いてくれるもので、豆単(懐かしい単語だ)を端から一ページずつ暗記するようにして、日々の修練の結果手に入るような性質のものではない。ある時から、なぜか自転車にスイスイと乗れるようになるときの感じである。「私は寒い」ではどこかおかしい。それで、「寒い」ですませる感覚である。「彼は彼女に彼女のハンドバッグを返した」と訳さず、「ハンドバッグを返してやった」と書くことができるセンスである。両者のスタイルには、少なくとも学生の初等フランス語の答案文と司馬遼太郎の文体ぐらいの開きがあるのだが、この開きが見えない人は、困ったことだがおそらく一生の間、最後まで絶対に見えないこともありうるだろう。これは職業、年齢、知性、教養と一切関係のない、つまりは自転車に乗れるか乗れないかの話である。どうか、しっかりしたハンドル捌きをわがものとしていただきたい。健闘をお祈りする。

# 第1章

# フランス語の特性

「翻訳という文化」をめぐっての前置きが長くなった。いよいよこの章からは、実践的な仏文翻訳のセンスや工夫について、いろいろな角度から検討を加えてみたいと思う。

しかしながら、翻訳仏文法の項目別各論にはいるまえに、フランス語という言語がどのような特性を持ち、またその特性が翻訳作業の現場にどのような形でかかわってくるかということは、この際はっきりと確認しておいた方がよいと思う。フランス文の翻訳者がとりわけ念頭に置いておくべきフランス語の特性は、大きく二つに分けられよう。それは単語の多義性と語義の抽象性ということである。

## 1　フランス語の単語は多義的である

　翻訳者が辞書を引く際に何よりも気をつけなければいけないのは、フランス語はドイツ語や英語に比べて語彙の数がずっとすくなく、その分だけ個々の単語が多義的になり、時と場合によっては意味がつかみにくい、という事実である。一つの単語には一つの訳語が対応すると思い込んでいると、ひどい誤訳をするおそれがある。実例を挙げよう。いつぞや私が教えている大学の仏文科の授業で、つぎの一行にぶつかった。

① Il arrache des crédits.*

　「彼は予算をぶんどる」というほどの意味である。ある女子学生がこれを「彼は皆に信用がある」と訳した。『スタンダード仏和辞典』の crédit をみると二種類の男性名詞があり、最初のものが「信用、信頼」、二番目が「信用〔貸〕、銀行、貸方、国費、予算額」と出ている。その女子学生はよくできる学生である。crédit の多義性をわきまえ、辞書の提示する訳語をすべて検討した上で「信用」をえらんだものに違いない。

　思うに彼女が「予算」でなく「信用」という訳語をえらんだのは「フランス文化というのはどこまでも人間的・内面的なもので、政治や経済とは無縁な世界でなければならない」という無意識の願望からではあるまいか。「信用」という訳語はいかにも人間的だから彼女の信念を裏切らない。しかし「予算」では夢も希望もないのである。私は誇

張しているかもしれない。しかしながら、訳語の選択肢をまえにした場合に、初心者の判断や決定を目に見えぬ形で支配する思い込みや先入観は、プロの翻訳者にとっても決して無縁なものではないはずである。

たとえばつぎの例をご覧いただきたい。

② Tout art cherche à plaire. Il est mise en œuvre de moyens de **séduction**, qui lui sont propres… Quand il s'agit d'un art du langage, séduire, c'est à la fin persuader. (R. Caillois, *Art poétique* — 14)
どんな芸術も気に入られようと努めるものである。芸術とは持ち前のさまざまな**誘惑**手段を活用することにほかならぬ。言語芸術の場合、誘惑するとは、説得しおおせる、ということだ。

séduction という単語はほとんどの場合、「誘惑」という訳語ですませることができるようでいて、前後の文脈しだいでは多少のニュアンスを持たせた方がよいケースもある。つぎの文例でアレッサンドロなる人物が「誘惑」しようとしている相手は、若い夫を殺されたばかりの実の娘なのである。

③ Alexandre fait appel à toutes les ressources de sa **séduction**. Sa voix compatissante se fait encore plus tendre :
―Eh bien, moi, je veux que vous restiez ici, près de moi. (F. Sagan, *Le Sang doré des Borgia* — 80)

第1章 フランス語の特性 041

アレッサンドロはあらゆる手をつくして**懐柔**を試みた。同情あふれる声がますます優しくなる。
「だが、わしはだな、お前にここでわしの傍に残ってほしいのだ」。

　上記の例は、ほとんどおなじ意味でもちいられている単語を、文脈に応じて微妙に訳し分けただけのことにすぎない。
　だがフランス語の単語が本当に恐いのは、それがまったく異なった意味でもちいられる場合である。名詞の baignoire, 形容詞の nerveux についてそれぞれ二例ずつ引いておく。いずれも最初の例文の方がごくふつうの意味で使われており、二番目の方に誤訳の危険が大きい。

④ Une belle cuve de marbre blanc, supportée par des griffes dorées, occupe le fond de la salle… Musidora vient d'être apportée par Jacinthe jusqu'au bord de la **baignoire**.*
金の握りで支えた白大理石の立派な風呂桶が部屋の奥にあった……ムジドラはヒアキントスの手で**浴槽**の縁まで運ばれてきた。

⑤ Au guichet du théâtre, elle obtint une **baignoire** d'avant-scène dont elle fit monter le volet, puis elle s'installa dans l'ombre et commença d'inspecter la salle.*
切符売場で、彼女は舞台真横の一階**桟敷席**をもとめて、戸を開けてもらい、暗いなかを着席すると、場内をじろ

じろ眺めはじめた。

　文例⑤の baignoire は風呂桶ではなく、劇場の一階にある桟敷席を指す。

⑥ ... jamais il ne l'avait vue si **nerveuse**. Le vin blanc sans doute. (E. Zola, *La Bête humaine* — 103)
こんなに**苛だった**彼女を見るのは初めてだった。おそらく白ワインのせいだろう。

⑦ Vitellozzo Vitelli, vigoureux, **nerveux** et sanguin, dont les deux yeux saillants parviennent à peine à sortir de son visage massif. (— 80)
ヴィテロッツォ・ヴィテッリ、強健で**たくましい**、多血質の男で、突き出た眼ががっしりした顔からとび出しそうだ。

　最後に誤解を生みやすい多義性の好例として動詞 trahir を挙げておく。

⑧ On peut **trahir** un auteur en le traduisant trop littéralement.*
あまりの直訳は、作者の意図を**歪曲**しかねない。

⑨ Judas fut celui qui **trahit** Jésus.*
ユダはイエスを**裏切った**男だった。

⑩ Les coins de sa bouche **trahissaient** son émotion.*
口の端が感動を**表わして**いた。

第1章　フランス語の特性　043

## 2　フランス語は抽象性の強い言語である

　以上見てきたように、フランス語の単語が多義性を特色とすることは、その分だけ守備範囲が広く、いろいろな事物や状況に当てはめることができる、つまり、単語の意味内容が抽象的で一般性を持ちえるということでもある。そのいちばん代表的な例は、avoir, être, faire, mettre, prendre, tenir などの、初級文法の初めに活用変化を暗記させられる基本動詞である。たとえば、tenir という動詞がどういう意味内容を持っているか、思い浮かべてみてほしい。aimer が「愛する」、chanter が「歌う」といった具合に簡単にはいかないはずである。

⑪ J'espère que le beau temps **tiendra** jusqu'à dimanche!*
　天気が日曜までも**てば**いいんだけど。
⑫ Ne **tiens** pas ton verre comme ça, tu vas le faire tomber.*
　グラス、そんな**持ちかた**じゃだめだよ。落としちまうよ。
⑬ Ah! toi, tu **tiens** de ton père! Tu as tous ses défauts!*
　まったく、親父さん**そっくり**だね。悪いところまでみなおなじだ。
⑭ Elle **tient** bien sa maison.*
　彼女は家を**きちんとしている**。
⑮ Tu **tiens** vraiment à nous accompagner à la gare?*
　**どうしても**駅まで送るっていうの。

上の例でも分かるとおり、動詞 tenir の異なった用法は、日本語に訳した場合それぞれ違った訳語があてられている。日本語においては、グラスを「持つ」ことと、家を「きちんとする」ことはまったくべつな言葉によって表現されるが、そうした個々の対象物にいわば依存した形の即物的・感覚的側面が、フランス語においては削り落とされ、一種の抽象作用の働きで tenir という概念的・一般的な内容を持つ単語によってくくられ、まとめられるのである。私たち人間は、日本人であれフランス人であれ、周囲の複雑にして多様な世界を言葉によって分類し整理しているわけであるが、どちらかというと個々の場面や状況によりかかる形で表現されることの多い日本語と比べて、フランス語はものごとの表面上の多様性を超え、より抽象的な共通の次元に表現の枠組みをもとめる傾向が強い。

　抽象性ということでいま一つ忘れることのできないのが、ある種のフランス人に著しい抽象名詞への嗜好である。学習者がフランス語の抽象名詞はむつかしいと気がつくのは、初等文法を終わって手頃なテクストを読みはじめ、つぎのような文章にぶつかったときである。

⑯ La curiosité l'avait amené dans cette ville.*

　「無生物主語」の好例である。人間を主語にして書きなおすと、Par curiosité il était venu dans cette ville. となり、それを訳して「彼はもの珍しくてこの町に立ちよった」とすれば、まあ意味の通じる日本語にはなるだろう。翻訳技術のノウハウとしてはそれでよいとして、学習者はここで

もう一つ厄介な疑問につきあたる。curiosité を主語にした文と il を主語にした文とはまったくおなじ意味を伝えているだろうか、という疑問である。前者が書き言葉で後者が話し言葉というぐらいの区別はつくとしても、フランス語の場合、話し言葉をすこしばかりむつかしくしたのが書き言葉であるというていどの説明では到底カヴァーしきれないものがあるのではないか。むろん curiosité のような無生物主語が支配する名詞中心の表現は、フランス語に限らず多くのヨーロッパ語にも散見する。しかしフランス語の書き言葉にはとびぬけたカリスマ性があるように思われる。La curiosité l'avait amené dans cette ville. という文章は、ある人物が好奇心から町にきたという意味内容以上の何かを含んでいる。すなわち、話し言葉における人間中心の写実表現を一度バラバラに解体し、人（彼）ともの（好奇心）を同一平面上に位置づけなおしてから、今度は因果関係を軸にして叙述の方法を決めるという抽象表現がそれである。この文章の話し手は、一つの事実をのべているばかりか、じぶんにはその事実を洞察・分析・解体して因果の法則にあてはめ、一つの論理、ひいては思想の表現として再構成する能力が備わっている、という自己主張をおこなっている。そしてこのような、事実にたいする論理や抽象の優位は、そのまま話し手のフランス社会における優位を保証する。ドイツのすぐれたフランス学者クゥルツィウスは『フランス文化論』（— [19]）のなかで、「フランスでは専門の知識や実用向の能力ばかりあっても、文学的教養がなくては、どうにもならない」（大野俊一訳）とのべているが、この「文学的教養」がとりわけ書き言葉の練達なくし

ては到底望めないものであることは明らかである。

　初等文法をおえた学習者たちは、フランス社会におけるエリートの言語というべき名詞構文にぶつかって辟易し、とまどってしまう。名詞構文のなかでも代表格の無生物主語をたてた例文を、ルグランの『フランス語文体練習帳』（— 51）からいくつかひろってみよう。

⑰ L'envoi de quelques renforts me rendrait invincible.
（— 51）
援軍さえよこしてもらえれば恐いものなしなんですがね。
⑱ L'excès de son zèle royaliste lui attira une disgrâce.
（— 51）
王党派熱が高じて不興をかってしまった。
⑲ Sa lenteur à composer lui épargne bien des fautes.
（— 51）
じっくりかまえて書くせいか間違いがすくない。

　学習者はここで大きな壁にぶつかったと感じる。いくら単語をおぼえ、文法をおさらいしてみても、どうにも歯がたたない権威ないしは伝統のようなものがゆく手をふさいで動かないような気がする。envoi, excès, lenteur といった抽象名詞がある事象を生みだす原動力を担って主語の機能を果たしているという事態は、とりわけ日本人の感覚にてらしてみてお世辞にも自然とは言いかねる。メルヘンでも読むようにそれらの抽象名詞を擬人化し、あたかも生きものであるかのようにイメージしないと、すくなくとも初

めのうちはどうにもつきあいきれない。名詞構文の本格的な検討は次章からにゆずるとして、この章では以上に例示したような抽象表現こそがフランス語独自のカリスマ性の根源であり、かつまたわれわれ日本人がフランス語にたいして抱く違和感のよってきたるところである、という点を強調しておきたい。

　ところで文語と口語、または書き言葉と話し言葉の並存はなにもフランス語に限った現象ではない。ただ両者の差がフランス語においては著しく大きいのである。それはフランスが貧富の差の激しい社会であるという現実にもどこかで照応しているのかもしれない。話し言葉から書き言葉への上昇、洗練の過程は、外国人はおろか、当のフランス人にとってさえしばしば困難を伴うことが多い。その意味では、日本のフランス語学習者がつきあたる壁というのは、フランスの小・中学生が作文の課題でぶつかる表現の上での壁と、ていどの違いこそあれ、かなり似ているといえるかもしれない。クゥルツィウスの指摘をまつまでもなく、フランスの社会で名をなし、エリートになるためには、ただ能弁であるばかりでは足りない。じぶんがしゃべる文章、とりわけ書く文章において、あらゆる事象を分析・総合して一つの思想に抽象し、現実の支配者たるまえに言葉の世界の支配者たることを証明する必要がある。言葉をえらび、表現にみがきをかけ、エリートの言語を身につけるためには、フランス人といえどもそれなりの修業をつまなければならない。ルグランの書物はそうした書き言葉の表現を習得するためには格好の手引書であるということができる。

⑳ Il est indispensable que la question se règle avant que votre bail expire. (— 51)
貸借期限が切れないうちにぜひともかたをつけてもらわなければ。

ルグランはこの文章に手を加え、名詞を中心にしたより凝集性の強い表現を提案する。

Le règlement de la question s'impose avant l'expiration de votre bail. (— 51)

二つの文を比べると、後者はもう公用文といってもいいようなもので、形式上の簡潔、洗練、凝縮のうちにまごうかたなきカリスマの匂いを強烈に発散させている。

㉑ Dieu nous éclaire lorsque nous nous trompons. (— 51)
われわれ（人間）が誤ちをおかすと神が導いてくれる。

ルグランは se tromper という代名動詞を erreurs という名詞にかえて、Dieu éclaire nos erreurs. と短く引き締める。その結果、se tromper の動詞表現ではたまたま道を踏みはずしたていどの「微罪」が、erreurs と名詞化されると何かどえらい「重罪」にみえてくる。文章の格調が高いだけ倫理の匂いも強まるのだ。

われわれ外国人がフランス語に上達するということは、好むと好まざるとにかかわらず、このカリスマを容認し、すくなくとも観念の上でフランスの知的エリートの思想や

認識をなぞらえることを意味している。この「まねび」はときに日本人の感性にひどい負担を強いることがある。フランス語を学ぶとは、もはや単なる技術の習得ではなく、一つのイデオロギーへの帰依もしくは加担とひとしいものになってくるからだ。

　フランス語の抽象性ということで、もう一つだけ、私たち日本人になじみにくい特徴を挙げておきたい。それは対象の指示・記述の位相という問題である。何もむつかしいことではない。分かりやすい例で説明しよう。たとえば上野動物園のパンダについて日本人が何か書くことになったとする。400字詰原稿用紙20枚の文章で、その人はパンダという言葉を何回ぐらい使うだろうか。日本語は主語を省略しても立派に意味が通じる場合が多いが、それを差引いて考えても、「パンダ」の使用はおそらくかなりの頻度になることは間違いない。あまり「パンダ」「パンダ」では芸がないというので、「動物」とか「珍獣」とか「人気者」などの言い換えを工夫する人もいるだろう。ところが、言い換えに凝りすぎると、文章がいつの間にか翻訳調になってくる。「珍獣」ぐらいならまだしも、子供ができにくいメスのパンダを「産まず女」と形容したり、せっかく生まれた赤ん坊を圧殺してしまった母親パンダを「嬰児殺し」と呼んだりするのは、いくら何でも大袈裟で日本語のセンスに合わない。日本語では、パンダのことはいつでもパンダと言うのがいちばん無難なのである。そこへ「嬰児殺し」や「この愛すべき怠け者」や「この日本の子供のアイドル」といった、いかにも持ってまわった呼び方を濫発すると、文章はどこかよそよそしい、何か外国風を吹かせているような

気取りが目立ちはじめる。

　よく考えてみればそれは当然なので、フランス語の多少とも引き緊まった文章では、記述の対象を文脈に合わせてそのつど異なった名詞表現で指示することが、むしろ常套手段になっている。日本語でそれをやるとどこからともなく「外国風」が吹いてくるのは、そうしたフランス語独特の対象指示表現が、無媒介に日本語の世界のなかに闖入するからなのだ。

　フランス語では、小説や芝居の粗筋をのべた文章のなかに、いわゆる「嬰児殺し」型の表現が好んでもちいられる。複雑な人間関係を限られたスペースで略述するため、ある人物がしかじかの状況で、しかじかの相手とどうかかわるかを、その人物自身を指示する言葉そのもので手短かに示してしまうのである。したがって、パンダはいつでもパンダではなく、「動物」であるかと思えば「哺乳類」と特定され、「巨獣」かと思えば「アイドル」にもなる。

　以下に引用するのはボーマルシェの戯曲『セヴィリャの理髪師』第一幕の梗概をのべた文章である。とりわけ太字の箇所が凝縮度の高い対象指示語で、これらを日本語に直訳しても、とても意味のつうじる翻訳は期待できそうにない。

㉒ Au point du jour, le comte Almaviva, venu de Madrid à Séville pour retrouver Rosine, jeune orpheline noble dont le charme l'a conquis, rencontre Figaro sous les fenêtres grillées de **la belle**, que le docteur Bartholo, son vieux tuteur, séquestre avant de l'épouser. Ce Figaro, ancien valet du Comte, devenu barbier et apothicaire au service de Bartholo, va, par sa connaissance de la maison et surtout par son ingéniosité, aider **l'amoureux** à entrer dans la place. Une lettre, habilement jetée dans la rue par **la jeune fille** à la barbe de **son geôlier**, invite **le galant** à se faire connaître ; par le moyen d'une chanson, **le «bachelier Lindor»** échange avec **la prisonnière** les premiers aveux, tandis que **le vieux jaloux** est parti à la recherche d'un certain Bazile. (L. Lejealle, «*Analyse de la pièce*» dans son édition du *Barbier de Séville* — 52)

明け方、アルマヴィーヴァ伯爵はマドリッドからセヴィリャにやってくる。貴族の出でロジーヌという名の若いみなしごに惚れこみ、捜しにきたのである。そして、**いとしのロジーヌがいる部屋の**、鉄格子のはまった窓の下で、フィガロと出会う。ロジーヌの年老いた後見人である医者のバルトロは、ロジーヌと結婚するまで、彼女を閉じこめているのだ。フィガロというのは、伯爵のもと召使で、いまはバルトロのところに出入りしている理髪師兼薬剤師であり、バルトロの家のことに詳しく、また気転もきくので、**恋する伯爵**が家に入りこむ手引きをしようということになる。ロジーヌはうるさいバルトロが見ているまえで、うまいこと手紙を路上に落とし、**自分を慕う男**に正体を明かすようにとうながす。伯爵は歌に託して、**自分は「学士のランドール」であると告げ、嫉妬ぶかいバルトロ老**がバジールという男に会いに出かけた隙に**囚われの身をかこつロジーヌ**とはじめておたがいの気持を伝えあう。

## 練習問題 1

① Tournez le bouton dans le **sens** de la flèche.*
② Ta tante avait trop le **sens** de la famille pour donner ses meubles aux hospices.*
③ Les plaisirs des **sens**.*
④ Les synonymes sont des mots qui ont le même **sens**.*
⑤ On distingue traditionnellement cinq **sens** : la vue, l'ouïe, le toucher, le goût et l'odorat.*

　多義的な名詞 sens を訳し分ける練習である。念のため、辞書をよく調べ、また各文脈を吟味して適当な訳をつけること。

第 2 章
名詞(1)

# 訳しにくい名詞

　フランス語の名詞には fleur（花）とか table（テーブル）とかいった、ただ単に物を指し示すだけの単純な内容のもの以外に、たった一語でも優に一個の文に匹敵するほどの情報を含んでいるものがある。そうした名詞は、ただ機械的に日本語の名詞に置き換えても翻訳として意味をなさない。むしろ、名詞が内包している情報そのものに目をむけて、直接その情報を訳出するようにすべきである。以下、「凝縮」と「分解」という概念を使って、フランス語名詞の訳しほどきかたを工夫してみたいと思う。

## 1 凝縮と分解

たとえばつぎの文章をみていただきたい。

① Son œuvre est l'image de son temps.*

　短いが、名詞が三つも含まれていてなかなか一筋なわではいかない。「彼の作品は彼の時代の映像である」などと直訳するまえに、名詞の一つ一つを検討してみよう。まずson œuvre であるが、œuvre という名詞には単一の作品を指す女性形のほかに、単数形ながら「全作品」、「全著作」を意味する男性形があり、上の例文はどちらとも読めるが、まず男性形と考えたほうがおさまりはよさそうだ。そして son という所有形容詞は œuvre を創造した主体を明示している以上、son œuvre という主語は l'ensemble des œuvres qu'il a produites（彼の生みだした作品全体）といった形に開くことができる。以下同様に、文末の son temps を「彼の生きていた時代」とし、真中の est l'image de を思い切って reproduire といった動詞に転換してもう一度全体をまとめてみると、「彼のつくりだした作品はそのことごとくが彼の生きた時代を忠実に再現している」という、訳文としては長すぎるにしても、さきの文例をより散文的・解説的に展開したような文章がえられる。そして、ここが重要なところなのだが、Son œuvre est l'image de son temps. という表現は、さきの解説的展開を踏まえながら、三つの名詞のなかにその意味するところを凝縮して封じこめ、より簡潔で抽象度の高い文章をもとめた結果でき

第2章　名詞(1)　訳しにくい名詞　055

あがったもの、と逆に考えることもできるのだ。もともと、フランス語には一つの文をもっと小さな文肢へと移転・凝縮する働きがある。つぎの例はその一連のプロセスを示す。

 la femme a le panier（女はかごを持っている）
  → la femme qui a le panier（かごを持っている女）
  → la femme avec le panier
  → la femme au panier（かごの女）

 こうしてえられた凝縮文肢は、より大きな文のなかでそれなりの役割を果たすことができる。

 **Cette femme au panier** me dit bonjour.*
 かごを抱えたその女はおはようと言った。

 「文」から「文肢」への凝縮過程のかなめが品詞の転換にあることはいうまでもない。上の例では中心となる名詞（femme と panier）をつなぐ動詞（avoir）が前置詞（avec → à）に転化している。私はこの品詞転換こそが中級フランス語の学習者にとって必須の表現技術であると思う者である。フランス語を作文するにしろ、翻訳するにしろ、一つの意味をおなじ語族のさまざまな品詞を通して考えるということは、一つの意味についていくつもの同義語を思い浮かべることとおなじか、もしかしたらそれ以上に重要な作業といえるからだ。
 以上に説明してきた凝縮過程を、今度はさかさまに辿っ

てみよう。抽象度の高い文章を翻訳する人間が、文肢を読み解き、解きほぐすプロセスである。ここでは名詞を中心とした語句を分解してみることにする。さきほどの品詞転換がコツである。

② sa marche prudente → il marche prudemment*
　彼は気をつけて歩く
③ l'exécution intégrale de toutes ces clauses
　→ toutes ces clauses sont intégralement exécutées*
　条項のすべてがことごとく履行されている

　文肢の中心となる名詞が二通りに分解されることもある。

④ sa conduite prudente
　→ il conduit prudemment
　あの人は安全運転だ
　→ il se conduit prudemment*
　彼は慎重にふるまう

　文肢の構成要素によっては品詞を転換できないものもある。une verte réprimande は、コンテクストによって、たとえば Il la réprimandera vertement.（彼女、こっぴどく叱られるぞ）などと読みほどけるが、une feuille verte（緑の葉）は名詞、形容詞ともに転換不能である。
　今度は凝縮文肢を含む一個のフラーズ全体で考えてみよう。

⑤ Je désire **la venue immédiate de Pierre**.
→ Je désire que Pierre vienne immédiatement. (Legrand, *Stylistique française* — 51)
ピエールにすぐ来てもらいたい。

もう少しむつかしい例。

⑥ **Le cri répété du geai** lui signalait au loin **la présence d'un animal**. (*Etude de l'expression française* — 25)
カケスがしきりに啼くところをみると、どこか遠くに獣がいるらしかった。

⑦ **La perspective d'un bon goûter** m'enchanta et je voulus parler à M^(lle) Hogier, mais elle ne répondait pas à mes paroles. (J. Green, *Le Grand Œuvre de Michel Hogier* — 36)
おいしいおやつが貰えそうなのでうれしくなった僕は、オジエ嬢と話をしたくなったが、彼女は僕の言葉に答えてくれなかった。

## 2　主語名詞をめぐって

　以上、比較的やさしい例文を使って名詞を中心とする凝縮と分解のプロセスを説明した。これまでの例からもお分かりいただけたと思うが、凝縮文肢の核をなすのはあくまでも「もの」、いいかえれば「抽象観念」(sa marche) であることが多いのにたいして、文肢を分解してえられるフラ

ーズの主体は「ひと」(il marche)であって、日本語の訳文はこの「ひと」の形をどこまで見きわめうるかにその生命がかかっているといえよう。

さて、いよいよ各論に入ることにして、まず凝縮文肢を文頭に置いた文、すなわち主語名詞の問題をあつかうことにする。この問題については前章で紹介したルグランの練習問題帳(— 51)が格好の手引になる。以下、本章においては特別に断りのない限り引用文はすべてルグランからのものである。

## A 生物主語の読み解き

抽象名詞を主体とするいわゆる「無生物主語」の吟味に入るまえに、「ひと」を表わす生物主語の名詞でもそのまま直訳しないで分解した方が分かりやすい例を挙げておく。いずれもルグランから引く。

⑧ **Le chef** d'une armée doit être à la fois brave et habile.
 → Quand on commande une armée, on doit être à la fois brave et habile.
 一軍の将ともなれば勇敢で術策にたけていなければならない。

⑨ **Le bienfaiteur** a parfois de bonnes raisons pour se cacher.
 → Lorsqu' on fait du bien, on a parfois de bonnes raisons pour se cacher.
 よいことは人に隠れてすべき場合がままあるものだ。

文章語で書かれたフランス語(というよりもヨーロッパ語の多く)を読んでいると、よく目につく主語名詞構文のパターンがいくつかある。なるべく簡単な文例に即して吟味してゆこう。

B 格言ないしは格言的表現

これまでくりかえし強調してきた名詞表現の「凝集性」を学ぶのにいちばん手っとり早い方法は格言を読むことである。檜谷昭彦氏は『ことわざの世界』(― 42) のなかで日本のことわざを「庶民の生活の知恵」と考えている。ところがやたらと抽象名詞の多いフランスのことわざには知性と教養の誇示、つまりは鼻もちならぬエリート性が感じられて仕方がない。むろんこれは偏見かもしれないが……その代表格ともいえるもの。

⑩ **Noblesse** oblige.*
いやしくも貴族たる者、身分にふさわしい振舞いをしなければならない。

むろんこれは窮屈な身分への皮肉なのであるが、しかしたった二語という表現上の窮屈な制約はそれじたいが一つの「身分」とはいえないだろうか。

⑪ **Abondance de biens** ne nuit pas.*
多多ますます弁ず。
⑫ **Charité bien ordonnée** commence par soi-même.*

他人のことよりまずわが身から。

　出来あいの格言に限らず、フランス人は現在形で断定する格言的表現を好む。警句、機知、洒落などを大切にする文化の原点に抽象名詞があるといえる。

⑬ **La sécurité** nous divise.
　危険が去るといさかいが始まる。
⑭ En pareil cas **tout délai** équivaut à **l'inaction**.
　こんな場合にぐずぐずしているのは結局何もしないのとおなじだ。

C　論証の表現

　この例文をみていただきたい。主語名詞の構文のなかでもいちばん多い型である。ことわざは「断定」するが、この型は「論証」する。ニュアンスの違いはあっても、内容的にはそのことごとくがある種の因果関係を表現しており、「因」にあたる部分が名詞化されて主語の役割を担っている。

⑮ **Cette enquête** m'a amené aux constatations suivantes.
　調査の結果、つぎのようなことが判明した。

　上の文を図式化してみると、Aなる事柄（＝調査）がBなる事柄（＝つぎのようなこと）を導いたという意味で、〈A

→B〉と表示することができる。そして、ここで注目してほしいのは、矢印（→）で示される「導き」の役割を果たす動詞（amener）の機能である。⑮の例では、動詞 amener はたとえば Vous pouvez amener votre ami.（お友だちを連れて来てもいいですよ）におけるような生きた人間のあいだの「導き」ではなくて、二つの事柄（enquête と constatations）のあいだの抽象的な因果関係を表現している。フランス語にはこの種の「導きの動詞」とでもいうべき連結詞があって、逆用すれば抽象名詞を主語に立てた仏作文を書くときなどにもきわめて重宝である。ルグランの文例をいくつか挙げておく。

⑯ causer : **Ma confiance en vous** m'a causé bien des malheurs.
あなたを信用したばっかりにいろいろひどい目にあいました。

⑰ permettre : **Votre présence au milieu de nous** me permet de régler cette affaire.
あなたがいて下さるおかげで一件落着です。

⑱ rendre : **Sa fierté** ne le rend pas inaccessible au chagrin.
いくらお天狗でもしょせんは人の子だ。

⑲ interdire : **Son absence** m'interdit toute révélation.
あの人がいない以上、何も申しあげられません。

⑳ empêcher : **L'inconséquence de votre conduite** vous empêchera de réussir.
そう腰が定まらないようじゃ成功はおぼつきませんな。

⑲と⑳はそれぞれ禁止と阻止の動詞で、「導き」の観念を反転させたヴァリエーションと考えればよい。総じて私がつけた試訳は原文のもつ凝集性を徹底してうちくだいた口語訳であり、前後の文脈の調子いかんでは「悪訳」にもなりかねない。つまり、さきに強調しておいた名詞構文に備わる格調の高さといったものを完全に無視しているからだ。とはいえ、とりわけ無生物主語を相手にする場合は、こちらも多少は羽目をはずすぐらいの覚悟でのぞまないと、とうてい原文の発散する「カリスマ」の呪縛から逃れるのはむつかしい。⑱の訳などはいくらなんでもやりすぎだと思うが、それでも「彼の高慢さといえども彼を悲しみに動じないような人間にはしない」などと訳すよりはいくらかましであろう。

㉑ **Son attention à écouter tout le monde** l'a rendu populaire.
あの人はだれの話でもちゃんと聞いてやるのでみんなから好かれている。

むろん Son attention にはじまる七語が「因」で、文末の populaire の表わすものが「果」であり、rendre というそれじたいでは訳しようのない動詞が「導きの動詞」である。

㉒ **Son extrême vivacité** l'emporte souvent loin des bornes de la raison.
とにかく元気がよすぎてときどきひどい勇み足までやらかす始末だ。

㉓ **Notre silence** inquiète nos parents.
　僕たちが手紙を書かないものだから両親は心配している。(silence は場合によっては「口をきかない」とも読めるだろう)

　論証型に限らず、フランス語の名詞構文のどれにぶつかっても、私はつねに石造りの壮大なゴシック聖堂を思い浮かべることにしている。son attention という表現は、il est attentif という人間中心のフラーズからその生命を奪い、いわば石化してつくりだした堅牢きわまる建築素材なのだ。してみるとフランス語の文章語を翻訳するとは、堅い石材でつくられたゴシック聖堂を一度こなごなに砕いてから、それを練りなおしてささやかな地蔵菩薩をこしらえあげる作業に似てきはしないだろうか。

D　条件の表現

　これも決して無視できない型である。原理的には論証型に含めてよいケースだが、いざ日本語に訳すとなるとずいぶんニュアンスは違ってくる。

㉔ **Son intercession** vous sauverait.
　あの方のとりなしさえあれば助かるんですがね。
㉕ **Le contact du monde** le civilisera.
　あの男だって社交界に出入りしてれば洗練されてきますよ。
㉖ **Une sage discrétion** suffira pour t'épargner les mo-

queries de tes camarades.
人の悪口を言うのもほどほどにしてれば君だって仲間から馬鹿にされずにすむのにね。

discrétion は「口がかたい」という意味だが、sage という形容詞を「少しぐらいなら羽目をはずしてもよい」とさかさまに解して「悪口」という訳語をあててみた。むろん一つの解釈。

E 譲歩の表現

条件表現のヴァリエーションとも考えられるが、フランス語の教室でこの型につまずく学生は意外に多い。また論文にしろ時事文にしろ、フランス語の文章語がこの表現をかなり好む傾向にあるので、あえて別立てにした。

㉗ **La prise de notre ville** laisse notre armée intacte.

これはつぎのようなフランス語に読み替えてから訳すとよい。

㉗′**Bien que notre ville ait été prise**, notre armée reste intacte.
町は陥ちたが軍隊は無傷だ。

㉘ **L'idée de la mort** ne lui inspirait aucune crainte.
死ぬかもしれないと考えても平然としていた。

㉙ **Vos pleurs** n'attendriront personne.
いくら泣いたってだれも同情なんかしてくれませんよ。
㉚ **Le grand nombre de nos soldats** ne nous garantit pas la victoire.
数だけそろえたって勝つとは限らない。

F　無生物主語の人間化

　これまでにも何度かお目にかかっている事例だが、ここで一本にまとめておこう。たとえば son attention という凝縮表現の場合、その主体は所有形容詞 son の形で明示されている。ところで、そういう主体の手がかりがない名詞でも、それを観念やものとしてではなく、生きた人間を表わすものとして読み解くべきケースがある。ことわざ、ないしはことわざ的表現に多い。

㉛ Froides **mains**, chaudes **amours**.
手の冷たい人間は心が温かい。
㉜ **La jeunesse** est présomptueuse.
若者というのはおしなべてうぬぼれが強い。
㉝ **Le repentir** trouve grâce devant Dieu.
神は後悔する人間をお許しになる。
㉞ **Une libéralité soudaine** peut duper les sots.
急に気前よくなったからといって、相手にしてくれるのは馬鹿ぐらいのものである。
㉟ **Les mines** s'allongeaient lorsque, vers dix heures, ma mère ordonnait : «Nadine, rentre te coucher !» (N. de

Rothschild, *La Baronne rentre à cinq heures* — [79])

10時頃、母が「ナディーヌ、帰って寝なさい」と言うと、皆は仏頂面をするのだった。

㊱ Jean d'Albret mit à sa disposition mille **chevaux légers**, deux cents **lances** et cinq mille fantassins appuyés par une petite artillerie. César devait l'aider à se débarrasser d'un condottière nommé Louis de Beaumont. (Sagan, *Le Sang doré des Borgia* — [80])

ジャン・ダルブレは**軽騎兵**1000名、**槍騎兵**200名、歩兵5000名に小さな砲兵隊をつけてチェーザレにあたえた。チェーザレは王を助けてルイ・ド・ボーモンという傭兵隊長を始末することになった。


## 3 逆転の原理

　これまでの考察で明らかになった事柄をたった一言で要約すれば、**フランス文の主語はかならずしも訳文の主語になるとは限らない**、という簡単な真理である。当然のことながら、語順を変え、主客を転倒し、ときには発想そのものを転換しなければならない。これまでは主として凝縮文肢の分解処理ということにウェイトを置いてきたが、今度は観点をずらして一個のフラーズ内部における語や文肢のあいだの関係をどのように逆転させて訳文をつくるか、そのあたりの事情をあくまで主語を中心に考えてみたい。もっともラディカルな逆転の好例として次の一文がある。

㊲ **Le mal** nous trouve plus crédules que le bien.
われわれ人間はどちらかというと善よりも悪を信じがち
である。

われわれ日本人には悪という抽象観念を文法主語に立て
る発想がそもそもない。そこで直接目的補語を主格に持っ
て来てつじつまを合わせることになる。むろんこれはあく
までもつじつま合わせなのであって、「こなれた訳を」とい
う文化的要請を踏まえての一種の方便であることに変わり
はない。原文と訳文とが伝える「思想」はかなり趣の違う
ものになっている。だがこの問題にはさしあたり深入りし
ないことにする。さて「逆転」をめぐって、いくつかのケー
スを紹介しておく。

A 若干の逆転例

まず、ごくありきたりの構文変換の例を挙げよう。

㊳ La jeune femme prit son billet et gagna la salle d'attente, mais **une odeur de fumée** la chassa sur le quai. (J. Green, *Amours et vie d'une femme* — ㉟)
若い女は切符を受け取ると待合室に入ったが、**煙草の煙
に辟易して**ホームに出た。
㊴ Mais la richesse des étoffes qu'elle portait n'empêchait pas que ses vêtements fussent toujours tachés ou déchirés. (J. Green, *La Révoltée* — ㊲)
彼女が身につけている服地は上等なものだったが、それ

にもかかわらず服はいつでもしみがついていたり、破れたりしていた。

㊵ Comme le premier [César], ce jeune homme est beau. Plus mince peut-être, plus frêle, plus fin, mais l'élégance raffinée de sa tenue et cette façon à la fois modeste et tranquille de lever les yeux vers Lucrèce trahissent ses manières aimables et son doux caractère. (— 80)

チェーザレに劣らず、この若者も美しかった。チェーザレよりも痩せて、華奢でほっそりしているが、身につけているものが洗練され、ルクレツィアの方を遠慮深く落ちついて見上げる格好からみても、物腰が感じよく、性質も優しそうだった。

つぎに構文逆転のケースとして、お目にかかることの多い特殊なものを三つほど紹介しておく。

B 要求する主語

㊶ **Cette plante** réclame des soins continuels.
この植物はしょっちゅう世話をしてやらないといけない。

主語の「植物」が世話を要求しているのだが、訳文では世話をする側に力点を移動する。

㊷ **Cette scène** exige trois acteurs d'une figure

imposante.
貫禄十分な役者が三人はいないとこの場面はもたない。
㊸ **Ce service** absorbe cent millions par an.
この課では年一億は使う。

C　時間の表現

　主語名詞が何らかの形で時間ないしはそれに類する内容を表わしている場合がある。

㊹ **Le temps présent** invite à un énorme changement d'échelle.
こと現代については思いきって尺度を変えてかからなければならない。

似て非なる表現もある。

㊺ **Ce temps sec et beau** invite à la promenade.
こうもカラッとした上天気だと散歩の一つもしたくなる。

非常によく見られる型を二つ挙げておく。

㊻ **Les années 20** le voient élaborer sa nouvelle solution.
彼は20年代にじぶんなりの新しい解決法を着々と練りあげた。
㊼ **Le hasard** lui révéla le nom de son persécuteur.

ひょんなことからじぶんを迫害している者の名が分かってしまった。

## D　空間の表現

主語名詞が場所ないしは位置を表わし、訳文で主客を転倒させる場合。

㊽ **Ce col** donne accès en Italie.
この峠を越えるとイタリアに行ける。

㊾ **Ce vaisseau** porte le roi.
この船には王が乗っておられる。

㊿ **Cette maison** reçoit souvent les conjurés.
この家によく謀反人が集まる。

(51) **Ce foyer** dégage une fumée nauséabonde.
かまどからいやな臭いのする煙が立ちのぼってくる。

## 練習問題 2

①と②はフランスの、③は日本の文化に関する文章である。

① L'interdiction des matières grasses d'origine animale (crème et beurre compris) devait poser aux habitants des régions du Nord de la France qui ne connaissaient que le saindoux, le lard, le suif et le beurre, et n'avaient nullement l'habitude des huiles végétales, des problèmes compliqués. (*La France et les Français* — 29)

② L'automobile familiale, qui permet l'approvisionnement à plus long terme au supermarché polyvalent, arrive à supprimer les achats quotidiens traditionnels dans plusieurs magasins spécialisés. (— 29)

③ Assis à la terrasse d'un café, les conversations de mes voisins s'impriment avec une netteté particulière dans mon cerveau, mais cette réceptivité inhabituelle, qui serait une chance pour écouter ou apprendre une langue étrangère, ne me fait enregistrer que des propos dont la banalité me devient vite insoutenable : je me hâte de payer l'addition et je m'en vais. (Y.-M. Allioux, *Un Spectacle amusant* — 2)

第 3 章
名詞(2)

# 何故これほどまでに名詞か

　前章では主語名詞構文の問題を中心に、フランス語の名詞翻訳をめぐっていささかしつこい論議を重ねてきた。そこで息ぬきをかねて、この章ではそもそもフランス語の名詞偏重指向がいったいどのような文法上の、あるいは文化上の要請にこたえて生まれてきたのかといった問題を、いわゆる翻訳技術論とはべつな次元で考えてみたい。

　スウェーデンの学者 A. ロンバールが 1930 年に刊行した学術書『近代フランス語における名詞構文』（一 53 ）は、この問題に十分な解答をあたえてくれる好著である。半世紀以上も前の書物を援用するのはいささか気がひけるが、フランス語の名詞文についてこれだけまとまった論文がそ

の後書かれたという話を、私は寡聞にして知らないのである。ロンバールは主として19世紀末の自然主義や象徴主義の系譜に属するフランスの作家たちを取りあげ、その語法を綿密に検討した。そして世紀末から20世紀にかけてフランス語の文章体に一つの転換をもたらした名詞文の役割に注目するのである。この章の引用は、特に断りのない限り、すべてロンバールからの孫引きである。

① Elle se dressait **dans un allongement passionné de ses courtes jambes**.
彼女は短い脚を勢いよく伸ばして立ち上った。
② Après **l'ajustement du chapeau de ces dames** et **l'enfilement** des pardessus des messieurs, on descendit du perron.
ご婦人がたは帽子をかぶりなおし、殿がたは外套を着て、そこで一同玄関を出た。

いずれの文章も19世紀末の文学作品から引いたものだが、ロンバールはこうした名詞文が生みだされるにはそれなりの必然性があったと考えて、以下三つの条件を挙げている。
　　1：文法的・形態的条件
　　2：社会的条件
　　3：絵画的・文学的条件
この三つの条件のうち三番目のものは、主として世紀末の印象主義絵画の技法が文学に、ひいてはフランス語それじたいにあたえた影響をあつかうもので、一個の芸術論と

して読んでも十分おもしろいのだが、ロンバールにとってはアクチュアルな問題でありえた印象派美学も現代のわれわれからみれば遥かなる昔の遺産であり、到底「翻訳仏文法」の枠内で論じられそうにない。そこでここではロンバールの挙げている一番目と二番目の条件を吟味しながら、名詞文の意味と構造に新しい光をあててみたいと思う。

## 1　文法的・形態的条件

　ロンバールは名詞文の中核をなす抽象名詞を二つのカテゴリーに分類する。動詞を名詞化した「行為名詞」(hésiter → hésitation) と形容詞を名詞化した「品質名詞」(sincère → sincérité) である。これについては前章でふれた品詞転換を思いだしていただきたい。ところでロンバールはこう自問する。フランス人は一つの行為または品質について表現しなければならないとき、二つの選択肢をまえにする。一方は、〈動詞／形容詞（副詞）〉のグループであり、他方は〈行為名詞／品質名詞〉のグループである。なぜフランス人は往々にして後者の名詞グループの方をえらびとる傾向にあるのか、と。ロンバールの用意している答えのうちからもっとも重要と思えるものを紹介する。

### A　名詞（名詞グループ）は文中でさまざまな
　　機能を果たすことができる

　行為名詞を例にとろう。「宣戦布告」を言い表わすのに、

動詞だけではどう転んでも不足である。

③ L'Allemagne **déclara** la guerre à la France.
ドイツはフランスに宣戦布告した。

ところが la déclaration de la guerre という行為名詞のグループの方は、文のなかでじつに多様な役割を演じることができるのだ。

**主語**：**La déclaration de la guerre** bouleversa le pays tout entier.
宣戦布告で国じゅう大騒ぎになった。
**目的語**：Nul n'avait prévu **la d. de la g.**.
まさか宣戦布告とはだれも予想していなかった。
**与格**：Nous devons **à la d. de la g.** tous les malheurs de ces dernières années.
宣戦布告などしたばっかりに、ここ数年さんざんなめにあいっぱなしだ。
**形容詞**：la veille **de la d. de la g.**.
宣戦布告の前日
**属詞**：On peut appeler cela **une d. de g.**.
それはもう一種の宣戦布告というにひとしい。
**同格**：**Véritable d. de g.**, cette proclamation ne peut être que désapprouvée.
事実上宣戦布告にひとしいそんな声明にはぜったい反対だ。

さらにこの名詞グループのまえにいろいろな前置詞（句）を持って来れば、「宣戦布告」という観念はよりいっそう多様な表現を獲得することになる。avant, depuis, après, à cause de, en même temps que, malgré, sans, quant à (etc.) **la d. de la g.**

ようするにその機能におのずと限界のある動詞や形容詞や副詞に比べて、名詞の持つ変幻自在な表現力は、とりわけ一つの思想なり観念なりをいくつもの角度から説明しなければならない文章語において、断然強味を発揮するというわけなのである。

B　名詞はさまざまに形容されうるという特権を有する

つまり、一口に宣戦布告といってもいろいろありうるというのである。以下を読み比べてみてほしい。

④ la déclaration de guerre, une d. de g.,
　cette d. de g.,　　　　　　des déclarations de g.,
　les déclarations de g.,　　certaines déclarations de g.,
　quelle d. de g. ?,　　　　　aucune d. de g.,
　trois déclarations de g.,
　etc.

おなじ宣戦布告でも、名詞グループを修飾する冠詞や形容詞しだいで数や限定や疑問や否定など、ヴァラエティに富んだ内容を示唆できる。これはほかの品詞の到底かなわぬところである。とりわけ私が翻訳文法の観点から注目し

ておきたいのは「限定」ということである。Il est sincère.（彼は誠実だ）という文章のすこし先でおなじ人物のおなじ誠実さを問題にするとき、書き手は最初の文章にならって「彼は……」とくりかえすわけにはいかない。「彼の誠実」は既知のものであり「限定」をこうむっている以上、どうしても名詞化せざるをえないのだ。そしてその名詞にはふつう限定の定冠詞、所有形容詞、指示形容詞などがつく。

la sincérité de B　　　Bの誠実さ
sa sincérité　　　彼の誠実さ
cette sincérité　　　この誠実さ

いずれ冠詞のところでのべたいと思うが、とりわけ定冠詞で限定されたフランス語の名詞は読み手または聞き手の心に「既知」（ロンバールはあえて心理学用語を使って「既視」déjà vu と言っている）の印象を強く呼びさます。場合によってはすこしも既知である必要のない事柄についてさえそういう印象を半ば強制する。この強制がフランスの哲学や文学における文体にどういうインパクトをあたえるものであるかについては、いずれゆっくり考えてみたい。さしあたっては、そうした「限定」をはじめとする種々のニュアンスを活かすことのできる名詞（ないし名詞グループ）にたいして、フランス人がきわめて強い愛着を示す傾向にある、という事実を指摘しておけば足りるだろう。

## C 予想される反論に対して

　名詞はほかの品詞に比べて圧倒的に利点が多いとするロンバールもこういう反論は覚悟している。名詞では時制 (temps) や叙法 (mode) が表現できないではないか、という反論である。でもよく考えてみると、ふつう文というものはなにも名詞グループだけからできているわけではない。「(彼が) 規則を守る」という観念を l'observation de la règle と名詞化してしまえば、たしかにそれがいつの出来事かは明示されえない。だがこの名詞グループはさらに大きな文のなかの文肢と化することで「おのずから」時制と叙法を表現してしまうのである。

⑤ a) **L'observation de cette règle** lui
　　　　　　　　　　épargne bien des ennuis.
　b) ────────── épargnait ──────────.
　c) ────────── épargna ──────────.
　d) ────────── a épargné ──────────.
　e) ────────── aurait épargné ──────────.

　上の五つの文例を比べてみると、主語の名詞構文はまったくおなじでありながら、動詞 épargner の活用が主語グループの時制と叙法までをも規定していることは明らかである。たとえば e) は「**この規則さえ守っていればあれこれ面倒なことにならなくてもすんだのに**」と主語のなかに条件文を読みとらざるをえないケースである。

## 2 社会的条件

ロンバールは、19世紀末から今世紀初頭にかけてのフランス社会の動向が名詞多用の文章を普及させた一因であるとも考えている。以下重要と思える条件を挙げてみる。

A 速く読めること

巷に氾濫する告知文、広告文、標語のたぐいは速読に耐える簡潔な文章でなければならない。名詞の「凝集性」が好まれるゆえんである。

⑥ Défense de fumer
　禁煙
⑦ Consultations de 10h à midi
　診療時間 10 時から正午まで

B 速く書けること

名詞文は短くてすむ。スペースをとらないし、速く書ける。そこでメモや日記をしたためる際に重宝がられるのである。アミエルの日記から引く。

⑧ Promenade délicieuse. Anémones encore fermées, pommiers en fleurs [ ... ]. Vue ravissante. Sentiment de fraîcheur et de joie. Nature en fête. (— ④)
　気持のいい散歩をした。アネモネはまだだが、リンゴは

花ざかり。……うっとりするような眺めだ。こちらまでみずみずしい気分になり、嬉しくなってくる。ものみな浮かれるというところか。

C　ジャーナリズムの文体

AとBを総合した、いわば名詞文の拠点ともいうべき場がジャーナリズムの文章である。

⑨ Poids moyen d'un croissant : 50 grammes. Composition : 10 grammes de beurre, 20 de farine, 12 d'eau, 4 d'œuf, 3 de sucre, 1 de levure. Au total, explique le Pr. Marian Apfelbaum, 92 calories provenant des hydrates de carbone (farine, sucre) et 90 calories lipidiques (beurre).
クロワッサン一個の平均重量は50グラムである。その内訳をいうと、バター10グラム、小麦粉20グラム、水12グラム、卵4グラム、砂糖3グラム、イースト1グラム。マリアン・アプフェルバウム教授の説明では、クロワッサン一個のうち、92カロリーは炭水化物（小麦粉、砂糖）から成り、90カロリーが脂肪分（バター）である。

D　ほかの分野への波及

ジャーナリズムの文体は商業文や科学論文のスタイルを左右し、さらに人文科学の分野にまで波及してくる。

⑩ La géographie est la science qui a pour but **la description raisonnée de la terre**. (*Etude de l'expression française* — 25)
地理学とは山川海陸を理論的に記述することを目的とする学問である。

⑪ L'art, c'est **l'éternisation, dans une forme suprême, absolue, définitive, de la fugitivité d'une créature ou d'une chose humaine**. (— 25)
人間や人事一般はおしなべてはかないものであるが、そのはかなさを一つの動かしようのない、抜きさしならぬ至高の形式のなかに封じこめて永遠のものと化してみせること、これが芸術である。

そしてついには小説のなかにも、名詞というハードルをいくつも並べたような凝縮文が普及しはじめる。フランス語の文章体に慣れない日本人が、こういう文章を左から右へと、ハードルを跳び跳び読みすすむのは至難の業である。

⑫ La petite fille reparaissait **avec toute sa naïveté délicieuse**.
ふたたび姿を現わした少女は、**なんともまたあどけなくてかわいらしかった**。

⑬ Elle disait ses souvenirs **avec un frémissement de vie intérieure longtemps contenue**.
昔をしのぶ彼女の語りくちには、**抑えに抑えていた内なる心のわななくのが感じられた**。

⑭ **L'ardeur de l'interrogation** faisait frémir **la pupille ronde au milieu de l'iris bleu** taché d'imperceptibles **points noirs comme des éclaboussures d'encre**.
青い虹彩にはさながらインクがはねたようにかすかな黒い点が散らばり、その真中に瞳孔がまるく開いて、もの問いたげにぴくぴく震えていた。

## 練習問題 3

これまでのものよりずっとむつかしい。いわば名詞の羅列のような文章である。時間をかけてじっくり取り組んでほしい。

① Sa vie, [ ... ] elle la vivait dans l'émotion indéfinissable de ce commencement d'amour qui s'ignore, de ce développement secret et de cette formation cachée d'un être religieux au fond de la femme, dans sa pleine inconscience de l'insensible venue en elle des choses divines et l'intime pénétration silencieuse comparée par une exquise et sainte image, à la tombée, goutte à goutte, molle et sans bruit, d'une rosée sur une toison. (E. / J. Goncourt, *Madame Gervaisais* — 34)

② En France aussi, il y a des «fondues» qu'on mange ensemble à la même casserole. Avec un peu d'habitude, on peut se distinguer par la vitesse, mais comme, suivant le cas, il n'y a que du fromage ou que de la viande, il n'est pas nécessaire de s'entraîner à des qualités plus subtiles telles que la rapidité du discernement, la sûreté du coup d'œil ou l'intimidation psychologique de ses voisins. Voilà un des aspects, peu commenté à ma connaissance, de la complexité ou du raffinement de la cuisine japonaise. (Y.-M. Allioux, *Un Spectacle amusant* — 2)

# 第4章
## 名詞(3)

# 抽象名詞をめぐって

　名詞の項の締めくくりとして抽象名詞について考えてみたい。序章でもふれたことだが、私たち日本人は英語やフランス語の抽象名詞と見ると、そこに凝縮されている微妙なニュアンスや意味を読み取ろうとせず、無雑作に漢字の熟語をあてるだけで、すませてしまう傾向がある。そのような手抜きの「そのまま訳」が、とりわけ学術論文などの翻訳をどれだけ読みづらいものにしているかは周知の事実である。この章ではフランス人の愛好する抽象名詞による表現について、翻訳者がわきまえておくべき若干のことがらを記しておきたい。なお、この章でも、特別の断りのない限り、例文はロンバール（— 53）から引いたものである。

## 1 抽象名詞の複数形

まず取りあげたいのは、抽象名詞の複数形というテーマである。これも文法事項としては基礎知識に属するいわば常識であって、あえて強調するまでもないことなのだが、名詞を好むフランス人がとりわけ抽象名詞を、手を変え品を変えして使いこなすのが得意ときている以上、一度とりまとめて細かく吟味してみる価値はあるように思う。

もともと数の観念とは無縁なはずの抽象名詞が、複数形をとると具象的事物を表わすことが多いのはご存知のとおり。念のため、実例をいくつか挙げておく。

① des beautés  美しい女たち
② des peintures  何枚かの絵
③ des douceurs  お菓子
④ Toutes les **solitudes** de la terre sont moins vastes qu'une seule pensée du cœur de l'homme.
この地上で**人の住まぬ土地**をことごとく集めてみても、人の心に浮かぶたった一つの思念の広さにはおよばない。
⑤ Ses esclaves… vêtus de **blancheurs** impeccables.
彼の奴隷たちは、**純白の衣裳**をまとい……。

以上のケースはフランス語の抽象名詞の特殊用法のなかでも比較的やさしい部類に属するものであり、大きな仏仏辞典ならわざわざ別立てにして説明までのっているから、これ以上は深入りしない。もうすこし複雑なのが、おなじ

複数形でも意味が具象化せず、むしろその名詞が表わす行為 (action) なり品質 (qualité) なりの複数性を示す、という場合である。ロンバールはこの複数性をつぎの三つのカテゴリーに分類している——

A：反復
B：種類
C：主語

この区別はじつに精妙きわまりないもので、よほどすぐれた語感を備えていなければ実際のテクストですぐに ABC のどれといいあてるのは至難の業である。だが、このタイプの複数形こそがフランス語を「訳しにくい」言語にしている元凶の一つである以上、避けてとおるわけにはいかない。以下ロンバールの分類に即して順次検討していくことにする。

A　反復の複数性を表わす抽象名詞

たとえば hésitation という名詞は「ためらう」(hésiter) という行為を意味する抽象名詞である。そして une hésitation と単数で書けば、これは書き手がある人物のためらいを一回の行為として捉えていることが表わされるが、des hésitations の場合はそのおなじ行為が反復して何度かおこなわれたことが表わされるのである。当然のことながら訳文のなかにこの反復を示す補足的な言葉をさしはさむ必要が往々にして生じてくる。

⑥ Elle parlait maintenant avec des **réticences** singuliè-

res.
いまや彼女の話しぶりには、**ところどころ何かをほのめかしているような様子があって**気になった。

　行為の反復はそれに伴って時間の幅というものを表わす。こうして本来は名詞が苦手とする「アスペクト」の表現がえられるのである。⑥の例では réticences の複数形は彼女の話の持続的展開といったものまであわせて示しえているといえる。

⑦ J'ai reçu et baisé votre lettre, et lu **vos tendresses** avec des sentiments qui ne s'expliquent point.
　お手紙をいただき、口づけをいたしました。**愛情のこもったお言葉の数々**を読んだときの気持は、とうてい言い表わすことができません。

　上の例は、行為ではなくて品質を表わす tendresse という名詞も、複数形になると「愛情の表現、しるし」(des manifestations, des témoignages de tendresse) を意味する反復表現に転化しうることを示している。

⑧ Mon temps se passait en **indécisions**, en **rencontres** de gens pareils à des spectres.
　**あれこれ思い迷ったり**、亡霊まがいの連中とつきあったりして暮らしていた。

⑨ Elle a de petits **raffinements** de volupté on ne peut plus délicats.

彼女はこのうえなく洗練された媚態を**あの手この手**と見せつけてくる。

⑩ L'antichambre de la salle des Pontifes contient à grand-peine l'assistance réservée. Une trentaine de privilégiés attendent l'heure, **parmi les papotages admiratifs et curieux**. (Sagan, *Le Sang doré des Borgia* — 80)
法王座所の控の間はえらばれた客たちであふれんばかりだった。30名ほどの特別招待客が待機している周囲では、**物見高い人々がうっとりしてあれこれ取り沙汰して**いた。

B 種類の複数性を表わす抽象名詞

今度は抽象名詞が表わす一つのおなじ観念にさまざまな種類があることを示す場合である。〈tout＋定冠詞＋抽象名詞複数形〉の形をとることが多い。

⑪ Sur cette figure il semble que viennent de passer **toutes les hontes** et **toutes les haines**.
**ありとあらゆる羞恥、ありとあらゆる憎悪の表情**がこの顔につぎつぎと浮かんで消えたようにみえた。

⑫ Thaïs aimait Lollius avec **toutes les fureurs de l'imagination** et **toutes les surprises de l'innocence**.
タイスは、**想像のおもむくまま、無邪気の邪気をほしいままに**、ロリウスを愛していた。

⑪と⑫では同一の人物に属する hontes, haines, fureurs, surprises といった感情や行為がじつはさまざまなニュアンスに細分されうるものであることを示しているが、書き手はそれらのニュアンスを一つ一つ区別しないで、あくまで全体の総和としてのべているのが特徴である。

⑬ des soliloques où grondaient des **colères**
   **複雑な怒り**のこもったひとりごと

書き手は怒り一般（la colère）を問題にしているのではない。また「人間の怒り」（la colère humaine）とか「神の怒り」（la colère divine）とかいうようなはっきり区別できる怒りの種類を考えているわけでもない。そうではなくて、おなじ一人の人間の心に生起する怒りの感情のさまざまなニュアンスを表現しているのだ。あえて「複雑な」という原文にはない言葉をおぎなったゆえんである。

⑭ Elle se taisait... dans **ses joies** comme dans **son indifférence**.
   彼女は**嬉しいとき**でも**無関心でいるとき**でもおなじように黙っていた。

この⑭の単数・複数の区別は示唆的である。joie はいろいろあっても、indifférence というものは一つしかない、と考えられているのだ。

## C 主語の複数性を表わす抽象名詞

 複数性の抽象名詞は一つ以上の主体によって担われた単一の行為や品質を表わすこともできる。日常よく使われる表現をひろってみると、arrivées, départs といえば汽車や飛行機がつぎつぎに到着したり出発したりすることを示しているし、décès は新聞の死亡広告でおなじみの言葉であって、いずれにしても同一の汽車が何度も到着したり、同一の人間が何回も死ぬということにはならない。詩の世界でもマラルメの有名な *L'Après midi d'un faune* の一句 sommeils touffus がある。むろん眠っているのは複数のニンフなのである。

⑮ Jamais **deux jeunesses** n'avaient été aussi différentes.
 **二人の人物**がこれほどまでに対照的な青春を生きたためしはかつてないことであった。

 deux jeunesses はここでは「二人の若者」と読んではならないのである。

⑯ Elle ravivait **les courages, les dévouements** près de faiblir.
 彼女はともすれば**勇気がくじけ熱意がおとろえそうな人々**をはげました。

## 2　抽象名詞の特殊用法

　抽象名詞をいじくりだすと本当にきりがないが、締めくくりとしてロンバールを手引きに特殊用法をいくつか検討してみる。ロンバールの引用している文は、ほとんどが19世紀末のもので、現代フランス語ではあまりお目にかかれない名詞表現が多いのだが、抽象名詞翻訳のセンスを養うためには格好の材料といえる。

A　son regard de douleur の型

　名詞を形容する語は形容詞だと思っていると、意外や抽象名詞を従えるケースが多い。son regard de douleur（彼の痛ましい眼つき）は son regard douloureux に比べて形容語の表現価値がいくぶん高いと考えられるが、翻訳のうえではまず区別できないし、またそれほどニュアンスを気にする必要もないだろう。現代フランス語ではもう特殊用法とは呼べないほど普及している型なので、若干の例を挙げるにとどめる。

⑰ Des yeux italiens, **d'une douceur chaude**.
　情熱的な優しさをたたえたイタリア人の眼。
⑱ Ces montagnes **d'une vigueur presque cruelle**.
　きびしいともいえるほど力強いたたずまいの山。

　以上は品質表現。今度は行為を表わす補語の例。

⑲ Un mot **de création récente**.
　**最近つくられた**言葉。
⑳ De récentes épidémies **d'importation européenne**.
　**ヨーロッパから入ってきた**最新流行（または伝染病）。

B　le bleu (＝le ciel bleu) の型

　行為・品質を表わす抽象名詞がその行為・品質の主語を直接示してしまう一種の省略語法である。1で取りあげた「抽象名詞の複数形」とも重なってくるテーマだが、別立てにする価値は十分にある。上の例では le ciel bleu（青空）の bleu という品質形容詞が名詞化して「空」を意味している。ごく身近なフランス語からいくつか用例をひろってみよう。

㉑ Je te défends seulement de rien dire à **cette jeunesse**.
　ただし**あの娘**にだけは何も言うな。
㉒ J'aime **la jeunesse**.
　私は**若い連中**が好きだ。
㉓ Pour que chacun puisse s'accoupler avec **sa préférence**.
　めいめいが**好きな相手**と一緒になれるように。
㉔ Cet enfant est **un amour**.
　**かわいい子**だ。
㉕ Ce manteau est **une horreur**.
　このコートは**ひどい代物**だ。

以下もうすこし読みとりにくい例、訳しにくい例を挙げる。人を表わす場合、ものを表わす場合、両者がごっちゃになっている場合、動物を表わす場合、などいろいろである。

㉖ **Des tentations** qui le tutoient et l'appellent «joli garçon», voudraient l'arrêter au passage : brutalement il les écarte.
**女たち**は口々に彼のことをあんたと呼び「いい男」と言って通りすがりをつかまえようとしたが、彼は荒々しく押しのけた。

㉗ On voyait… **des lectures, des siestes, de laborieuses coutures** accotées à des troncs d'arbres.
**本を読む者、昼寝をする者、木の幹にもたれて縫いものに精出す者**など、さまざまだった。

㉘ **Cent commerces** s'agitent.
**屋台やら物売りやら**でごったがえしていた。

㉙ Mais la vache… restait rivée à froid, sans l'idée d'avancer d'un pas pour amener son mufle ruisselant jusqu'à **cette caresse** qui se tendait.
だが雌牛はツンとして動かず、一歩まえに出て差しだされた**手**の方にそのぬれた鼻面をもっていく気などないようだった。

㉚ **Des vols émeraudes** sous les arbres circulent.
樹木の下を**何やらエメラルド色のものがいくつも**飛びかっていた。

㉛ Il dégusta **ces succulences**.

かれは**おいしい料理**をつぎつぎに賞味した。

われわれ人間がものを知覚する仕方はさまざまである。㉚の文例でいえば、書き手が伝えようとしているのは鳥そのものではなくて、鳥が飛びかうその動きと鮮やかな羽毛の視覚形象なのだ。この種の表現はさらに「ぼかし」とでも呼べる文体上の効果を生むのにも適している。作者は鳥とは書いておらず、飛んでいるのは虫の群れかもしれないからである。l'immensité bleue, la profondeur bleue は空についての表現であると同時に海を表わすとも読め、一種のあいまいな印象がイメージを広げて豊かなものにする。

㉜ Du nuage léger de la chemisette... jaillissent **d'aimables blancheurs**.
薄手のブラウスのあいだから**白い魅力的なもの**がのぞいていた。

㉝ On peut donc vivre à côté de **détresses pareilles** sans les soupçonner.
**こんなひどいところに住んでいる貧しい人たち**と隣あわせで暮らしていて、それに気がつかないということもあるのだ。

C  le bleu du ciel (＝le ciel bleu) の型

つまり「空の青さ」と書いて「青い空」と読ませる型である。省略語法である B と違い主語が明示されているが、ただし形のうえで主客転倒をおこしているわけだ。まず日

第4章 名詞(3) 抽象名詞をめぐって   095

常よく使われる表現から挙げる。

㉞ **un drôle** d'homme　　変な奴
㉟ **un amour** de petite chèvre　　かわいい仔山羊
㊱ **une horreur** de femme　　醜い女

会話のなかでだれでもが口にするこうした語句とおなじ原理を踏まえながらも、小説家はそれをさらに練りあげて複雑な表現体を発明するのである。

㊲ Après avoir rejeté le drap de dessus **la maigreur cadavérique de mon pauvre petit corps**…
**屍さながらにやせおとろえた貧相な私の身体**から毛布をはぎとって……
㊳ Au-dessus du **voltigement des lessives pendues**…
**干した洗濯物がはためいている**上を……
㊴ Elle se promena longtemps sans fatigue, tirant par la main **l'ennui traînard de son enfant**.
彼女は**むずかって遅れがちになる子供**の手をひいて、ながいこと疲れもせずに歩きまわった。
㊵ **Le lever du soleil** qui grandissait au-dessus du **réveil énorme de Paris**.
**目をさます巨大なパリ**のうえに**朝日**がしだいに大きく昇ってきた。
㊶ Rien ne remuait que **la montée intermittente d'un petit nuage de fumée**.
動いているものといったら、**きれぎれに立ちのぼってく**

るわずかな煙ぐらいのものだった。
㊷ Le passage... entre **l'immobilité d'une vie recluse** et **le mouvement d'une existence libérée**, avait été trop brusque.
**動きのない蟄居の生活**から**変化にとんだ自由な生活**への移り変わりは、あまりにも唐突だった。
㊸ Ils faisaient tressauter **mon demi-sommeil**.
**うつらうつらしていた**が、彼らのおかげでびっくりして目を覚ましてしまった。

これまでの例文ですでに見られたとおり、1のテーマである抽象名詞の複数形もけっこう多い。

㊹ Je décidai d'aller demander aux **tristesses de l'exil** l'oubli de tristesses plus grandes.
**亡命というつらい身の上**にまぎらせて、もっとつらいことを忘れてしまおうと決心した。
㊺ Les poils des poitrines suaient entre **les blancheurs de la chemise ouverte**.
**はだけた白いシャツ**のあいだからのぞく胸毛に汗の玉が光っていた。
㊻ Le cardinal Soderini est sûr de son bon droit. Les plis de chair rose qui descendent en étages sous son menton, et que doivent équilibrer **les sinuosités de son ventre** sous sa robe rouge, témoignent que l'homme n'a l'habitude ni des privations ni de l'échec. (— 80)
ソデリーニ枢機卿はじぶんの側に当然の理があるという

自信があった。下顎に段状をなす桃色の肉の襞といい、それと釣り合う格好で緋色の服の下から**うねうねと盛りあがった腹**といい、貧乏や挫折とは無縁の人物のようである。

さらに主語を示す付加語と抽象名詞の両方が複数というケースもある。これは1のCで取りあげた「主語の複数性」がおのずから品質・行為の複数形を導きだしたものと考えてよい。つぎの文章もそうした複数形並列型の代表的なものである。

㊼ Dans le parc, **des hérissements de kiosques, de belvédères, des miroitements de serres, de bassins**.
公園はそこここにあずま屋や見晴らし台が立ち、温室のガラスや泉水がキラキラ輝いていた。

D　さらに複雑な型

㊽ au milieu du **silence champêtre**
静かな田園のさなかで
㊾ **lenteurs administratives**
時間のかかるお役所仕事

以上の二例では本来なら主語の役割を果たすべき名詞が形容詞化され、逆に形容詞が名詞化されている。「空」でいえば、le ciel bleu を le bleu céleste と書くのとおなじである。いずれの場合も事物そのものは背景に押しやり、その

かわり事物の様態の方をきわだたせる効果があることはいうまでもない。

もっと複雑なケースとして様態（品質ないしは行為）が二種類以上あるときのさまざまな処理の仕方を紹介しておく。いちいち分析はしないが、ようするに中心となる名詞を見きわめて、残りの名詞や形容詞はすべてその名詞の修飾語とみなす判断が翻訳のコツである。ただしつぎのことは頭に入れておくとよい。

㊿ **la clarté céleste de ses yeux**
青空のように澄んだ彼女の眼

この表現は ses yeux célestement clairs と書き換えてみれば明らかなように、「彼女の眼」を修飾する clarté という名詞と céleste という形容詞では、当然ながら名詞が第一義的で形容詞は第二義的である。修飾語のなかにも序列があるということがわかる。

(51) Elle ne se plaisait que dans **la solitude et le silence de ses hautes salles parfumées**.
彼女がおちつけるのは、**だれもいなくて静かな、天井の高い、香をくゆらせた部屋**にいるときだけだった。

(52) Elle ne se lassait pas dans ces vastes musées de se promener sous **l'éternité des gestes suspendus**.
このだだっ広い美術館のなかで、彼女は**それぞれしぐさを停めたまま永久に動かない彫刻たち**のあいだを、あきることなく歩きまわった。

㊳ La nuque dans **la molle tiédeur de l'oreiller**…
ぬくぬくしたやわらかい枕に頭をうずめて……

㊴ Ses mains dégrafaient le corsage, cherchant **la nudité tiède des seins**.
彼は両手でブラウスのホックをはずし、**なにもつけていない温かい乳房**をまさぐった。

㊵ Deux jeunes filles inconnues, très belles, malgré **la dureté farouche de leurs traits**.
若い女二人は見知らぬ顔だが、**猛々しいといえるほどきつい顔だち**をしているとはいえ、とにかく別嬪だった。

㊶ Le bébé… enfoui dans **l'envolement empesé d'une mousseline blanche**.
赤ん坊は、**のりがきいているせいか風にあおられてもごわごわしている白いモスリン**に包まれていた。

㊷ La voilà, avec ces renversements de figure en arrière … qui montrent… **la limpidité du bleu de ses yeux, l'émail de ses dents**.
彼女は何度も顔をうしろにそらせたが、そのたびに**澄んだ青い眼とまっ白な歯**がみえた。

## 練習問題　4

① A cette heure avancée de la nuit, il n'y avait là que des faims nerveuses, des caprices d'estomacs détraqués. (E. Zola, *Nana* — 102)

② L'indignation joue avec l'envie, la colère avec la résignation. Parmi les appréciations, généralement d'approbation, se glissent quelques violences inattendues. (F. Sagan, *Le Sang doré des Borgia* — 80)

③ L'équilibre magistral de sa technique, son égalité rythmique intransigeante, la lisibilité de chaque note, sa puissance de percussion abrupte qui claque comme un coup de fusil, la couleur de son toucher qui va des fraîcheurs les plus tendres aux jubilations frénétiques et aux transparences métaphysiques, toute cette gamme de qualités inégalables est ordonnée à une vision musicale qui — remarque banale mais inévitable — fait oublier le piano. (*Le Monde* — 111)

①は徹夜のパーティ会場での情景で、もう朝が近いあたりの食卓を描写している。

③はロシアのピアニスト、リヒテルの演奏会評から。内容空疎なベタボメだが、名詞文の練習にはなる。

第5章
形容詞(1)

# 訳語と語順

　形容詞に入る。形容詞とはようするに名詞や代名詞を直接・間接に修飾・説明する言葉にすぎないのだから、よほどのことがない限りまず「そのまま」訳しておけばよいと考え、かつ「そのまま」を実行している人はけっこう多いのではないか。よろしい。ではつぎの短文を訳してみてください。

① Le père mourut après une **effroyable** hémorragie.*
　父は**おそろしい**喀血のあとで死んだ。

と「そのまま」訳してもべつにおかしな日本語にはならな

い。ただ一つ気になるのは、そう訳した人は、effroyableという形容詞がどんな名詞を修飾しようとも、一生のあいだ何のためらいもなく「おそろしい」、「おそるべき」という訳語を当てつづけはしまいか、ということだ。それは仏文和訳にはなりえても翻訳とはいえない。翻訳というのはeffroyableの一語を介して父親が実際に血を吐いているすさまじい姿を透視する作業のことである。そしてその透視の果てで「父は**おびただしい喀血をして死んだ**」と具体化してみせることなのである。

ふつうは見逃されがちだが、フランス人はほかのヨーロッパ人と比べてことのほか形容詞には気をつかう傾向がある。とりわけ文章体で所定の文脈におかれた名詞にしかじかの修飾を加えようとすると、修飾語の選択肢はきわめて限定されてくるから、フランス人といえどもよほどの語感と慎重な吟味が要求される。いきおい、それを訳すわれわれも神経質にならざるをえないのだ。

## 1 いくつかのおさらい事項

本書は文法と銘うってもべつに「語学」の講釈を目的とはしていない。だが念のためおさらいを兼ねて、形容詞に関する基本事項の確認からはじめるとしよう。形容詞には、名詞のあと（ときにはまえ）にきてこれを直接に修飾する限定用法と、名詞や代名詞を間接に説明する叙述用法とがあり、叙述用法はさらに属詞と同格とに分けられる。

② a) une **petite** fille　　　少女
　b) un enfant **intelligent**\*　　利口な子
③ a) Je trouve le film **intéressant**.
　　その映画はおもしろいと思う。
　b) Elle partit **inquiète**.\*
　　彼女は不安にかられて出発した。

②は a)、b)ともいわゆる付加形容詞 (épithète) と呼ばれている限定用法。③は叙述用法で、a)の文例は属詞、b)の文例は同格としてあつかわれる。

以上を確認しおえたところで、もう一度最初の問題に立ち帰ってみよう。形容詞をつい「そのまま」訳してしまうという場合の「そのまま」とはおよそつぎの二つの態度に大別できるのではないか。まず、effroyable は「おそろしい」とおぼえこんでいて、名詞に何がきても「おそろしい喀血」、「おそろしい人間」、「おそろしい事故」で片づけてしまう「そのまま」。これは、すこしく気取ったいいかたをするならば、翻訳者における意味論的貧困と呼べるだろう。画家にたとえるなら、パレットの絵具の種類が極度にすくないか、または絵具の混ぜあわせかたをよく知らないのである。いま一つの「そのまま」は翻訳者における統辞論的貧困とでも形容できるケースで、ようするに、原文の形容詞が限定用法なら訳文でも付加語をあて、あるいは同格には同格、属詞には属詞を律儀に対応させる「そのまま」である。パレットの方はともかく、素描や構図を苦手とする画家に比べることができそうだ。

これから第 6、7 とつづく「形容詞」の章で、以上にのべ

た二つの貧困、すなわち意味論的貧困と統辞論的貧困とにたいする処方について思案をめぐらせることになるだろう。

　本章ではまず、意味論的貧困の解決策の方を考えることにしたい。付加語であれ、属詞であれ、ようするに形容詞というものにどういう訳語をあててゆけばよいのか、言葉のパレットについて吟味するのである。

　フランス語の形容詞をもっぱら意味（すなわち訳語の選定）という観点から検討してゆくためには、限定用法を調べるのがいちばん手取り早い。文例②が示すように、いわゆる付加形容詞には名詞の直前にくるもの（une **petite** fille）と直後におかれるもの（un enfant **intelligent**）とがある。前者は名詞との結びつきが自然にして緊密であり、たとえば petite という形容詞は名詞 fille の含む固有の観念に大きな変更や修正を加えることがない。一方、付加形容詞が名詞のあとに添えられた場合は、名詞が表わしている対象を個別化し、ほかと明確に区別する指標の役割を担う。「利口な子」は「バカな子」、「ずるい子」、「泣き虫の子」とはっきり識別されるものとして独自の表現価値を有するのである。〈名詞＋形容詞〉の語順がフランス語の一般的通則であることはどの初級文法書にもしるされているが、この語順は、つまるところ、まず全体（名詞）を提示してから個別的限定（形容詞）に入るという、フランス語ひいてはフランス人に固有な思考と表現の方法を端的に表わしているとも考えられるのである。名文と呼ばれるフランス語の文章体で、名詞を修飾する形容詞がいかにもツボにはまった感じの、有無をいわさぬ印象を強いるのは、ひとえにこの

後置型付加形容詞の推敲が、高度に研ぎすまされた秩序と規範の意識をもって遂行されているからにほかならない。この事情は単に形容詞の限定用法にとどまるのではなく、さらに拡大されて叙述用法にまでおよぶこともむろんである。後置型付加形容詞をもちいて、フランス人が特定の対象をどれだけ精密・的確に描出しようとするか、実例にあたってみよう。おなじみのルグランの練習帳（— 51）は、style（文章、文体）という名詞に添えられる、ニュアンスを異にした修飾辞を20種類以上も例示している——

| | | |
|---|---|---|
| un style | précis | 的確な |
| | concis | 簡潔な |
| | ferme | 引き緊まった |
| | ampoulé | 大仰な |
| | tendu / guindé | 固苦しい |
| | défectueux | きずの多い |
| | prolixe | 冗長な |
| | diffus | むだの多い |
| | traînant | だらだらした |
| | flasque / languissant | 無気力な |
| | précieux / recherché | 凝った |
| | lourd | 重苦しい |
| | plat | 平板な |
| | bas | 品格のない |
| | sec | 無味乾燥な |
| | dur | 生硬な |
| | obscur | 晦渋な |

| | |
|---|---|
| vague | あいまいな |
| maigre | 無味乾燥な |
| terne | 輝きのない |
| monotone / uniforme | 単調な |
| banal | 月並みな |

いずれも日常語としてよくもちいられる付加形容詞ばかりである。べつに日本語と変わりはないじゃないか、と思われるかもしれない。だが、「的確な」と「簡潔な」がどことなく交換可能な要素を共有しているのにたいし、précis と concis というフランス語にはかなり明瞭な意味の対照が感じられる。précis はあいまいな余地を残さないものにたいしてもちいられ、反意語は vague である。一方 concis とはわずかな言葉で多くの事柄を表現するものを指し、当然のことながら反意語は prolixe や diffus になる。

　まだあるのだ。たいていの場合、付加形容詞には、それぞれに固有な修飾内容をさらに強めた上位形容詞とでもいうべきものがあって、その使い分けはきわめてデリケートである。たとえば、très concis にあたるものは laconique, très recherché は alambiqué, très vague は vaporeux, très lourd は pâteux, très dur は raboteux, といった具合である。これらの上位形容詞はほとんどが文章語であり、日頃からよほど仏仏辞典に親しんでいないとそうやすやすとピッタリはまる訳語は見つからない。フランス語の形容詞というのは意外と翻訳者泣かせの厄介な代物である事情をお察しいただけたと思う。

　形容詞の訳しかたを今度は具体例に即して考えてみた

い。テクストは主として、三島由紀夫『金閣寺』(— 66)の M. メクレアンによる仏訳 (— 67) をもちい、三島の原文をメクレアン訳の「邦訳」とみなして模範解答にする。

　メクレアンの『金閣寺』訳は翻訳文学というものの一つの極北を指し示す力業である。いわゆる直訳調が皆無であり、原作の格調高い日本語はこれが訳文かと思うほどこなれた、フランス語らしい硬質な文章体にみごとに移しかえられている。「そのまま」訳のまさに正反対の極限である。いきおい、いくらなんでもこれは……と考えこまされるような飛躍・省略・反転が随所にちりばめられ、そのいちいちの適否はべつにして、「翻訳仏文法」を志す者には無限の宝庫を提供してくれる貴重な教材なのである。

## 2　転位形容詞

　まず特殊なケースから片づけたい。安西徹雄氏が『英文翻訳術』(— 5) ですでに取りあげておられるいわゆる「転位形容詞」である。ついでながら申し添えれば本書の読者はかならず『英文翻訳術』を併読されるように。英語翻訳に必要な技術の 90 パーセントはそのまま「翻訳仏文法」としても役に立つのである。

④ Il me tendit une main **hésitante**. (— 67)
　彼は私に**おずおずと**片手を差し出した。(— 66)

　おずおずとためらっているのは手そのものではなくて手

の持主なのである。こういう、本来は主語を修飾するはずが、ほかの語に移行している形容詞を転位形容詞という。

⑤ En m'apercevant, il partit d'un rire **insultant**. (— 67)
私を見下して**蔑むように**笑った。(— 66)

⑥ Appuyé sur l'épaule de Létitia, il laisse aller sa tête lasse, tandis que les doigts **nerveux** de la femme renversée à ses côtés caressent doucement les cicatrices de son torse. (Sagan, *Le Sang doré des Borgia* — 80)
彼はレティツィアの肩にもたせた頭をぐったりさせていた。その傍らに横臥した女は指先で彼の上半身の疵跡を**念入りに**愛撫していた。

⑦ = Qui était-ce ? Quel pauvre diable ? Combien l'a-t-on payé pour venir pourrir ici ? Il y a peut-être une femme qui rêve de lui, quelque part.

Leonardo lève des yeux **étonnés** :

= Vous y pensez quelquefois ? Cela me surprend. (— 80)

「こいつは何者だったのかな。どこの馬の骨だ。ここまで来てくたばるのにいくら貰ったのだろう。きっとどこかにこいつのことを思う女がいるのだろう」

レオナルドは**びっくりして**眼を上げた。

「そのようなことをお考えのこともあるのですかな。意外です」

⑧ Deux lits de fortune repoussés contre un des murs de la chambre, un fourneau de campagne où fume un plat

第5章 形容詞(1) 訳語と語順

de terre, un dogue qui lève sa **lourde** tête vers Sancia, il règne dans ce campement improvisé comme une tiède odeur de convalescence. (— 80)

即製の寝台が二つ壁に寄せてあり、田舎風のかまどには素焼きの皿、番犬が一頭サンチャの方に頭を重そうにむける——この仮住居には回復期の生暖かい匂いがたちこめていた。

⑨ Il lui embrasse la joue en lui soulevant le menton, d'un doigt **dominateur et tendre** :

= Au revoir, ma belle intraitable. A très bientôt.

Il s'éloigne trop vite vers son escorte déjà loin pour entendre Charlotte lui lancer tristement son adieu... (— 80)

チェーザレは**横柄だが愛情をこめて**シャルロットの顎を指先でもち上げると、その頬に接吻した。

「さようなら、じゃじゃ馬のべっぴんさん。ごく近いうちにな」

チェーザレは遠ざかった護衛隊を急いで追ったものだから、シャルロットが悲しそうに別れを告げるのも聴えなかった。

以上をモデル・ケースとすれば、つぎの二例はやや複雑なヴァリエーションである。これまでとおなじように副詞的に訳すのがコツである。

⑩ Les eaux noires de l'étang répercutèrent ma voix jusqu'au fond de la nuit **creuse**. (— 67)

声はうつろに深夜の鏡湖池に谺した。(— 66)

⑪ Bien qu'il n'y eût âme qui vive, Uiko, jusqu'à ce qu'elle eût disparu là-bas, de l'autre côté des rizières, fit sonner, sonner son timbre, dont je percevais le tintement **narquois**... (— 67)

人影ひとつないのに、遠く田のむこうまで、走り去る有為子が、たびたび**嘲けっ**て鳴らしているベルの音を私はきいた。(— 66)

## 3 「そのまま」上手に訳す

転位形容詞の翻訳でも、「そのまま」訳はすでに通用しないことがお分かりいただけたと思う。だが、ここでは形容詞の翻訳における転換や省略の問題にすぐ入るまえに、一応形容詞として「そのまま」訳してよいが、ただし上手に訳すべし、といったケースを考えてみる。「上手に訳す」とは意味論的処理が上手なことで、平たくいえば、こなれた訳語をえらぶという意味である。『金閣寺』(— 66)とその仏訳(— 67)を逆用していくつか実例をひろってみよう。なお、形容詞における叙述用法と限定用法とはさしあたり区別しないことにする。

⑫ En ce point du rivage, les vagues sont particulièrement **impétueuses**[a] ; tandis que, dans un **perpétuel**[b] balancement, elles se gonflaient pour s'écraser, leur surface **agitée**[c] était, sans relâche, piquetée par les gouttes de pluie. **Grise**ⓓ et **terne**ⓔ, celle-ci trouait, **indifférente**ⓕ à leur menace, la surface des flots. Mais une rafale plaquait-elle soudain l'averse contre les rocs **désolés**ⓖ? La **blanche**ⓗ falaise, comme fouettée par un **puissant**ⓘ embrun d'encre de Chine, devenait toute **noire**ⓙ. (— 67)

その磯の波は格別荒いⓐ。波が動揺しながらふくらんで砕けようとするあいだにも、その**不安な**ⓒ水面は、間断なく雨に刺されている。**光りのない**ⓓⓔ雨はただならぬ海面を、**冷静に**ⓕ刺し貫ぬいているだけである。しかし海風が、ふとして、雨を**荒涼とした**ⓖ岩壁に吹きつける。**白い**ⓗ岩壁は、墨の**繁吹**ⓘを吹きつけられたように**黒く**ⓙなる。(— 66)

海の描写である。長い引用なので形容詞にはいちいち記号を付したが、仏文と和文とで記号がきちんと対応しあい、しかも順序までおなじというのは、『金閣寺』のなかでも珍しい「そのまま訳」である。すくなくとも10個ある形容詞の半分、すなわちⓐⓒⓖⓗⓙは仏文の形を尊重した「訳」といえる。ところが残りの半分については、処理の仕方にかなりの工夫が凝らされており、もう「そのまま」とはいえなくなっている。ⓑは省略され、ⓓとⓔは二語一意として「訳」語は一つだけ、ⓕとⓘにいたっては形容詞と補語ないしは名詞とがひとかたまりで「訳」されている。だが、いますこし「そのまま」訳につきあうとしよう。

⑬ un promontoire **solitaire**　　　うらさびしい岬

| | |
|---|---|
| promontoire **perdu** | 辺鄙な岬 |
| le nez **puissant** | 秀でた鼻梁 |
| un air **navré** | うそ寒い面持 |
| les **banales** paroles de réconfort | お座なりの慰め |
| la clarté **vacillante** de la lampe sacrée | |
| 燈明のちらちらする光り | |
| un air **penaud** | 後めたい顔つき (— 66、67) |

　プロの翻訳家であればこのていどの訳語は朝飯前であろう。だが、いまだに仏和辞典の呪縛から脱しきれない学習者は、solitaire を「さびしい」と訳せても、「うらさびしい」とまではなかなか思いつかないに違いない。意味論的貧困に苦しむ人、すなわち類語・縁語のストックがすくない人は、『類語新辞典』(— 74) を座右の書とされたい。solitaire の意味が「静寂」の系列にあるときは、この辞典の分類項目 148 a を見ればよいし、「ものさびしい」系列なら 162 b、「機嫌」に関係する意味でなら 692 a を探すと、文脈にピタリとはまる訳語の二つや三つはかならず見つかる。

　つぎはフレーズをまるごと引いてみよう。

⑭ Le collège de Maizuru formait, dans un cirque d'**insouciantes** collines, un ensemble de bâtiments **modernes, clairs**, avec de **vastes** terrains de jeux. (— 67)
東舞鶴中学校は、**ひろいグラウンド**を控え、**のびやかな**山々にかこまれた、**新式の明るい**校舎であった。(— 66)

第 5 章　形容詞(1)　訳語と語順

⑮ Je restai **interloqué**. (— 67)

私は二の句が継げずにいた。(— 66)

⑯ Ma vie, à moi, à la différence de celle de Tsurukawa, n'offrait aucune **sérieuse** possibilité de symbole. (— 67)

とまれ私の生には鶴川の生のような**確乎たる**象徴性が欠けていた。(— 66)

⑰ La nuit, **tachetée** de lune, la **grande** carcasse **blanche** prend un air **étrange** et **fascinant**. (— 67)

夜だと、**ところどころ斑らに**月光を浴びた**白い**木組は、**怪しく**も見え、**なまめかしく**も見える。(— 66)

⑱ —Tu dis ça sérieusement.

Il prend un air encore plus **convaincu** pour la persuader :

—C'est la seule chose sérieuse pour moi, le désir, comme pour tout le monde d'ailleurs. Et moi, je l'avoue. (— 80)

「本気でおっしゃるの」
アルフォンソはさらに思いつめた様子で説得にかかる。
「私にとってはこれだけが本気なのだ、欲望って奴がね。皆そうなのだ。ただ私は口に出して言うのだ」

⑲ Il la prend dans ses bras pour l'embrasser, mais Lucrèce ne tarde pas à se dégager, se faisant une voix **responsable** :

—Laisse-moi. Nous devons rentrer. C'est le bal des pierres précieuses, ce soir. Il faut choisir nos costumes. (— 80)

アルフォンソは彼女を抱いて接吻しようとしたが、ルクレツィアはすぐに身を離して、**毅然とした**声で——「さあ、帰らなくては。今晩は宝石の舞踏会よ。衣裳を決めなくては」

⑳ Du jour où je l'avais rencontré, ses **stupéfiants** pieds **bots**, son langage **abrupt, blessant**, ses confidences **cyniques** avaient soulagé mon âme **percluse**. (— 67)
はじめて会ったときから、彼はその**ぶざまな**内翻足で、**無遠慮に傷つける**言葉で、その**徹底した**告白で、私の不具の思いを癒やしたのだった。(— 66)

　以上、⑭から⑳まで、『金閣寺』を中心に形容詞の「そのまま訳」の好例をならべてみた。⑯の sérieuse が「確乎たる」、⑰の fascinant が「なまめかしくも」、⑳の cyniques が「徹底した」とそれぞれ絶妙な訳語に移されているあたり、日本文学の仏訳を逆用してえられる功徳というべきだろう。むろん、こうしたややこしい回り道は、仏和辞典のあたえる定訳に呪縛されないための苦肉の策なのであって、要は常日頃から日本語の書物に親しんだり、じぶんでも書いてみるなどして、なるべく柔軟な形容詞のセンスを養っておくことである。
　それから、中村保男・谷田貝常夫『英和翻訳表現辞典』(— 73)は、単語レベルでの訳語選定の勘を育むには格好の参考書である。フランス語についてこのような書物のないのが歯がゆいが、この辞書のほぼ90パーセントは「仏和翻訳表現辞典」として読むことができるだろう。

## 4 語順をどうするか

　形容詞のそのまま訳でも一つ困ることがある。すでに3の例文にも見られるが、形容詞がいくつも並んでいるとき、訳語の順番は原文そのままでよいのか、という問題である。

㉑ Ce désir **amorphe, ailé, fluide**, toujours en mouvement (— 67)
　**形のない、飛翔し、流れ、力動する**欲望 (— 66)

㉒ Quelque chose qui avait été si gai paraissait maintenant, derrière cet archaïque signe, **chenu, débile, malade, dégénéré**. (— 67)
　かつては華やいでいたものが、古い護符のうしろに、**白くほのかに病み衰えている**のが見えた。(— 66)

　㉑は限定用法、㉒は叙述用法で、いずれも仏文の語順どおりになっているが、こと『金閣寺』に関するかぎり、このような対応はむしろ珍しい部類に属する。とりわけ㉑によって代表される限定用法の場合は、付加形容詞の位置が名詞をはさんで前置型と後置型とに分かれるから、ことはますますややこしくなる。なにはともあれ、一見でたらめとも思える「順番乱し」の実例を挙げる。

㉓ Un tas de **menus**ⓐ, cailloux **ronds**ⓑ, **blancs**ⓒ ou **bruns**ⓓ, **lavés**ⓔ, **nets**ⓕ, **impeccables**ⓖ ... (— 67)
　**洗い込まれた**ⓔ**白**ⓒや**褐色の**ⓓ**細かい**ⓐ**清らかな**ⓕ玉ⓑ

砂利……（— 66）

　なにも訳例（むろん三島由紀夫の原文）の語順が唯一絶対のものであるとはいわない。ただ、この訳例がつぎのような直訳よりもはるかに日本語として読める文章になっていることは明らかだろう。

㉓′丸くて白か褐色で、洗われた、きれいな、非のうちどころのない、沢山の細かい小石……

　そこで㉓の例文の訳例を手がかりにこういう通則を徹底させたい。
　**形容詞、なかんずく付加形容詞はその表現価値にむらがあり、訳語は原文の語順よりもむしろ表現価値の序列に従って並べることが多い。**
　以下、この通則の具体的展開として若干の細則の検討に入るが、翻訳文法に「規則」などというものはなく、勘や経験から生まれた最大公約数的知恵だけが頼りなのだということは、いつもながら肝に銘じておいていただきたい。

A 〈名＋形〉の型

　後置型付加形容詞の語順である。さきに結論めいたことをのべてしまうと、後置型形容詞がかりに二つあれば、二つ目のものから訳して、まえのもの、すなわち名詞に直続の形容詞はその名詞と一体をなすかのようにあとから訳すケースがけっこう多いようだ。

㉔ les rochers **noirs** et **ruisselants** （— 67）
　**濡れている黒い**石（— 66）

　仏文どおり「黒い濡れた石」でも間違いではない。だが、書き手の頭にまず「黒い石」が存在し、つぎにそれが「濡れている」とイメージされているらしいことを把握すれば、訳文はどうしても「濡れている黒い石」でなければならない。通則でのべた「表現価値のむら」とはまさにこのことを指している。

㉕ La mèche de sa vie à venir trempait dans une huile **fraîche** et **limpide**. （— 67）
　未来の燈芯は**透明な冷たい**油のなかに涵っている。（— 66）

㉖ Kashiwagi, lui, m'avait le premier enseigné la voie **détournée** et **ténébreuse** par où prendre la vie à revers. （— 67）
　しかるに柏木は裏側から人生に達する**暗い抜け道**をはじめて教えてくれた友であった。（— 66）

㉗ J'apercevais par la portière un ciel de printemps **couvert** et **sombre**. （— 67）
　私は窓外の**どんよりした**春の**曇り空**を見た。（— 66）

　とりわけ㉖の「抜け道」や㉗の「曇り空」のような場合は、名詞とそれにすぐつづく形容詞が一体化していわば一つの熟語を形づくっているのである。つぎの訳例のⓑ—ⓒ—ⓐという語順にも注目されたい。

㉘ cette mer **indiscernable, impérieuse, dominatrice** (— 67)
   **命令的な支配的な見えざる**海 (— 66)

B 〈形＋名＋形〉の型

　今度はもうすこし複雑なケースで、前置型と後置型とが一緒になったときである。この型になるともう処方らしきものはないと断定してもかまわない。むしろ、翻訳者がえらびとった訳語同士のウェイトやバランスが決め手になってくるというしかない。

㉙ Elevé dans l'**âpre** milieu **paysan**, je ne connaissais pas cette forme de gentillesse. (— 67)
   **田舎の荒っぽい**環境で育った私は、この種のやさしさを知らなかった。(— 66)

　これなどは「荒っぽい田舎の環境」としてもべつにおかしくはなさそうだが、その語順だと「荒っぽい」が「田舎」にかかるのか「環境」にかかるのか判然としない欠点が強いていえば挙げられるかもしれない。

㉚ Elle avait un visage cuit par le soleil, avec de **petits** yeux **enfoncés** et **pleins de ruse**. (— 67)
   母は日に焼けた顔に、**小さな狡そうな落ち窪んだ**目を持っていた。(— 66)

㉛ Ce n'était rien de plus qu'une **vieille, insignifiante**

construction **noirâtre** à deux étages.(— 67)
それは**古い黒ずんだ小っぽけな**三階建にすぎなかった。(— 66)

㉜ La périlleuse sensation que toutes les idées nichées dans ma cervelle entraient en contact avec les phénomènes extérieurs par cette **seule** et **mince** épaisseur de peau, **hypersensible** et si **vulnérable** !(— 67)
それは自分の頭の中で考えていることが、**薄い敏感な傷つきやすい皮膚一枚**で、外界の物象と接していると謂った妙に危険な感覚だ。(— 66)

㉚、㉛、㉜の訳例から形容詞の語順についての一般法則を導きだすことは不可能である。翻訳者の日本語の表現力に期するしかあるまい。

ところで締めくくりにこんな文章はどうだろう。

㉝ Dans le ciel de nuit, le **bel** indigo **paisible** avait fait place à un gris **roux épais** et **trouble**.(— 67)
夜空の色は**平静な藍**を失って、**深い納戸いろに濁って**いた。(— 66)

おわかりと思うが、この仏文から和文への「転換」は単に形容詞の語順を変えたぐらいではすまない。これは原文の完全な読みかえ、いわばコペルニクス的転回である。次章はこうした「転回」についてなるべく分かりやすく整理してみたい。

## 練習問題 5

① «Madame Lucrèce», éblouissante et diaphane, est plus belle que jamais, timidement agenouillée sur un coussin doré. Sa longue robe entièrement brodée d'or et de pierreries, dont la traîne est tenue par une petite négresse, ses cheveux — tout juste ramenés en deux flots d'or sur ses épaules d'enfant, et où brillent çà et là, négligemment, quelques pierres somptueuses — rehaussent encore sa silhouette fragile et émouvante.
(F. Sagan, *Le Sang doré des Borgia* — 80)

第 6 章
形容詞(2)

# 品詞を変えて訳す

　本章と次章では、形容詞に関するこれまでよりやや複雑な処理の仕方を考えてみたい。かりにこれを統辞論的処理と呼んでおこう。つまり、前章でのべた形容詞翻訳における二種類の「そのまま訳」のうち、構文上の処理が不得手な翻訳者のための処方箋を考えてみたいのである。引用は三島由紀夫『金閣寺』(— 66) とその仏訳 (— 67) を中心に。

① Or, notre chat bondit d'un hallier, tout à coup ; sa prunelle est **douce**ⓐ et **remplie**ⓑ d'une lueur **rusée**ⓒ ; il se fait prendre — exactement comme s'il l'avait

fait exprès. (tr. Mécréant, *Le Pavillon d'or* — 67)
ところでその猫は、突然、草のしげみの中から飛び出して、まるでわざとのように、**やさしい**ⓐ**狡猾な**ⓒ目を光らせて捕われた。(三島『金閣寺』— 66)

② Elle était **petite**ⓐ et paraissait pourtant **dilatée**ⓑ, **immense**ⓒ, **blafarde**ⓓ. (— 67)
**小柄な**ⓐ母の体は、しかし**無気味に**ⓓ**ふくれ上り**ⓑ、**巨大に**ⓒ見えた。(— 66)

①と②の仏文と和文を比べてみると、仏文の形容詞が和文ではきわめて大胆に処理されていることに気づく。たとえば①の真中の部分は直訳すればこんなところだろう。

①′ その瞳はやさしくて、狡猾な光をたたえていた。

ところが和訳（つまりは三島の原文）では、ⓐは叙述用法から限定用法に移り、ⓒは修飾の相手を変えて prunelle を限定している。またⓑの remplie は和訳では省略されてしまっている。さらにつけ加えれば、lueur という名詞が、「光らせて」と動詞化しているのが大きな変換である。つぎに②を直訳してみよう。

②′ 彼女は小柄ⓐだったが、それにもかかわらず、ふくれ上ってⓑ、巨大なⓒ青白いⓓ姿に見えた。

三島の原文ではⓐを含むフラーズ全体が名詞化されるから、当然ⓐは付加形容詞に転化する。また叙述用法のⓓが

第6章　形容詞(2)　品詞を変えて訳す　123

品詞転換をおこしてⓑを修飾する副詞と化している。

以上の分析を踏まえて、形容詞の統辞論的処理はほぼ三つのカテゴリーに分けて論じることができそうだ。すなわち——

(1)：他の品詞になおす。
(2)：省略、短縮をおこなう。
(3)：叙述と限定の二機能を相互転換する。

本章では(1)の品詞転換を、とりあえず、**A：副詞化、B：名詞化、C：動詞化**、のそれぞれについて検討してみることにする。

A　副詞になおして訳す

じつはすでに「名詞」の項でお目にかかっている処理である。名詞を動詞化するために、必然的に付加形容詞も副詞にせざるをえなくなるのだ。そのときの例文をもう一度引く。

③ Je désire la venue **immédiate** de Pierre. (— 51)
ピエールに**すぐ**来てもらいたい。
④ Le cri **répété** du geai lui signalait au loin la présence d'un animal. (— 25)
カケスが**しきりに**啼くところをみると、どこか遠くに獣がいるらしかった。

むろん副詞になおして訳せるのは付加形容詞に限らない。『金閣寺』にもこういうのがある。

⑤ L'idée de départ se fit de plus en plus **lancinante, despotique**. (— 67)
私は**ひたすら**出発のことだけを考えた。(— 66)

　しかしながら、一般には付加形容詞の方が副詞に訳しやすいということはいえる。こなれた翻訳ほど抽象名詞を動詞化するから、名詞を直接に限定する語はどうしても形を変えざるをえなくなるのである。

⑥ J'émis un rire **bref**. (— 67)
私は**一寸**笑った。(— 66)
⑦ Je laissais tomber sur l'eau de l'étang des regards **distraits**. (— 67)
私は**ぼんやり**池のおもてを見下した。(— 66)
⑧ Elle lui appliqua alors sur la joue une gifle **magistrale**. (— 67)
女がその頬を、**思い切り**平手打ちにした。(— 66)
⑨ Pour la première fois, ma compagne m'apparut tout entière dans un **plein** éclairage. (— 67)
女の体ははじめて**あかあかと**照らし出された。(— 66)
⑩ Partir en voyage avec un père en qui, malgré ses efforts **héroïques**, tout le monde reconnaîtrait d'emblée un grand malade, cela ne me disait rien. (— 67)
**気丈**に振舞っていても誰の目にも重患の病人に見える父と、旅へ出るのは気が進まなかった。(— 66)
⑪ Bien que formés à la même école, il y avait, entre le Prieur et mon père, une différence de complexion

第6章　形容詞(2)　品詞を変えて訳す　125

**incroyable**. (— 67)
しかし父と、ここの住職とは、同じ出身でも、福々しさが**ずんと**ちがっていた。(— 66)

以上の引用はすべて名詞の動詞化に伴う形容詞の副詞化を示しているが、このていどの「翻訳文法」はこつさえ呑みこんでしまえばそれほどむつかしいものではない。むしろ形容詞が、修飾する語から独立した形で副詞化するような訳文こそ、翻訳の真骨頂というべきだろう。

⑫ Il y avait quelque chose de **pathétique** dans cette voix qui glissait sur la neige. (— 67)
女の声は**哀切に**雪の上に流れた。(— 66)

これなどは単なる形容詞の処理の問題を超えたより大きな構文転換の枠のなかで説明されるべきものである。

⑬ Un **éclatant** tapis rouge couvrait le sol. (— 67)
緋毛氈が**あざやかに**敷かれていた。(— 66)

まことに「あざやか」な形容詞の処理というほかない。ついでに申し添えれば、⑫と⑬における工夫の発想は、何のことはない、前章で触れた「転位形容詞」のそれとかなり近いものであることがお分かりいただけると思う。

⑭ Son œil ivre et fatigué regarda un instant au loin, puis de nouveau sombra dans des profondeurs **vagues**.

(— 67)
酔い疲れた目が一瞬遠くを見たのが、また底深くどんよりと沈んだ。(— 66)

　前半部分は律儀な直訳だが、後半の dans にはじまる状況補語の訳しかたに注目していただきたい。だれしもがこんな形の発明を夢見ながらもなかなか果たせない、というのが実情なのではないか。

## B　名詞になおして訳す

　この操作は限定用法と叙述用法の両方に有効である。以前、「名詞」の項で le bleu céleste（青空）とか le silence champêtre（静かな田園）といった名詞と形容詞との逆転を取りあげたときのことを思いだしてほしい。この手の逆転は『金閣寺』にもある。

⑮ Mais quand je constatai que la mort de père ne me causait pas la moindre peine, ce ne fut plus à proprement parler de la stupéfaction que j'éprouvai, mais une espèce d'impuissance **affective**. (— 67)
父の死を自分が少しも悲しんでいないのを知るに及んで、愕きとも名付けようのない、或る無力な**感懐**になった。(— 66)

⑯ De quoi parlâmes-nous cette nuit-là? Je ne m'en souviens plus très bien. Je ne crois pas que nos propos aient été très substantiels. Toujours est-il que Ka-

shiwagi renonça totalement à ses excentricités **philosophiques** et au venin de ses paradoxes. (— 67)
その宵、私が柏木とどんなことを語り合ったか、よく憶えていない。おそらく大して実のあることを語らなかったものと思われる。柏木が第一、いつもの奇矯な**哲学**や毒のある逆説を、少しも口に出す気配がなかった。(— 66)

こうした転換の持つ表現価値については「名詞」の項を参照されたい。むしろここで特にあつかっておきたいのは、名詞と役割を交換することなく、いわば自立して名詞化する形容詞である。むろん、なにも特定の形容詞に限ってそう訳すべきだといっているのではない。形容詞の処理をめぐってさまざまな工夫の適否を判断するのは、結局のところ訳者の勘なのだから。

⑰ Sans la **jeune**, infatigable force de son corps, sans le jeu incessant de ses muscles pour le retenir, ce bel univers transparent se fût — qui sait ? — effondré sur l'heure… (— 67)
この**若者の**不撓な肉体の力が、たえずそれを支えて運動していなかったら、忽ちにしてその明るい透明な世界は瓦解していたかもしれないのだ。(— 66)

jeune を「若者の」と訳すのはとりたてて「名詞化」とレッテルを貼るまでもないほど自然な処理といえるかもしれない。ではつぎはどうだろう。

⑱ Quand agissait sur moi la **vénéneuse** beauté du Pavillon d'Or, tout un pan de moi-même devenait opaque … (— 67)
金閣の美の与える**酩酊**が私の一部分を不透明にしており……（— 66）

付加形容詞 vénéneuse は金閣の美に固有な属性ではなく、美が主人公の精神にあたえるインパクトとして結果的に解釈されているのである。感覚の冴えた表現ほど形容詞の名詞化訳は活きるようだ。さらに二例ほど。

⑲ La neige avait cessé et le jardin était éblouissant. Sur ce fond **éclatant** se dessinait la trogne suante du jeune soldat… (— 67)
雪晴れの前庭はまばゆかった。その**まばゆさ**を背に、脂切った肉がひしめいている青年の顔は……（— 66）

⑳ Dans la nuit chaude, on entendait le bruit **frais** et clair que faisaient les plis de sa robe. (— 67)
暑い夜であったので、その衣摺れの音の**すばらしさ**が冴えた。（— 66）

同一の操作をつぎに叙述用法の形容詞について適用してみよう。

㉑ J'étais si **mécontent** que j'en étais tout fiévreux. (— 67)
**不満**が私の体を熱くしていた。（— 66）

第6章　形容詞(2)　品詞を変えて訳す　129

いかにも三島好みの翻訳調の文体である。ほかの品詞を名詞化すればいきおい文章は抽象度がます。これは、とりわけ叙述用法の形容詞を名詞に訳した場合いえるようである。

㉒ Ses petits yeux enfoncés et roublards, à cette heure encore me firent voir combien était **justifiée** la haine que j'avais pour elle. (— 67)
小さな狡そうな落ち窪んだ母の目は、今更ながら、母に対する私の嫌悪の**正当さ**を思い知らせた。(— 66)

　最後に、これは名人芸としかいいようのない名詞化処理をご覧に入れる。じつをいえば三島の凝縮された文体を仏訳者が説明的に引きのばしているだけなのだが、さかさまに考えて感心するというのもたまには悪くない。

㉓ Sur les étroites levées délimitant les carrés, quelques rares arbres poussaient, **petits** ou **grands, minces** ou **trapus**, selon les lois de la plus entière fantaisie. (— 67)
畦のまばらな立木は、**高低**も**大小**も思い思いで……(— 66)

C　動詞になおして訳す

　叙述、限定の両用法に使える工夫である。

㉔ Je ralentis le pas, **résolu** à suivre l'étudiant. (— 67)
私は歩みを緩め、学生をつけようと**考えた**。(— 66)

順行で訳したので、résolu を se résoudre と動詞化できるのである。

㉕ La porte vitrée, tirée à fond, était **impuissante** à contenir les braillements d'un poste de T. S. F. (— 67)
閉てきった硝子戸がラジオの音を**洩らしている**。(— 66)

「ラジオの音を遮断しきれない」——このいかにも分析的な仏文が和文では「洩らしている」という現象記述の動詞に転化する。これは日本語の特質をよく活かした「名訳」ではないだろうか。

これまでの文例はいずれも叙述形容詞。今度は限定形容詞をみよう。限定形容詞を動詞にして訳すときは、それが限定している名詞を主語とするのか目的語とするのかという見定めがコツである。

㉖ Changement d'attitude également chez le sacristain et l'adjoint du Prieur, malgré leurs efforts **évidents** pour me présenter même visage qu'à l'ordinaire. (— 67)
寺男の態度にも、副司さんの態度にも、何かしら常とことなるものがあった。しかし表ては常とかわらぬように装うているのが**見てとれた**。(— 66)

順行訳をしているので、後半の malgré 以下を文として

第6章 形容詞(2) 品詞を変えて訳す　131

訳しほどき、形容詞 évidents を動詞化することができたわけである。

㉗ Ce soupçon, toutefois, loin de me le faire mépriser, fut plutôt le point de départ d'une intimité **accrue**. (— 67)
しかしこの疑問は一向彼に対する軽蔑とはならず、むしろ親しみを**増す**種子となった。(— 66)

㉗の場合、「増した親しみ」では結果が優先する論理になって point de départ（種子）の持つ端緒の観念と折りあいがつかない。ここはどうしても「親しみを増す」と動詞化して訳さなければならない。

## 練習問題 6

① Ils se retournèrent : une femme était là, arrêtée. Elle était de belle stature, bien chaussée de courroies étroites et vêtue de la tunique courte des suivantes d'Artémis. L'étoffe blanche, attachée aux épaules par deux agrafes d'or repoussé, était serrée à la ceinture et laissait découverts ses genoux délicats. Un diadème d'argent brillait sous le riche ornement de ses cheveux, dont les uns étaient tressés et coordonnés, les autres retroussés et noués à la Laconienne, avec plus de grâce que d'artifice. Et dans ses yeux, si bruns et si clairs tout ensemble, une telle fierté se laissait voir, qu'elle parut à tous être la princesse de Krête, Ariane, fille de Minos, et petite-fille du Soleil. (P. Louÿs, *Lêda* — 54)

第 7 章
形容詞(3)

# 省略・短縮と用法転換

　形容詞の最終章。統辞論的処理のうち残りの二つ、すなわち省略・短縮の操作と、叙述・限定の相互転換とを片づけなければならない。いずれも形容詞をめぐる工夫のうちでもっとも難度の高い処理であり、ここでは可能なパターンをなるべくたくさん紹介することぐらいで精一杯だろう。下巻ではこうした問題について、品詞を超えたフラーズとかパラグラフのような大きなレベルにおける訳文構成を問題にしてみたい。形容詞の統辞論的処理なども、本来はそうした巨視的な枠の広がりのなかで論じられるべきものなのである。ところで、ここでも引用はすべて三島由紀夫『金閣寺』（— 66）とその仏訳（— 67）から。

## 1 省略・短縮

　よい翻訳は言葉を節約し、必要とあらば原文の切り捨てもおこなう。自然にまかせていると、訳文はどうしても長く説明的になりがちだからである。ここではまずそうした「省略」を考えてみる。

## A　訳さない形容詞

① Le temple était **perché** au haut de la falaise surplombant la mer.（— 67）
　寺は海に臨む崖上にあった。（— 66）

　まさか「崖の上に**とまっていた**」とは訳せまい。形容詞には無理をして訳さない方がこなれてよいものもある。

② Ce fut pour moi, à bien des égards, un **grand** soulagement que de me trouver là.（— 67）
　ここへ来て、いろんな点で私はほっとした。（— 66）
③ En bordure de la large allée **semée** de gravier…（— 67）
　砂利の広い道がつづくかたわらには……（— 66）

　②の grand にせよ③の semée にせよ、訳してどうという形容詞ではない。省くのが上策である。

## B 〈形＋形〉の一括処理

　形容詞が二つあるとき、漢字の熟語を使ってまとめて訳すという手がある。古い世代の名訳がすこし濫用しすぎたため、最近はあまり流行らないが、上手にやれば捨てがたい味が出る。

④ Un petit chat fit son apparition dans le temple **désert** et **tranquille**. (— 67)
　この**閑寂**な山寺に一匹の仔猫があらわれた。(— 66)

　「ひと気のない物静かな……」とやっても悪くはないが、「閑寂」と訳すと、どこからともなくセミの啼声が聞こえてくるから不思議である。

⑤ Il était d'une équité **parfaite** et **désintéressée**. (— 67)
　老師は**公平無私**だった。(— 66)
⑥ Les femmes, pour monter au temple, remirent les toilettes **vives** et **gaies** que longtemps elles avaient tenues cachées. (— 67)
　女たちはあちこちへ隠していたとっておきの**華美な**衣裳を着て、金閣へ昇った。(— 66)

　上の例はいずれも形容詞一つが漢字熟語のちょうど半分に意味の上でかなり正確に対応しているのだから、一種の直訳といえなくもない。その意味では翻訳者の日本語のセ

ンスが問われるのみで、翻訳技法としてはさほどむつかしいものではないのである。ところで⑤の「公平無私」のくだりを見直してほしい。じつは「公平」の訳語は équité parfaite に対応しているので、そうなるとこの操作は厳密にいえば〈名＋形〉の組みあわせの一括処理とむしろ考えるべきだろう。それがつぎの課題である。


C 〈名＋形〉の一括処理

むろん漢字による凝縮はここでも有効である。ただ、形容詞が二つならんでいるときと違って、名詞と形容詞とではたがいに言葉のレベルが違うから、対応する漢字を二つくっつければそれですむというわけにはいかない。

⑦ J'avais le sentiment d'être conduit à mon insu, d'image en image jusque dans les **lointaines profondeurs** du couloir, dans une insondable retraite. (— 67)
こうした相似にみちびかれてしらずしらずに廊下の**奥**、底知れぬ奥の間へ、踏み込んで行くような心地がしていた。(— 66)

たった一語の「奥」という漢字によるみごとな凝縮例である。参考までにこういう読みかえかたもある。

⑧ Le moment arriva vite où je quittai le **foyer familial**. (— 67)

やがて私は**父母の膝下**を離れ……（— 66）

あまり漢字にばかりこだわるのも訳文を硬直させるもとである。もうすこしやわらかくてスマートな一括処理をしてみよう。

⑨ J'étais toujours, lors de la prière du matin, frappé par **l'énergie franche** de ce chœur de voix mâles. （— 67）
朝課の経のとき、私はいつもその合唱する男の声に、**生々しさ**を感じるのが常であった。（— 66）

これは「清新な活力」と直訳しても三島由紀夫らしくていいような気がするが、やはり「生々しさ」の持つ生命感にとどめをさそう。

⑩ Le garçon se mit debout, d'un **mouvement énergique** qui parut le faire entrer comme un fouet dans l'air calme et flottant de ce matin d'été. （— 67）
少年はそこらに漂っていた夏の朝のしめやかな空気をえぐるような**勢い**で身を起した。（— 66）

仏文にある fouet（むち）が消えたかわりに「勢い」という訳語をえて、訳文にそれこそムチのような勢いが生まれた。ついでながら calme が「しめやかな」に美しく移されていることにも注目したい。

## 2 叙述用法と限定用法の相互転換

まず、つぎの文章を読んでいただきたい。

⑪ A deux maisons de chez mon oncle vivait une belle fille appelée Uiko. Elle avait de **grands** yeux **purs**. Sa famille était riche, ce qui expliquait qu'elle fût **hautaine**. (— 67)
叔父の家から二軒へだてた家に、美しい娘がいた。有為子という名である。目が**大きく澄んでいる**。家が物持のせいもあるが、**権柄ずくな**態度をとる。(— 66)

『金閣寺』のなかでもとびぬけて読みやすい、ごくふつうの文章である。ところがこの短いパラグラフで使われている形容詞を調べてみると、約半分が仏文と和文では構文上の逆転関係にある。太字にした語がそれだ。「目」の説明は、仏文の限定用法が和文では叙述用法に、また「権柄ずく」のところはその逆になっている。じつはこの用法同士の相互転換こそ形容詞を手がける際に何よりも心得ておくべき「翻訳文法」の要諦にほかならない。

A 叙述を限定で訳す

この工夫には二通りあり、これはかなり明確に定式化できる。まず叙述用法の形容詞が名詞や代名詞の同格として使われている場合で、べつに副詞的に独立展開させる必要がないと思ったら、付加形容詞のようにして訳してしまえ

ば文章も引き緊まってスッキリする。

⑫ La nuit, **tachetée de lune**, la grande carcasse blanche prend un air étrange et fascinant. (— 67)
夜だと、**ところどころ斑らに月光を浴びた**白い木組は、怪しくも見え、なまめかしくも見える。(— 66)

⑬ La lumière, **verticalement déversée**, laissait plein de nuit l'intérieur du bâtiment. (— 67)
**直下にふりそそぐ**光りは、金閣の内部を夜のような闇で充した。(— 66)

⑭ **Fin saoul** et titubant, l'Américain s'était déchaussé en faisant voler ses chaussures de côté et d'autre. (— 67)
**ひどく酔っている**兵士は、ふらふらして靴をあちこちへ投げ飛ばして脱いだ。(— 66)

ついでながら同格形容詞 titubant の方は別扱いで、副詞的に処理されていることにも着目されたい。

⑮ Les cercles, **mollement propagés**, vinrent bientôt mourir à mes pieds, contre la rive. (— 67)
**のびやかにひろがる**波紋は、水際の私の足もとへやがて届いた。(— 66)

形容詞の叙述用法にもう一つ属詞というのがある。属詞のいろいろな形のなかで、繋合動詞を介して主語と結ばれている形容詞を考えてみよう。

La mère est **malade**.\*　　　　母は病気だ。

この malade が訳文で「病気の母」と限定用法に転化する必然性はこの文章それじたいのなかには含まれていない。何らかの外発的な条件のもとで転化がおこるのである。そうした条件の代表的なものを二つほど挙げておく。

⑯ Certes, à bien des égards, j'étais **lâche** ; mais quand je tournai vers la foule un visage heureux où ne se décelait pas la moindre trace de larmes, je ne me sentis nullement honteux. (— 67)
**卑屈なところの多い**私ではあったが、そのとき、少しも涙に濡れていない明るい顔を、檀家の人たちのほうへ向けることを恥じなかった。(— 66)

この転換は lâche を含むフラーズがそれじたいで完結せず、つぎのフラーズをうながすようにして開かれている（ここでは対立関係の一項として）ためにおこったものである。

⑰ Tsurukawa, dont l'âme était **limpide** et **candide**, se réjouissait pour moi de ce qu'après si longtemps j'allais revoir ma mère. (— 67)
**透明で単純な**心を持った鶴川は、久々の母との対面を喜んでくれた。(— 66)

この場合、limpide と candide を含むフラーズは関係代

第7章　形容詞(3)　省略・短縮と用法転換

名詞節として主語の Tsurukawa を説明しているから、これまたフラーズの独立性がうすく、したがって形容詞の用法転換がおきやすいと考えられる。

B　限定を叙述で訳す

　頻度からいえばこちらのタイプの転換の方がずっとおこりやすい。この操作を分かりやすく説明すると、あるフラーズを訳出するにあたって何らかの構文上の変化が工夫されたため、名詞と付加形容詞が分離して両者のあいだに原文にはない動詞（多くは繋合動詞）がはさまる、という手順である。

⑱ Sous sa housse de neige, le Pavillon d'Or était d'**incomparable** beauté.（— 67）
雪に包まれた金閣の美しさは、**比べるものがなかった**。（— 66）

　ごらんのように、限定用法を叙述用法に移すためには文全体になにがしかの改変が必要である。仏文の主語は「金閣」だが、和文では「美しさ」に変わっている。

⑲ C'était une réponse **honnête**.（— 67）
この答は**正直だった**。（— 66）

　原文どおり「**正直な答だった**」でもむろんかまわない。いや、そのかまう、かまわないの判定は個々のフラーズ内

部では下すことができないのである。つぎにどういうフレーズがきて、訳文はどういう呼吸でそれへつなげるか——ここまでくれば問題は形容詞の用法などという小さな世界を超えて広がってしまう。下巻であつかうべきテーマである。

⑳ Le long des gorges du Hozu aux tunnels **innombrables**... (— 67)
保津峡ぞいのトンネルの**多い**ところでは…… (— 66)

これなども、名詞と形容詞のあいだに être 動詞を入れた典型的な「読みほどき」の例である。

㉑ Ce visage **pétrifié** paraissait si menu qu'il eût tenu, semblait-il, dans le creux de la main. (— 67)
その顔は、……掌の中へ入りそうなほど、**ひどく凝固して**小さく見えた。(— 66)

㉒ Alentour, le matin était rempli du ramage **tapageur** des oiseaux. (— 67)
そのあたりの朝は、鳥のさえずりが**かまびすしく**…… (— 66)

㉓ Une eau sale et **stagnante** arrivait jusqu'au pied du plan incliné ; les alignements de cerisiers y plongeaient leur ombre. (— 67)
インクラインの斜面の起るところまで、汚れた水が**淀み**、こちら岸の葉桜並木の影をどっぷりと涵していた。(— 66)

## 練習問題 7

① Maintenant, à mes pieds, Aigues-Mortes, misérable damier de toits à tuiles rouges, était ramassée dans l'enceinte rectangulaire des hautes murailles que cerne l'admirable plaine, terres violettes, étangs d'argent et de bleu clair, frissonnant de solitude sous la brise tiède ; puis à l'horizon, sur la mer, des voiles gonflées vers des pays inconnus symbolisaient magnifiquement le départ et cette fuite pour qui sont ardentes nos âmes, nos pauvres âmes, pressées de vulgarités et besogneuses de toutes ces parts d'inconnu où sont les réserves de l'abondante nature. (M. Barrès, *Le Jardin de Bérénice* — ⑨)

19世紀のフランス語だからいささか古めかしいが、現代文でこれだけ形容詞が多用されているものを見つけるのはむつかしい。練習のつもりで挑戦してみてほしい。

第 8 章
副詞(1)


# そのまま訳と加減訳


二章にわたって副詞を取りあげる。形容詞についていろいろ考えてみた工夫が副詞の処理にも役に立つはずである。テクストとしては、形容詞の章でお世話になった三島由紀夫『金閣寺』(— 66)とその仏訳 (— 67)に加えて、谷崎潤一郎『陰翳礼讃』(— 92)とR. シフェールによる仏訳 (— 93) をもちいる。


## 1 「そのまま」訳す

形容詞とおなじで、副詞もあくまで副詞としてそのまま

訳したくなるのが人情というものだろう。その場合、すくなくとも「適切な訳語を当てる」ことと、「訳語の位置を工夫する」ことの二つは肝に銘じておきたい。

A　適切な訳語を当てる

　文脈をよく摑まえ行間にまで思いを凝らして、なるべく仏和辞典が提供してくれる紋切型の訳例から自由になることである。

① A son cou tintait **obstinément** un grelot.（— 67）
　犬の首につけられた鈴が**しきりに**鳴る。（— 66）
② Les yeux **étroitement** clos（— 67）
　**じっと**目をつぶって（— 66）
③ Un état d'éveil **particulièrement** lucide（— 67）
　**一段と**たしかな覚醒の状態（— 66）
④ Je ressens **intensément** la qualité rare de l'architecture japonaise.（— 93）
　**つくづく**日本建築の有難みを感じる。（— 92）

　④の引例では「つくづく」のほかに、qualité rare が「有難み」とされていることにも注目していただきたい。qualité rare は話し手の客観的判断にとどまるが、「有難み」には「つくづく」に誘発された気持、感情が混じってきて、ひどく主観性の強い文章になっている。谷崎の邦文は明らかに一つの「視点」をえらびとっているのだ。

⑤ J'étais venu là **précisément** pour m'offrir ce plaisir, et bien entendu je me fis donner un chandelier. (— 93)
**折角**それを楽しみにして来たのであるから、燭台に替えて貰った。(— 92)

⑥ Ma mère faisait partie des gens à qui la beauté du Pavillon d'Or restait **foncièrement** étrangère. (— 67)
母は美しい金閣とは**生まれながらに**無縁の人種であった。(— 66)

⑦ Jamais la seule sympathie ne conduirait une femme à m'aimer, je le savais **pertinemment**. (— 67)
同情だけで女が俺を愛したりする筈もないことは、**百も**承知だった。(— 66)

⑧ Mes lèvres, **inlassablement**, marmottaient leurs patenôtres. (— 67)
口は**なおも**経を誦していた。(— 66)

⑨ Elle me conduisit jusqu'à la porte qui claqua **violemment** derrière moi. (— 67)
玄関まで送って来た女は、私のうしろに**音高く**その格子戸を閉めた。(— 66)

B 位置を工夫する

　いくら原文を尊重するといっても、訳語の位置まで原文通りにすることはあるまい。すでにAの④では、フランス文で動詞のあとにきていた副詞が邦文だと文頭に置かれている。そうすることで「有難み」がより切実に感じられてくるのである。だが、副詞の位置を動かした方がよいケー

スは、むしろ原文で副詞が文頭に置かれている場合だろう。

⑩ **Audacieusement**, il avait choisi d'accomplir son acte au moment le plus difficile : en plein jour, et il portait doucement ses pas inébranlablement décidés vers l'acte prémédité. (— 67)
放火にもっとも困難な白昼を**敢て**選んで、彼は自分の固く志した行為へゆっくり歩を運んでいた。(— 66)

むろん、上の例でも audacieusement からまず訳しはじめる可能性は残されていよう。「**大胆不敵にも彼は……**」とやれば、それはそれでおさまりがつく。でも、フランス文で強調されている（というよりも強調の位置にある）ものが、そのまま和文で強調される（というよりも強調の位置におかれる）必要はないのだ。要はそのフレーズを含むより大きなパラグラフのなかの緊張関係で、原文に対応するある種の強調効果が生まれていればそれでよいのである。それに、まず副詞があるからとにかく訳しておこうという安易な態度を戒めるためにも、以下の文例は引用する価値がある。

⑪ **Soigneusement**, il écrasa sous sa chaussure le débris qui gisait sur les dalles de soubassement. (— 67)
礎石の上に捨てた燐寸を、靴の裏で**念入りに**揉んだ。(— 66)

⑫ **Inconsciemment**, je m'étais levé et, ne sachant que

faire, m'adossai à la porte vitrée. (— 67)
私は思わず立上ったが、なすすべを知らずに、窓硝子に背を押しあてていた。(— 66)

⑬ **Méchamment**, Kashiwagi fit encore une fois semblant de ne rien comprendre à mes paroles et me les fit répéter. (— 67)
柏木は又**意地悪**く、ききとりにくいふりをして私にもう一度その言葉をくりかえさせた。(— 66)


## 2  訳しかたの加減

「そのまま」訳から一歩進めて何か工夫をということになると、まず考えられるのが「弱めて訳す」、「省略する」、「展開説明する」といった、訳語における加減の操作である。一見簡単なようで、意外と味のある操作だ。

### A  弱めて訳す

「弱める」とはつぎのような訳例をいう。

⑭ Si tu aimes tant le Pavillon d'Or, dis-moi, ce n'est pas parce qu'il te rappelle ton père? Parce que, par exemple, il l'aimait **passionnément**? (— 67)
君が金閣がとても好きなのは、あれを見ると、お父さんを思い出すからなのかい？　たとえばお父さんが金閣が**とても**好きだった、というようなわけで。(— 66)

Passionnément を「情熱的に」とか「狂おしく」としかイメージできない人は、「**とても好きだった**」では到底物足らないだろう。「とても」ではただの強めの副詞にすぎない。でも、ここが我慢のしどころなのだ。

⑮ Ni la mort de père ni la gêne de ma mère n'affectaient **sérieusement** ma vie intérieure. (— 67)
父の死も、母の貧窮も、**ほとんど**私の内面生活を左右しなかった。(— 66)

⑯ J'aidai Kashiwagi à se remettre sur ses jambes. Jusqu'à ce qu'il le fût, il me parut **effroyablement** lourd et haletait douloureusement. (— 67)
私は柏木を扶け起した。扶け起すまでは**大そう**重たく、痛そうに息は迫っていた。(— 66)

⑰ Là, croissait à plaisir l'iris des prés. Ils étaient ces jours-ci, **exceptionnellement** beaux. (— 67)
杜若はそのあたりに群生している。花はここ数日、**大そう**美しい。(— 66)

⑱ Mon cadeau rendit Kashiwagi **follement** heureux. (— 67)
柏木は私の贈物を**大そう**喜んで享けた。(— 66)

　以上の四例は、すべて「我慢」の産物である。⑮は、「深刻に」ではなく「ほとんど」、⑯は「おそろしく」ではなく「大そう」、⑰は「例外的に」ではなく、これまた「大そう」、そして⑱も「狂ったように」ではなく「大そう」。どの訳語もそれが修飾する動詞を強めるだけで、それ以上の色彩や

動きをあたえられてはいない。ようするにフランス文の副詞に過剰な思いいれをせず、つつましく動詞に添えて訳すのがコツである。

B 省略する

弱めるだけでも足らず、いっそ訳文から副詞を省いてしまうという手もある。

⑲ A cette vue, je pense **irrésistiblement** au bâton qui constitue l'armature des poupées. (— 93)
私はあれを見ると、人形の心棒を思い出すのである。(— 92)

irrésistiblement を省略して訳すにはかなりの勇気が要るかもしれない。「どうしても人形の心棒を思い出してしまう」とか、あるいは「考えずにはいられない」などとせめてやりたくなるところである。だが、ここは副詞がなくても原文の意は十全に伝達されていると思う。他国の翻訳と比べるとわれわれ日本人は省略をしなさすぎるきらいすらある。漢文の訓読とおなじで、原典のすべての単語をいちいち日本語に直さないと不安になるらしいのだ。訳文をなるべく短く引き緊めるためにも、たまには副詞ぐらい抜かして訳してみるとよい。

⑳ Cela n'a **strictement** aucune importance. N'est d'aucun intérêt. (— 67)

何にもならんことじゃ。益もない事じゃ。（— 66）
㉑ Elle prit d'un air **totalement** inexpressif les dix yens réglementaires que je lui tendais. (— 67)
女は私のさし出す規定の十円を無表情にうけとった。(— 66)

上の二例についても、副詞はあえて訳すまでもなく、訳文のどこかに気配のようなものとして隠れていることがお分かりいただけると思う。

㉒ Assis dans la lumière il respirait la plénitude de soi : j'en fus **vivement** frappé. (— 67)
彼は光りの中に自足していた。この印象が私を搏った。(— 66)
㉓ En 1947, à moins de s'adresser au marché noir, il était impossible de se nourrir **convenablement**. (— 67)
昭和22年は、まだ闇でなければ、滋養分を摂ることのできなかった時代である。(— 66)
㉔ A la seule vue de cette ombre bleue, je me sentis **soudain** mal à l'aise. (— 67)
私はちらとその青さを見て、不安に搏たれた。(— 66)
㉕ Toujours querellant, **totalement** oublieux de ma présence, ils revinrent au Hôsui-in. (— 67)
二人は諍いながら、もう私の存在は忘れて、法水院のほうへ立戻ってきた。(— 66)

C　展開説明する

「訳しかたの加減」のうちAとBを「減」とすれば、これは「加」ということになる。副詞を単語として片づけてしまわずに、ていねいに説明する処理の仕方である。日本語とフランス語のような異系統言語間における翻訳では、単語に托される情報の密度に急激なズレが生じるのは当然である。

㉖ De notre passerelle, nous laissions nos regards errer **distraitement** sur la face des eaux. (— 67)
私たちはその小さな橋のうえで、**何の意味もなしに**、水のおもてを眺めていた。(— 66)

㉗ Le dos raidi, nous regardions fascinés. Plus tard, à repenser **méthodiquement** la chose, il nous parut qu'il devait s'agir de la cérémonie d'adieux d'un officier sur le point de partir au front et de la femme qui lui avait donné un enfant. (— 67)
私たち二人は、背筋を強ばらせてこれに見入った。あとから**順を追って**考えると、それは士官の子を孕んだ女と、出陣する士官との、別れの儀式であったかとも思われる。(— 66)

㉘ Ici apparaît ce qu'il y a de mauvais dans mon caractère. Car s'il n'est rien de plus légitime que de justifier **diversement** un sentiment honnête, il arrive aussi que les milles raisons élaborées par ma cervelle

me contraignirent à éprouver des sentiments dont je suis moi-même le premier à être tout surpris. (— 67)
これが私のわるい性格だ。一つの正直な感情を、**いろんな理由づけで**正当化しているうちはいいが、時には、自分の頭脳の編み出した無数の理由が、自分でも思いがけない感情を私に強いるようになる。(— 66)

㉙ Dans sa réponse, elle me décrivit **gauchement** le dur travail qu'elle fournissait à la ferme de l'oncle. (— 67)
その返事には、**訥々とした文章で**、伯父の農事の手つだいにいそしんでいる状況が書き列ねられた。(— 66)

実際にやってごらんになると、こんなふうに副詞をやわらかく嚙みくだいて訳すのは、簡単なようでけっこうむつかしいことがわかる。

## 練習問題 8

① Pour un amateur du style architectural du pavillon de thé, les lieux d'aisance du type japonais représentent certainement un idéal, et ils conviennent en effet parfaitement à un monastère où les bâtiments sont vastes relativement au nombre de ceux qui y vivent, où la main-d'œuvre ne manque jamais pour le nettoyage ; dans une maison ordinaire par contre, il n'est pas facile d'en préserver la propreté. Sur un sol de planches ou couvert de nattes, l'on aura beau se surveiller et passer le chiffon ponctuellement, les salissures finissent tout de même par sauter aux yeux. (J. Tanizaki, tr. R. Sieffert, *Eloge de l'ombre* — 93)

いうまでもなく、谷崎潤一郎『陰翳礼讃』の仏訳です。

第 9 章
副詞(2)

# 抱きあわせ訳・述語訳・転換訳

　副詞について、前章よりもややこみ入った処理を考えてみたい。
　第 5 章から、形容詞と副詞の翻訳をめぐり、もっぱら日本文学の仏訳を文例としてもちいる方法に頼りっぱなしであるが、これは従来の仏語翻訳の伝統のなかにいわば制度化され、私たちの無意識の底深く定型として根を下ろしてしまったさまざまな技術上・発想上の条件反射を、何とかして打破しようという苦肉の策なのである。とりわけ戦後のフランス語翻訳の大勢は、いわゆる「上手なそのまま訳」であった。語学教室における仏文和訳を「欠損モデル」として想定し、あとはその「欠損」部分をいかに埋めあわせ

て「こなれた訳」をつくりあげるかが、翻訳者の腕の見せどころなのだ。誤訳や悪訳は生まれにくいが、どちらかというと没個性的な優等生訳がはびこる結果となる。三島や谷崎の仏訳を逆用してえられる教訓は、まさにその「ブリッ子翻訳」の反対で、翻訳とは何をおいても創造的でなければならず、どんなことがあっても教室の仏文和訳（つまり「そのまま訳」）をモデルにしてはいけない、という覚悟なのである。

## 1　ほかの語と抱きあわせて訳す

　副詞が動詞や形容詞を修飾している場合、二語をまとめて抱きあわせにしてしまう訳しかたがある。前章の「加減訳」に入れてもよいが、二語を一語で訳したからといって、べつに何かが「減」るわけでもないから、一応別立てにしておく。立ち入った説明は要らないと思うので、項目別に例文をならべるだけにする。

### A　動詞＋副詞

① Je la **regardais fixement** en retenant mon souffle.　(tr. Mécréant, *Le Pavillon d'or* — 67)
　私は息を詰めてそれに**見入った**。（三島『金閣寺』— 66）

② Et elle se lança dans une analyse minutieuse de moi-même, d'où elle **conclut péremptoirement** qu'en réalité j'étais, depuis longtemps, amoureux d'elle.

(— 67)

彼女はかくて、俺の精密な分析をやってのけ、とうとう実は、俺は彼女を以前から愛していた、と**決めつけた**。(— 66)

③ Il fallait donc m'approcher tout près du Pavillon d'Or, balayer les obstacles qui produisaient sur la vue une impression si pénible, **inspecter minutieusement** chaque détail, atteindre de mes yeux l'essence même du Beau. (— 67)

もっと金閣に接近して、私の目に醜く感じられる障害を取除き、一つ一つの細部を**点検し**、美の核心をこの目で見なければならぬ。(— 66)

B 副詞＋形容詞

④ Le parc du temple Heian **tortueusement déployé** dans le lointain, derrière les rangées de maisons... (— 67)

そのむこうの家並のかなたに**わだかまる**平安神宮の森のながめ…… (— 66)

⑤ Ce qui fut puissant par la politique, ou par l'argent, laisse de somptueuses sépultures, **vraiment impressionnantes**! (— 67)

政治的権力や金力は立派な墓を残す。**堂々たる**墓をね。(— 66)

⑥ Ce corps **parfaitement décontracté**... (— 67)
のびのびした体躯…… (— 66)

⑦ De plus, agréables au toucher, nos papiers se plient et

se froissent sans bruit. Le contact en est doux et **légèrement humide**, comme d'une feuille d'arbre. (tr. Sieffert, *Eloge de l'ombre* — 93)

そうして（唐紙や和紙は）手ざわりがしなやかであり、折っても畳んでも音を立てない。それは木の葉に触れているのと同じように物静かで、**しっとりしている**。（谷崎『陰翳礼讃』— 92）

## 2 述語的に訳す

『日本語をみがく翻訳術』（— 91）で高橋泰邦氏が英語を訳すときの「述部の効用」についてのべられていることは、すべて翻訳仏文法に役立つことばかりである。述語訳は非常に重要な技術なので優に本書の一章分を割く価値はあるのだが、とりあえずここでは副詞の述語訳を考えてみる。なお形容詞の述語訳については、第7章139ページの「叙述を限定で訳す」を参考にされたい。

⑧ Tsurukawa devait répartir avec précision les sentiments humains dans les tiroirs propres de sa chambre, et il aimait **certainement** les en tirer de temps à autre pour se livrer à quelque expérience. (— 67)
鶴川は、人間の感情を、自分の部屋の小綺麗な小抽斗にきちんと分類しておいて、時々それをとりだして実地にためしてみると謂った趣味が**あるらしかった**。（— 66）

副詞というのは元来が主観性の強い言葉で、往々にして語り手の存在を読者に悟らせる働きが強い。⑧の certainement にしても、動詞を修飾するというより、文章全体の叙述にたいする語り手の判断を表わすものと考え、かつそのように訳すべきなのである。当然、訳語は述部にきて、訳文を締めくくる重要な役割を担う。

⑨ Je haïssais cette fille. Mais, dans une sorte de vertige, ma haine se mua **étrangement** en un brusque désir. (— 67)
娘に感じた憎悪が、しかし、一種の目まいのようなものを伴って、そのまま突然の欲望に移って行ったのは**奇異**だった。(— 66)

⑩ Les Occidentaux, s'agissant par principe d'appareils inventés et mis au point par eux et pour eux, les ont **évidemment** dès le départ adaptés à leur propre expression artistique. (— 93)
西洋人の方は、もともと自分たちの間で発達させた機械であるから、彼等の芸術に都合がいゝように出来ているのは**当り前である**。(— 92)

⑪ Si je brûle le Pavillon d'Or, ce sera un acte **hautement** éducatif. (— 67)
金閣を焼けばその教育的効果は**いちじるしいものがある**だろう。(— 66)

　とりたてて語り手の判断とまで考える必要のない副詞でも、それに強い意味があたえられていると思ったら、述部

に持ってくるとツボにはまることが多い。

⑫ Les grands cafés sont rares et les tables y sont **le plus souvent** disposées de façon qu'on puisse s'éviter du regard et se sentir chez soi.（Y.-M. Allioux, *Un Spectacle intéressant* — ③）
喫茶店は大きいということがめったにない。テーブルは、客がたがいに視線を避けてくつろげるように並べられていることが**多い**。

　ここまでは、だれにでもできる小手先の芸である。だが、つぎのようなケースになるとある種の「水平思考」の能力がなければなかなか上手な述語訳が出てこない。『金閣寺』の主人公が娼婦を買う場面である。

⑬ Uiko étant absente, n'importe laquelle ferait l'affaire. Choisir, anticiper, pensais-je **superstitieusement**, signifierait, échec.（— ⑥⑦）
有為子が留守だとすれば、誰でもよかった。選んだり、期待したりしたら、失敗するという**迷信が私に残っていた**。（— ⑥⑥）

　「～と**迷信深く考えていた**」ではやはり弱いのだ。副詞が作者の介入を示す挿入文中にある以上、ここはどうしても「迷信」という観念が叙述の結論になるように訳すべきところである。

## 3 さまざまな転換

　いわゆる「意訳」と呼ばれるものである。原文の副詞が訳文でまったく違った姿に化けてしまうから、これは翻訳ではなくて自由作文だと怒る向きもあるに違いない。じつをいうと、この『翻訳仏文法』はその手の「真面目な」読者を悪の道に誘惑するための企画なのであって、もし私の誘惑ぐらいではビクともしないという御仁は、ぜひ M. メクレアンによる『金閣寺』の自由奔放な仏訳を三島の原典と対照比較しながら熟読していただきたいと思う。まずは一例を挙げる。

⑭ Qu'il n'y eût pas trace en moi du désir de revoir ma mère, il serait excessif de le prétendre. Non que je fusse à son endroit dépourvu de toute espèce de sentiment. **Simplement**ⓐ, je crois qu'il me déplaisait de me trouver **brutalement**ⓑ en présence d'une tendresse maternelle **indiscrètement**ⓒ étalée et que je cherchais **tout bonnement**ⓓ à justifier de diverses façons ce sentiment de déplaisir. (— 67)
私がまるきり母に会いたくないと云うのでは誇張になる。母が懐しくないわけではない。**ただ**ⓐ私は肉親の**露骨な**ⓒ愛情の発露に**当面する**ⓑのがいやで、そのいやさにさまざまな理由づけを試み**ていたにすぎぬ**ⓓのかもしれない。(— 66)

　これまでの副詞処理技術の集大成である。ⓐはそのまま

訳。ⓑは動詞との抱きあわせ訳。ⓓは述語訳。残るⓒが問題で、これは形態上の大転換をおこしている。単に indiscrètement という副詞のみならず、副詞を含むすくなくとも四つの単語から成るグループ全体の地殻変動なのである。ここのところを、「露骨に繰り広げられる母の愛情」と直訳するのと、「肉親の愛情の露骨な発露」と品詞転換するのと、どちらが表現として説得性を持つか、一目瞭然であろう。

⑮ «Oh! Que j'ai mal! Que j'ai mal!» Ses gémissements recommençaient, **incontestablement** pathétiques. (— 67)
「痛い！ 痛い！」と柏木は**真に迫った声で**呻いた。(— 66)

⑯ **Personnellement**, la défaite ne m'affectait pas le moins du monde. (— 67)
戦争に敗けたからと云って、決して**私は**不幸なのではなかった。(— 66)

上の⑮と⑯の場合は、⑭のⓒのように品詞転換というレッテルで片づけてしまえるほど単純なものではない。文章全体の構文に変化がおきて、いちいちの細部を原文と訳文で対応させることがもはや意味をなさなくなっている。訳文はその表現価値の総量において原文に忠実なのである。

⑰ Si, dès le premier jour, j'avais remarqué Kashiwagi, la chose s'explique **aisément**. (— 67)

第9章 副詞(2) 抱きあわせ訳・述語訳・転換訳　163

入学当初から、私が柏木に注目したのは、**いわれのないことではない**。(— 66)

これはまず「私が最初の日から柏木に目をつけた事情は、簡単に説明がつく」と直訳しておいて、それをさらに「翻訳」したと考えれば納得がゆこう。肯定を否定で訳すという、いつぞやの工夫も活かされている。

きわめてポエティックな、美しい転換例がある。

⑱ Les blancs échafaudages distribuant en tous sens leurs pièces superposées me dominaient de toute leur hauteur. D'en haut, le bruit irrégulier des pas sur le parquet de la galerie descendait **lentement, prodigieusement amorti**, jusqu'à moi. (— 67)
白い木組は縦横に重なって、私の頭上にそびえていた。その上からは板敷の渡殿を踏みちらす靴音が、**ごく軽やかな音**になって舞い落ちてきた。(— 66)

最後に、訳文を引き緊める効果のある処理法として、副詞を思いきって名詞に訳す例を引く。

⑲ Mais cet homme agissait **puissamment** sur moi, comme une force de la nature. (— 67)
老師の**力**は、私にとって一種の強力な物理的な力に似ていた。(— 66)

⑳ Quand, donc, ce matin-là, je quittai le temple pour me rendre à l'université, j'étais, **moralement**, exténué,

ravagé.（— 67）
その朝いよいよ登校の時刻が来て鹿苑寺を出たときの私の心は、疲れ果て、荒廃していた。（— 66）

　すでにお気づきとは思うが、この「転換」の技法は、名詞、形容詞、副詞と順を追って各品詞ごとにかならず取り組まなければならなかった課題であり、ということはつまり、品詞別に項目を設ける翻訳仏文法にはおのずと限界があることがはっきりしてきたのである。もうしばらくは品詞を追い、そのあと下巻では語学文法にはない新しいカテゴリーを開拓してみようと思っている。

## 練習問題 9

① Un des plaisirs les plus certains du café français est celui d'observer les autres clients tout en se sachant soi-même observé. A la terrasse, on peut **également** observer les passants et cela presque **impunément**, comme au théâtre. (Y.-M. Allioux, *Un Spectacle intéressant* — ③)

② Venant de Kyoto, Tokyo me paraît une ville exotique et pittoresque, pleine de charmes. Dès la gare, l'odeur de sauce qui vient des *yakitoriya* me saisit **agréablement** les narines, me rappelant qu'à Tokyo on peut manger **bien** et **à bon marché**. (— ③)

京大講師の日本文学研究家アリューさんの書いた教科書『日本点描』の抜粋である。太字の副詞になるべく副詞的でないような訳をあてて下さい。

第 10 章
限定詞(1)

# 冠詞

　冠詞がフランス文法最大の難物であることは、すこしでもフランス語でものを書き、フランス人の添削を受けた人ならだれでも知っている。じぶんではすくなくとも語学上の誤りのない完全な文章を書いたつもりでも、冠詞だけは直される。無冠詞と冠詞の別、定冠詞と不定冠詞の使い分け、どれをとってみても、外国人の理解をこえた、フランス人にしか通じない秘密の約束事のようなものが厳として存在するような気がしてきて、しばし暗然としてしまう。

## 1　冠詞の重要性

　冠詞のない日本語にたいして、ヨーロッパの言語の多くは冠詞を持っている。なかでもフランス語はもっとも精緻な冠詞の体系を誇っている言葉なのである。たとえば、英語と比べてフランス語の名詞の数がかなりすくないのは、おなじ単語につける冠詞しだいでその単語の意味内容を変えられるからである。いや、冠詞のつかない場合ですら、それはそれで一つの意味をもってしまうのだ。un filet de bœuf（牛のヒレ肉）といった場合、無冠詞名詞の bœuf は具体的な一頭の牛ではなく、肉の種類を示す概念的表現としてとらえられる。一頭の牛なら **un bœuf** であり、その牛が特定化されれば **le bœuf** となる。ところが J'aime le bœuf. と書けば、「私は牛肉を食べるのが好きだ」の意味になることが多く、それにたいして「私は牛肉を食べる」というときは Je mange **du** bœuf. と部分冠詞をつける。また、J'aime **les** bœufs. と書くと、「私はそれらの牛が好きだ」よりも、むしろ「私は牛という動物が好きだ」という意味になる。

　これらの多様な意味表現がすべて bœuf という名詞にかかわる冠詞の有無や種類で決まってくるということは、逆に考えれば、フランス語の場合、名詞はそれじたいでは概念しか表わすことができず（たとえば辞書の見出し語がよい例だ）、その概念をさまざまな形で現実化する、いわば話し手の分析的、内省的な態度を示す役割を担っているのが冠詞であるということができる。何はともあれ一例を挙げよう。遠藤周作『海と毒薬』（— 23）の一節が仏訳（— 24）

においてどれだけ厳密に分析され、その名詞の一つ一つが冠詞との相関を吟味された上で訳し分けられているか、とくとご覧いただきたい。

史料課の窓から古錦色の雲が低くこの街を覆っているのがみえた。私は時々、記事から眼をあげ、その暗い空を眺めた。新聞社を出てからは私は街を歩いた。小雨が斜めに顔に当たる。車や電車が東京と同じような騒音をたてて動いていく。雨にしっとりと濡れた歩道を青や赤など色とりどりのレインコートを着た娘たちが歩いていく。珈琲店からは甘い、くすぐるような音楽がきこえてくる。江利チエミがこの街に来ているのか、彼女の口をあけた笑顔が映画館の壁に飾られていた。（— 23）

① Par **la** fenêtre **du** service de documentation, on voyait **des** nuages bas, couleur de vieille ouate, qui couvraient **la** ville ; levant de temps à autre **les** yeux **des** articles, je contemplais ce ciel obscur. Je sortis **du** journal et marchai dans **la** ville. **Une** pluie fine me frappait obliquement **le** visage. **Des** voitures, **des** tramways, roulaient avec autant de bruit qu'à Tokyo. Sur **les** trottoirs mouillés marchaient **des** jeunes filles en imperméables bleus, rouges, de toutes **les** couleurs. **Des** cafés venaient **des** musiques douces, agaçantes comme **des** chatouilles. Chiemi Eri était-elle venue là, elle dont **le** visage souriant ouvrait **une** large bouche sur **le** panneau publicitaire d'**un** cinéma ? （— 24）

この例で十分にお分かりいただけたと思うが、和文仏訳のむつかしさの一つは、もともと日本文にない冠詞を、その都度名詞を検討しながらつけていかなければならないところにある。してみると、逆にフランス文をわれわれが翻訳する場合は、なるべく冠詞を消し去る方向に訳文のスタイルを考えるべきなのは当然である。とはいえ、冠詞と見れば消すことばかり考えるのも何とかの一つおぼえというべきで、本章では邦訳文に何らかの形で活かされるべき冠詞の用法について、定冠詞と不定冠詞を取りあげる。フランス語にはもう一つ部分冠詞というのがあるが、仏作文はともかく、邦訳するときにとりたてて厄介な問題はないように思う。


## 2　定冠詞

　まず定冠詞を論じてみる。さまざまな用法のうちから、名詞を個別的なものとして特定化する場合と、総称としてもちいられる場合、などを取りあげておく。

### A　個別特定化

　名詞の表わすものが読み手とのあいだで了解ずみの場合、定冠詞を指示形容詞のようにして訳すとよい。

② Les pages qui suivent traitent d'une sensibilité absurde qu'on peut trouver éparse dans **le** siècle... (A.

Camus, *Le Mythe de Sisyphe* ― 16)

以下のページで扱われるのは、**今世紀のあちこちに見出される不条理な感性である**……（訳 清水徹『シーシュポスの神話』― 17)。

③ ... je m'avisai que l'homme était le patron du poste d'essence près de la gare. (― 24)

……この男が駅に近いガソリン・スタンドの主人であるのに気がついた。(― 23)

④ On se suicide rarement (l'hypothèse cependant n'est pas exclue) par réflexion. (― 16)

熟考のすえ自殺をするということは（そういう仮定を立てることができないわけではないが）まずほとんどない。(― 17)

以上に類するケースには、「その」「この」「そうした」「例の」「あの」「いつもの」、といった訳語が考えられるが、原則としてまず省略の可能性を吟味し、どうしても訳語がないとおさまらない場合だけに限定すべきである。それでないといわゆる翻訳調を逃げきれない。上例③の「この男」などは、ただ「男」でもいいようなものである。

⑤ Les journaux parlent souvent de "chagrins intimes" ou de "maladie incurable". Ces explications sont valables. Mais il faudrait savoir si le jour même un ami **du** désespéré ne lui a pas parlé sur un ton indifférent. (― 16)

新聞はしばしば「ひと知れず煩悶していた」とか「不治

の病があった」とか書きたてる。一応もっともに思える説明である。だがじつは自殺の当日、絶望したこの男の友人が、よそよそしい口調でかれに話しかけたのではなかったか。(— 17)

B　総称的表現

定冠詞の単数・複数両方にあり、無理に説明訳をすれば「そもそも～というものは」とでもなろうか。A の個別化と違い、ある種に属するものの共通普遍概念を表わすときにもちいられる。

⑥ **L'**homme est mortel.*
　人間**というのは**死すべきものである。
⑦ **Les** passions tyrannisent l'homme. (M. Grevisse, *Le Bon Usage* — 38)
　情念は**おしなべて**人間をひきずりまわすものだ。

むろん、これも A の項目とおなじで、「というのは」とか「おしなべて」がなくても立派に訳として通用する。そういうことの当否を決めるのは一個のフラーズではなく、そのフラーズを含む大きなパラグラフのなかの前後関係なのである。

C　複数の処理

定冠詞 les のついた名詞の複数性を強調するために「諸

〜」「さまざまな」「もろもろの」「いろいろな」などの言いまわしをつけるとよい場合がある。が、これも律儀にやりすぎると翻訳臭が強くなる。

⑧ On continue à faire **les** gestes que l'existence commande, pour beaucoup de raisons dont la première est l'habitude. (— 16)
ひとは、この世に生存しているということから要求されてくる**いろいろな**行為を、多くの理由からやりつづけているが、その理由の第一は習慣というものである。(— 17)

上の例は複数を表わす日本語がどうしても欲しいところである。だが、つぎのようなフランス文はどうだろうか。

⑨ Enfin, j'allai pour la première fois au bain public. C'était un samedi et j'étais rentré du bureau vers deux heures. **Les** camions qui m'avaient doublé en route m'avaient couvert de la tête aux pieds de poussière blanche. (— 24)
私ははじめて、ここの風呂屋に行った。土曜日だったから私は午後二時頃、会社から家に戻ってきた。路でトラックに追いこされ白い埃を頭からかぶったのである。(— 23)

遠藤周作の原文では「トラック」とあるだけで、台数は明記されていない。だが、『海と毒薬』を最初から読んでい

る者には、主人公の歩いてきた道がトラックの往来の激しい街道であることは自明であるし、だいいち、たった一台のトラックの通過で人間がシャワーを浴びるように埃をかぶるということはめったにあるものではない。

## 3  不定冠詞

ところで今度は不定冠詞。あまり特殊な事例にまで手がまわりそうにないが、とりあえず単数形 (un, une) と複数形 (des) に分けて論じることにしよう。

まず、単数形の un と une、これが簡単なようで意外と手強いのだ。

⑩ S'il quitte **une** femme, ce n'est pas absolument parce qu'il ne la désire plus. **Une** femme belle est toujours désirable. (— ⑯)
かれが**ひとりの**女からはなれるのは、その女をもはや欲しないからでは断じてない。美しい女はつねに欲望をそそる**ものだ**。(— ⑰)

単数不定冠詞の二つの用法がみごとに使い分けられているフランス文である。いきおい訳文でもその違いが強調されることになる。**une** femme といえばある一人の女性を指すが、**une** femme belle の方は **2** の「定冠詞」で論じた総称に当てはまり、「～は～ものだ」という締めくくりが必要になる。以下、この二つの用法をまずおさらいしてみよ

う。

A　総称的用法

たとえばこの例文。

⑪ **Un** homme doit mourir.*

これは「ある特定の、一人の人間が死ななければならない」のではない。「人間と呼ばれる種に属する存在の**どれをとっても、みな**死ぬべきものである」という意味である。

⑫ **Un** triangle a trois côtés et trois angles. (— 38)
三角形には三つの辺と三つの角がある。

定冠詞の場合と違い、不定冠詞の総称用法はどこか「任意」「不特定」の面影をとどめているから、訳文で無理に「〜というものは〜」とか「〜ものだ」といった説明を必要としない場合が多い。

⑬ **Une** mère, **une** femme passionnée, ont nécessairement le cœur sec, car il est détourné du monde. (— 16)
母親や情熱的な女はかならず乾いた心の持主だ、彼女たちの心が現実世界に背を向けているからである。(— 17)
⑭ Ces expériences visaient principalement à déterminer la quantité des pertes sanguines entraînant la mort, celle du sérum injectable à la place du sang, le temps

de survie d'**un** homme à l'ablation des poumons. (— ㉔)

実験の目的はおもに人間は血液をどれほど失えば死ぬか、血液の代りに塩水をどれだけ注入することができるか、肺を切りとって人間は何時間生きるか、ということだった。(— ㉓)

⑮ **Un** visage qui peine si près des pierres est déjà pierre lui-même ! (— ⑯)

石とこれほど間近に取り組んで苦しんだ顔は、もはやそれ自体が石である！ (— ⑰)

次のケースなども、「総称」で片づけるにはためらいがあるかもしれないが、やはりこの項目であつかうべきものだろう。

⑯ On ne peut pas confier cela à **un** jeune interne, par exemple ; et si l'aiguille est parfaitement bien introduite, c'est que vous avez affaire à **un** phtisiologue averti. (— ㉔)

若いインターンなどに委せられませんよ。針をちゃんと入れるようになったら熟練した結核医ですな。(— ㉓)

B 不特定用法

単数不定冠詞に限定されている名詞が不特定な対象を指している場合で、「ある〜」「一つの〜」「ひとりの〜」などと訳せるが、あくまで日本語の表現を中心に考えた場合、

省いた方がよいケースが多い。

⑰ Les dieux avaient condamné Sisyphe à rouler sans cesse **un** rocher jusqu'au sommet d'**une** montagne d'où la pierre retombait par son propre poids. (— ⑯)
神々がシーシュポスに課した刑罰は、休みなく岩をころがして、**ある**山の頂まで運びあげるというものであったが、ひとたび山頂にまで達すると、岩はそれ自体の重さでいつもころがり落ちてしまうのであった。(— ⑰)

⑱ **Un** officier avait fait devant la photographie du défunt un long, long discours où il avait commencé d'exposer à l'intention des étudiants en médecine la pratique des devoirs incombant aux sujets de l'Empereur. (— ㉔)
**一人**の将校が故人の写真の前で長い長い演説をやり、医学徒の臣道実践を述べはじめた。(— ㉓)

⑲ On avait entendu **un** bruit sourd, comme **un** choc, on était accouru et on l'avait trouvé renversé contre le mur, la chaîne des cabinets entre les mains. (— ㉔)
**何か**がぶつかったような鈍い物音を耳にして人々が駈けつけた時、老人は水洗便所の鎖を握ったまま、仰むけに壁に靠れていた。(— ㉓)

上の三例はまったく児戯に類する不定冠詞の処理である。今度はもうすこし工夫の要る訳しかたを考えてみよう。「単数不定冠詞＋名詞」を「ある一つの～」と訳さず、「～のなかの一つ」という具合に複数存在の部分としてと

らえる方法である。

⑳ On n'a jamais traité du suicide que comme d'**un** phénomène social. (— ⑯)
これまで自殺は社会現象**のひとつ**としてしか扱われなかった。(— ⑰)

㉑ C'est **un** lieu commun de comparer les théories philosophiques et la conduite de ceux qui les professent. (— ⑯)
哲学の理論とそれを講ずる人びとの行動とを較べあわすのは、いかにもおきまりの考え方**のひとつ**である。(— ⑰)

時と場合によって、逆の処理も有効である。

㉒ Elle [l'œuvre d'art] n'offre pas une issue au mal de l'esprit. Elle est au contraire **un des signes** de ce mal qui le répercute dans toute la pensée d'un homme. (— ⑯)
芸術作品は精神の病に、ただのひとつも出口を提供しない。それどころか反対に、それは精神の病の**徴候**、——ひとりの人間の思考全体のなかに、その精神の病を反響させてゆくような**徴候**なのである。(— ⑰)

この訳文では signes という名詞を二度にわたって訳し、その重ね合わせの効果のなかに un des 〜 の原文表現を移しかえているのである。

名詞のところでさんざんやったことだが、とりわけ単数不定冠詞をつけた名詞は動作主体を補って訳すことが多い。

㉓ Il y a beaucoup de causes à **un** suicide.（— ⑯）
　**あるひとりの人間の**自殺には多くの原因がある。（— ⑰）

　補い訳ということでは、つぎの二例なども文章の前後関係からして当然といえる説明が付加されている。

㉔ …on voit seulement tout l'effort d'un corps tendu pour soulever l'énorme pierre, la rouler et l'aider à gravir **une** pente cent fois recommencée.（— ⑯）
　緊張した身体があらんかぎりの努力を傾けて、巨大な岩を持ち上げ、ころがし、何百回目もの**同じ**斜面にそれを押し上げようとしている姿が描かれているだけだ。（— ⑰）

㉕ S'il y a **un** destin personnel, il n'y a point de destinée supérieure.（— ⑯）
　ひとには**それぞれの**運命があるにしても、人間を超えた宿命などありはしない。（— ⑰）

C　複数形 des

　不特定多数を表わす des は訳文でどう活かしたものか。まずは無難な処理から——

第10章　限定詞(1)　冠詞

㉖ Il s'agissait de l'affaire dans laquelle, pendant la guerre, **des** internes de cette faculté avaient utilisé comme matériel d'expériences médicales huit pilotes prisonniers de guerre. (— ㉔)
それは戦争中、ここの医大の医局員**たち**が捕虜の飛行士八名を医学上の実験材料にした事件だった。(— ㉓)

㉗ Je me souvenais du régiment que j'avais rejoint à Tottori ; **des** hommes à visage de renard, comme lui, étaient assis dans notre section obscure. (— ㉔)
私は自分が応召した鳥取の部隊を思いだした。うす暗い内務班でこのマスターと同じ型の狐のような顔をもった男が**幾人も**坐っていた。(— ㉓)

以上の二例もこれまた児戯に類する処理だ。『海と毒薬』とその仏訳にはもっと手のこんだ工夫のあとが見つかる。

㉘ Il y a **des** tuberculeux qui prétendent ne pas pouvoir cracher : tel était le cas de Mitsu Abe. (— ㉔)
結核患者**の中には**痰がでないと言い張る者がある。阿部ミツがそうだった。(— ㉓)

この工夫は 3 の B の例文㉒、㉑と基本的には同じ性格のものである。どちらの場合も、冠詞に含まれている数の観念をストレートに表現しないで、大きな全体の一部として訳すのがコツである。

㉙ Dans le jardin gisaient **des** bottes, bottes d'enfant,

rouges, sales. (— 24)
庭にはよごれた子供の赤い長靴が**一足**落ちていた。
(— 23)

複数形の bottes だから、まとめて「一足」になる。これなどは、premier étage を「二階」と訳さねばならないのとおなじ部類に属するといえよう。最後におなじみの「転換」の技術を併用した訳。

㉚ Le mois de mon déménagement régna pendant **des** jours une affreuse sécheresse. (— 24)
私が引越した月はひどく雨の降らない日が**続いた**。
(— 23)

D 固有名詞の修飾

不定冠詞が固有名詞につくと、un Mont Fuji なら「富士山のように高い山」、un Pierre なら「ピエールのような人」、une Iliade なら「イーリアスのような作品」という意味になることはどの文法書にも記されている。だが、いつもいつも「～のような」ではまことに芸がない。

㉛ Créer, c'est vivre deux fois. La recherche tâtonnante et anxieuse d'**un Proust**, sa méticuleuse collection de fleurs, de tapisseries et d'angoisses ne signifient rien d'autre. (— 16)
創造することは二度生きることだ。**プルースト**の、不安

におののきながら、手さぐりで進むような探求、花々や綴れ織りや苦悩の細心な蒐集は、二度生きるということ以外のなにものも意味しない。(— 17)

「プルーストのような作家の」を「プルースト」本人にしてしまったのは、べつに意訳でも誤訳でもない。むしろ「**たとえばプルーストの……**」と補って考えれば納得のゆくケースである。以下にその「たとえば」訳を挙げておく。

㉜ Créer ou ne pas créer, cela ne change rien. Le créateur absurde ne tient pas à son œuvre. Il pourrait y renoncer ; il y renonce quelquefois. Il suffit d'**une** Abyssinie. (— 16)
創造しようとしまいと、なにも変りはしないのだ。不条理な創造者は自分の作品に執着しない。いや、自分の作品を放棄することだってできるだろう。事実、自己の作品を放棄する例がときにあるのだ。あのランボーの場合のように、**たとえばアビシニヤという土地**があればそれでこと足りて、作品など書かないという場合があるのである。(— 17)

上の清水徹氏訳は原文に比べて異常に長い。ランボーのことを詳しく補足しながら訳しているからで、この補足がなければ、フランス文学にかなり通じた読者でない限り、「アビシニア」からランボーをただちに連想するのはむつかしい。いずれ「訳者の介入」(下巻)の項目で論じるべき重要な工夫である。

## 練習問題　10

① L'accoutumance peut fatiguer le regard, désenchanter l'intérêt. La réflexion dégage des préjugés mais conduit à l'indécision du jugement. La spécialisation enferme dans un domaine trop précis. Les expériences accumulées, heureuses et malheureuses, dans la subjectivité. Comment parler d'un pays étranger ? (Y.-M. Allioux, *Un spectacle intéressant* — ③)

② La beauté de la nature japonaise n'apparaît pas d'abord aux yeux de l'étranger aussi exotique ou aussi grandiose que celle d'autres pays. C'est plutôt le sentiment particulier du peuple japonais vis-à-vis de la nature qui nous frappe. L'utilisation esthétique de l'espace, l'art savant des jardins qui crée une nature plus nature que nature, la socialisation extrême de l'admiration que provoquent les paysages ou les saisons. (— ③)

第11章
限定詞(2)

# 指示形容詞

　この章は指示形容詞をあつかう。前章の「冠詞」と大同小異ではあるが、とにかく頻度が高い品詞なので、一章を割く価値はあると思う。

　初学者の指示形容詞にたいする反応は、まず ce livre とあれば「**この本**」と訳す。ついで、あえて ce livre-là といわずとも、ce livre で「**あの本**」と訳せる場合があることを知り、結局「この」「あの」と複数形「これらの」「あれらの」の計四つですべてを訳そうとする。学術書の翻訳を覗くと、その大半はそうした「あれこれ訳」の展示会みたいなものだ。

## 1 小説における「あれこれ」

　指示形容詞とは、つまるところ、書き手がじぶんの表現しようとする現実や思想とどういうかかわりを持っているかということを示し、読み手を一種の遠近法の世界のなかに招き入れる働きをする。とりわけ、一人称や三人称で書かれた小説の場合、「私」なり「彼」なりの人物が、あるいはその人物について説明する語り手自身が、眼前の風景や心中の思いをどうとらえ、樹木や観念といかなる遠近関係を持つかどうかで、その部分の文体の調子が決まるといっても過言ではない。遠藤周作『海と毒薬』（— 23）とその仏訳（— 24）で確認してみよう。

① A la pensée que je ne reverrai jamais **ce** paysage ni **cette** ville, je me sentis plus légère.（— 24）
　もう二度とこの景色も街の姿も見ることはないと思うとわたしの気持はかえって、さっぱりとしました。（— 23）

　船の甲板から見ている、文字どおり触目の光景であり、「この」が読み手の意識に大連の港を現前せしめるのである。「この」を律儀に二回繰りかえしていないところにも注目されたい。

② ... tournant le dos, elle tenait dans ses deux mains le morceau de glucose qu'elle rongeait comme un rat. A la vue de **cette** bassesse, de **ces** cheveux jaunes en désordre, Suguro avait ressenti une indicible abomina-

tion.(— 24)
……こちらに背をむけて葡萄糖を両手にかかえてネズミのように齧っている。**その**卑屈な姿や黄色い乱れた髪をみると勝呂は言いようのない、あさましさを感じた。(— 23)

主人公の医師が女の結核患者を眺めている図。やはり触目の光景であるが、①の「この」と違って「その」が選ばれているのは、対象が人間であり、指示形容詞のニュアンスが単なる指示性のほかに「その彼女の」といった所有形容詞的意味あいをわずかながら含んでいるからだろう。

③ La guerre finie, par exemple, il partait au-delà de **cette** mer pour étudier en Allemagne, comme son patron, et il rencontrait l'amour avec une fille de là-bas. (— 24)
たとえば戦争が終り、自分がおやじのように**あの海**を渡ってドイツに留学し、向うの娘と恋愛をすることである。(— 23)

病院から見える海なのだから、「この海」を渡って「あの国」へ、でもよさそうなものだが、主人公の置かれている絶望的状況では、病院の屋上から望む海ですら手の届かない夢の象徴であるところがポイントである。
つぎに「この」と「あの」の使い分けの実例。

④ La langue des habitants avait elle aussi évidemment

l'accent de **ce** médecin. Je m'amusai à l'idée qu'il avait lui aussi passé son temps d'étudiant à regarder **cette** eau, à marcher dans **cette** ville. (— 24)
住む人の言葉もたしかに**あの**医者の訛りがあった。私は彼にも**この**河をみたり、街を歩いたりするような医学生時代があったのだと思って可笑しかった。(— 23)

「この」河や街は触目の光景。「あの」医者はそこにいない人物。こうした遠近法は一見やさしいようで、よくよく語り手の意識の動きを追っていないと見落としがちである。

## 2 「以上」と「以下」、および「例の」

指示形容詞の指示する対象が、テクストの前後関係にかかわる場合で、「以上のようなこと」「以下にのべるようなこと」を意味する。まずは「以上」訳から。

⑤ Ils sont heureux qu'on les approuve et qu'on les suive, même s'ils prêchent de n'approuver et de ne suivre personne. **Ces** applaudissements, **ces** contagions ne sont pas sans conséquence. (R. Caillois, *Babel* — 15)
他人をほめるな、他人の真似をするな、と口やかましいくせに、この連中はいざじぶんがほめられたり真似をされると嬉しいのである。**そういう**称賛や感化がただですむわけはない。

⑥ L'expression même de cabane à lapin est déjà fixée dans notre langue et figure au dictionnaire. Et on peut toujours essayer de se consoler en pensant que **ces** logements abritent quelque bonheur humain, familial ; qu'ils sont, même précaires et sordides, un refuge pour les individus qui y sont plus ou moins libres de faire ce qu'ils veulent. (Allioux, *Un Spectacle intéressant* — ③)
ウサギ小屋という言いかただってすでにフランス語にはあるし、辞書にものっている。それにものは考えようで、こういう気休めもあるのではないか。**そんな**住居でもどこか人間らしい家庭的な幸せが宿っており、いくらもろくて汚いとはいえ、とにかくあるていどは勝手が許される以上、人びとにとって息のつける場所であることに変りはない、と。

つぎは「以下」のケース。

⑦ Tout près du bain public, elle avait vu une enseigne de généraliste agréé par la sécurité sociale, avec **cette** inscription : Médecine interne. (— ㉔)
風呂屋のすぐ近くに内科**と書いた**保険医の看板が出ているのを見たと言う。(— ㉓)

cette inscription を「と書いた」とほぐしているところがうまい。「以下」を表わす指示形容詞は名詞の補足説明をうながす働きがあるから、「〜という」などの訳語がピタリとくることが多い。

⑧ […] **Ce** mot «tué» rebondit comme un écho vide dans la poitrine de Toda, qui n'avait pas encore réalisé le sens de **cet** acte. (— 24)
殺される**という**その言葉が戸田の胸にうつろに響いてはねかえった。**殺すという**行為は、まだ実感として心にのぼってはいなかった。(— 23)

上の cet acte の形容詞は「以下」を表わすものではないが、「殺すという」の補足説明を訳文でつけたため、日本文だけを見ると「以下」訳とおなじものになっている。定冠詞や指示形容詞は、そこに含まれているはずの読み手と共通暗黙の前提を無視して、もう一度その前提をはっきりと言葉にしてやる方が分かりやすくなることが多い。ce livre (→このスタンダールの小説) とか、l'homme (→そのやたらとよくしゃべる男) といった具合である。

ところでつぎの例文。

⑨ Cependant, malgré l'excellence de sa technique, il me faisait peur. Ou plutôt horreur. **Cette** dureté des doigts touchant mes côtes, **cette** sensation glaciale comme au contact d'un métal, je ne puis bien les exprimer, mais il y avait là quelque chose qui terrorisait l'instinct vital d'un malade. (— 24)
けれどもそうした技術のみごとさにかかわらず私にはこの医者が不安だった。不安というよりいやだった。こちらの肋骨をさぐるたびに触れる**あの**指の硬さ、金属をあてられたようなヒヤッとした**あの**感じは私にはうまく表

現できないが、何か患者の生命本能を怯えさすものがある。(— 23)

二箇所の「あの」は「以下にのべること」、すなわち読み手にとって未知のものを予告しながら、同時にその内容が読み手にじつは既知である、といった微妙なニュアンスを含んでいる。それが証拠に、他人の指に裸体をまさぐられるという居心地の悪さを経験した読み手でなければ、この作中人物の不安感は到底理解できないはずだからである。「あの」は、この場合、読み手にとって周知の事実を前提とした「例の」という意味あいをおびてくる。

「以下」訳からのヴァリエーションとして、「例の」訳の文例を挙げておく。

⑩ Mais ce qui était vraiment irritant c'étaient **ces** pancartes couvertes de signes harmonieux et incompréhensibles : non, décidément, je ne pourrais rester deux ans de suite dans un pays dans lequel je ne pourrais rien lire ! (— 3)
だがどうにも忌々しいのは、わけのわからぬきれいな文字を書きつらねた**例の**立札という代物だった。何ひとつ読めない国に二年もいるなんて絶対できそうにない。

## 3 訳しかたの工夫

　指示形容詞も形容詞の一種であるから、第6章の品詞転換の工夫がいくらでも役に立つ。ここでは副詞的に訳すケースを挙げておく。

⑪ A **ces mots** dits d'une voix enrouée, l'assistant jeta un regard circulaire sur l'assemblée, qui était comme terrifiée, debout contre le mur.　(— 24)
　浅井助手はかすれた声で**そう言うと**、一同を見まわした。その一同は怯えたように背を壁にむけてたっていた。(— 23)

⑫ A **cette pensée**, Toda fut saisi de l'irrésistible impulsion d'y jeter encore une fois un coup d'œil.　(— 24)
　**そう考えると**戸田はもう一度、あの室を覗きたいという抑え難い衝動に駆られた。(— 23)

⑬ Avant même **ces précisions** de Toda, Suguro avait reconnu la belle et jeune malade appelée Tabe.　(— 24)
　**そう言われる**までもなく、勝呂はその田部とよぶ若い、うつくしい患者を見知っていた。(— 23)

　上の三例、いずれも指示形容詞の修飾する単語が動詞 (dire, penser, préciser) を名詞化したものであり、その名詞をもとの動詞に戻して訳すため、形容詞は副詞化せざるをえなくなるわけである。

## 4 感情的用法

「あれこれ」訳が一切通用しない指示形容詞があるから注意しないといけない。感情的用法という奴である。驚きや怒りを表わし、感嘆の quel と同義になる。グレヴィスはつぎの二例を挙げている。

⑭ Ah ! monsieur, **cette** perfidie ! (Grevisse, *Le Bon Usage* — 38)
君、ひどい裏切行為ですね。
⑮ Tu me demandes pourquoi je viens ! **Cette** demande ! (— 38)
なぜ来たかだと。何てこと訊くんだ。

⑮の「何てこと訊くんだ」ではいささか直訳のそしりを免れまい。ここは行間の意を汲んで、「分かりきってるじゃないか」ぐらいには訳したい。

最後に『海と毒薬』から一例。普通の用法と感情的用法と訳し分けるところがポイントである。

⑯ Les bruits mêlés de la caméra qui tournait, du bistouri, des ciseaux, continuaient inchangés. **Ce** Niijima, à quoi peut-il bien penser en nous filmant ?, se disait-il. **Ce** bruit, je l'ai déjà entendu quelque part. Ah oui. Le chant des cigales… (— 24)
ハミリの廻転する音がメスや鋏の音にまじって相変らず

なり続いている。(新島の奴、どんな気で撮しているんやろ)と彼は考えた。(あの音、どこかで聴いたことがあったな。あれは蟬の声や……)。(— 23)

## 練習問題　11

かなり長いが、たくさんの指示形容詞と冠詞を含んだ文章である。うまく訳し分けて下さい。

① Un exemple. Vous lisez partout que ce peuple a fait voir une étonnante résurrection après une longue décadence. Vous acceptez l'idée sans examen ; ou bien vous pensez que ce n'est qu'un lieu commun sans importance. Vous ne saisissez pas l'effet de cette injure suivie à ces jeunesses qui grandirent en essayant de juger. Les petits et grands tyrans se virent détrônés après la célèbre affaire Dreyfus, dont tous aperçoivent maintenant l'immense portée. Vous n'avez pas discerné non plus, quand les tyrans reprirent peu à peu le pouvoir, cet éloge aux jeunes, et cette invitation à mourir. Je me suis opposé tant que j'ai pu, par l'écrit et par la parole, à ces jugements redoutables, qui semblaient à presque tous un indice de ces oscillations communes dans l'histoire des peuples, et dont on aime à dire que les causes sont inconnues. Pour moi j'ai toujours vu clair dans ces discours d'officiers et d'académiciens : «Cette jeunesse était lâche ; cette autre jeunesse vaut mieux.» Songez aussi à cette littérature académicienne, qui, par des injures suivies à l'ennemi, allait à la même fin. Songez aux violences de la rue, et à ce chantage organisé par les royalistes.

Cette vague de guerre a passé sur vous, vous entraînant, vous portant vers la catastrophe. Et vous en étiez toujours, vous en êtes peut-être encore à chercher quelque tribunal arbitral qui réglerait les différends entre nations. Mais comprenez donc que nul ne se battrait pour un différend entre nations, au lieu que n'importe quel homme se battra pour prouver qu'il n'est pas un lâche. (Alain, *Mars ou la guerre jugée* — 1)

第 12 章
限定詞(3)

# 所有形容詞

　限定詞で最後に残った所有形容詞を取りあげる。
　ところでこの所有形容詞——これまでの限定詞同様なるべく訳さないことが秘訣である。

① Vers 20 ans, **mon** jeune âge, **mes** cheveux longs, **mon** air sentimental et une redingote qu'avait réussi **mon** tailleur, me faisaient assez bien voir dans les salons de Mme Beulé et de la comtesse de Janzé. (A. Gide, *Journal* — 32)
　二十歳のころは、年が若いことといい、長髪といい、感じやすそうな風情といい、はたまた仕立屋がぴったりに

つくってくれたフロックコートといい、ブレ夫人やジャンゼ伯爵夫人のサロンでは、なかなかの男前で通っていた。

これをいちいち「私の若い歳」「私の長髪」とやっていたのでは日本語にならない。遠藤周作『海と毒薬』(— 23) とその仏訳 (— 24) にもおなじような省略処理がある。

② Elégante dans **son** pantalon de guerre de coton noir, la mère de Mme Tabe était tout le temps dans la chambre de **sa** fille. Assise dans **son** lit tenant dans **sa** main droite le col de **son** kimono de nuit, relevant de l'autre une mèche de cheveux tombée sur **sa** joue, la jeune femme sourit. (— 24)
この頃は黒いモンペをはいた上品な母親がいつも田部夫人の病室につきそっている。ベッドの上に上体だけ起して、若い人妻は右手で寝巻の襟をつまみながら、頬に落ちた髪をかきあげて微笑む。(— 23)

ところで、なるべく訳さない方がよい所有形容詞を訳文に活かす工夫がいくつかある。まず「かれの」とか「私の」とか直訳しないで、何かべつの言葉に置き換えることを考えてみよう。

## 1 ほかの訳語への置き換え

　意外と効果があるのは、所有形容詞をもとの名詞に戻して訳す方法である。

③ **Sa** famille étant d'Osaka, notre mariage fut célébré chez mon frère aîné, au quartier de Yakuin à F. (— 24)
　上田の家は大阪でしたから式は薬院町のわたしの兄の家で挙げました。(— 23)

　「代名詞」の項でじっくりおさらいすることになるが、日本語では名詞を何度反復して使ってもそれほど耳ざわりにならない、いやむしろ名詞がほかの言葉で代替されることを嫌うという傾向すらあるようだ。
　所有者が無生物であるときは、「その」「そこの」などの訳語がえらばれる。

④ Je rencontrai un Chinois qui me dit que ce qu'il appréciait le plus à Kyoto, plus que **ses** temples et **ses** jardins, c'étaient le courage et le sourire de **ses** vieilles femmes. (Allioux, *Un Spectacle intéressant* — 3)
　ある中国人に出会ったときの話では、京都でいちばん高く評価するのは寺や庭などよりも、**そこの**老婦人たちの心意気と微笑であるとのことだった。

⑤ Des yeux grands ouverts indiquent qu'un malade a beaucoup souffert pendant une opération. Sur **son** ventre, **ses** mains, **son** visage, il y avait du sang

coagulé. (— 24)
死体が眼を大きく開いているのは手術中、苦しんだ証拠である。**その**腹部にも手にも顔にもべっとり血がとび散っている。(— 23)

所有者が人間でも、語り手の意識が所有者を離れて所有物それじたいの方を向いていると、おなじような処理がおこなわれる。

⑥ = Patron, murmura l'assistant Asai, patron.
Ce dernier leva les yeux vers son interlocuteur, mais **son** visage était vide. (— 24)
「先生」浅井助手が呟いた。「先生」おやじは相手をみあげたが、**その**顔はうつろだった。(— 23)

逆に、語り手の意識が所有者と所有物とを何らかの「関係」の相でとらえると、「おのれの」「じぶんの」「みずからの」といった訳語が生まれる。

⑦ Par quelle aberration oubliaient-ils à ce point **leur** faiblesse et **leur** dépendance ? (Caillois, *Babel* — 15)
いったいなにを血迷ってこの人々は**おのれの**無力や従属をこうも忘れてしまったのか。
⑧ L'assistant, qui venait de rentrer au laboratoire comme médecin militaire de réserve, profitait de cette occasion pour consolider **ses** positions à la première section de chirurgie. (— 24)

予備軍医として研究室に戻ったばかりのこの助手はこの機会を利用して第一外科での**自分の位置**を固めようとしていた。(— 23)

## 2　習慣的関係

所有物が「おなじみ」のものである場合。フランス語ではしょっちゅうお目にかかる用法だが、訳文に出ないことも多い。

⑨ Dans la vitrine, le mannequin laissait comme toujours flotter **son** même sourire vide, énigmatique, **ses** deux yeux bleus semblant fixer un point. (— 24)
ショオウィンドオの人形は例によって空虚な謎めいた微笑をうかべていた。碧い二つの眼が一点を注目しているように凝視している。(— 23)

上の例では所有形容詞を訳さなくても、「例によって」という訳語のなかに comme toujours や même に含まれる習慣の観念が転移しているからそれで十分である。今度はフランス文にそういう補いが見られないケースを吟味してみよう。

⑩ La porte s'ouvre, et il est là! Avec **ses** yeux et **sa** voix. (E. Triolet, *La Femme au diamant* — 98)
ドアを開けると、ちゃんといるではないか。**いつもの眼、**

そしていつもの声で。

⑪　= Je dois partir ?
　　= Je ne vous dis pas de partir.
　　　Il eut **son** sourire de commande. (— 24)
　「わたし、やめるんですか」
　「やめろと言ってはいないさ、君」
　浅井さんは唇に**例の**つくり笑いをうかべて……(— 23)

⑫ Etait-ce l'effet du naissant espoir de son élection en avril, le Patron reprenait alors toute **sa** belle assurance. (— 24)
　四月の選挙にたいする希望が湧いてきたのか、この所、おやじはふたたび、**あの**自信に充ちた姿をとり戻しはじめた。(— 23)

⑬ César, les bras ouverts, accueille le Florentin d'une tape amicale sur l'épaule.
　= Machiavel ! alors, comment trouves-tu notre belle ville de Bologne ? Tu vois, **tes** condottieres, ils n'étaient pas si féroces. Je te disais bien qu'ils n'avaient pas de sang dans les veines. (Sagan, *Le Sang doré des Borgia* — 80)
　チェーザレは両腕を広げ、親し気に肩を一つ叩いてフィレンツェ人を迎えた。
　「マキャヴェッリ、どうだな、ボローニャの町は。**お前がしきりに言っていた**傭兵隊長どもはたいしたことないではないか。腰抜けどもだと言っておいたろうが」

⑭ Suguro rangea son stéthoscope en se demandant comment il aborderait **son** sujet. (— 24)

勝呂は聴診器をポケットに入れて、どう**あの**ことを彼女に切りだそうかと考える。(— 23)

上の⑬⑭は「習慣」と考えることに多少の抵抗があるかもしれない。ただ、人物の脳裏を離れないある一つの思念を習慣の変種とみなしているのである。

## 3　分解練習

いますこしこみ入った所有形容詞の翻訳処理を手がけるまえに、ぜひやっておきたい練習がある。所有形容詞を形容詞節（関係代名詞節）に読みほどく練習である。ルグランの練習帳（— 51）から引く。

⑮ **ses** chagrins → les chagrins qu'il éprouve
　彼が抱く悩み
⑯ **vos** pleurs → les pleurs que vous versez
　あなたの流す涙
⑰ **vos** crimes → les crimes que vous avez commis
　あなたが犯した罪
⑱ **votre** bienveillance pour nous
　→ la bienveillance que vous avez pour nous
　あなたが私たちに抱いている好意
⑲ **ses** ouvrages → les ouvrages qu'il a composés
　彼がつくった作品

所有形容詞に含まれる人称主体が名詞にたいして主語の位置を占めることが、これでお分かりいただけたと思う。

⑳ On réduira **sa** peine.
　→ On réduira la peine qu'il a encourue.
　彼が受けた罰は軽減されるだろう。
㉑ Ces pays exportent **leurs** produits fabriqués.
　→ Ces pays exportent les produits qu'ils ont fabriqués.
　この国々はじぶんのところでつくった品を輸出している。


## 4　主語となる所有形容詞

　今の練習から出発して、今度は名詞のなかに何らかの動詞の意味あいが想定され、所有形容詞がその動詞の主語として機能している場合を考えてみる。すでに「名詞」の項でやっていることである。

㉒ Nous avons beaucoup discuté pour savoir si nous vous demanderions **votre participation.** (— ㉔)
　実は君たちにも参加してもらうかどうか、随分、相談したんだが。(— ㉓)
㉓ Après **notre séparation,** je quittai Dairen appuyée au pont du même *Midori Maru* que trois ans auparavant. (— ㉔)
　上田と別れると、わたしは三年前と同じ「みどり丸」の

甲板に靠れて大連を離れました。(— 23)

上例では notre が和文で「上田」と「私」に分裂し、「私」の視点に即して「上田と別れると」となっている点がおもしろい。

㉔ Vous avez besoin de **mon aide**? Moi, une infirmière qui allait tuer une malade ? (— 24)
**あたしでも手伝う**ことが、あるんですかねえ。患者を殺そうとした看護婦よ、あたしは。(— 23)

㉕ **Mon intérêt soudain pour le professeur Hashimoto** ne venait donc évidemment pas du fait qu'il était mon supérieur, mais qu'il était le mari de cette Hilda. (— 24)
**わたしが急に橋本先生に興味をもちはじめた**としても、それは勿論上役である彼にたいしてではありません。彼があのヒルダの夫だからです。(— 23)

㉕をご覧いただければ一目瞭然だが、ようするに名詞構文のなかにフラーズを読みとる際に、所有形容詞を主語として捉えるのである。フランス語の書き言葉を訳しにくくしている典型的な構文の一つであるから、くれぐれも注意されたい。

以下、名詞がそれほどはっきりした動作名詞でなくても、おなじように処理できる例を挙げておく。

㉖ Cet enfant, à qui j'avais déjà donné pour moi seule le

prénom de Masuo, qui était **ma joie**, je ne pus voir ni son visage, ni même son petit corps. (— 24)

満州夫という名を自分勝手につけて**楽しんでいたのです**が子供の顔も、体も、遂に見ることはできなかったのです。(— 23)

㉗ Le pompiste avait critiqué **son mutisme** et **sa bizarrerie**; mais pour ce qui est d'être bizarre, il l'était, vraiment. (— 24)

**無口で少し変った先生**だとガソリン・スタンドの主人が批評していたが、勝呂医師は兎に角、少し変っていた。(— 23)

## 練習問題　12

　冠詞も含めた限定詞の総集篇。すこし長いが頑張ってみて下さい。女はどうやって「オールド・ミス」になるかを分析した、おもしろい文章です。

① On ne naît pas vieille fille. Tout vient du milieu familial, de sa mentalité, de sa moralité, des relations entre les parents. Certains milieux sont de véritables bouillons de culture, dont elles n'ont pas su prendre leurs distances. Les causes sont multiples et peuvent se combiner entre elles.

　L'une des principales causes est la fixation sur la mère. Quand l'entente entre les parents est mauvaise, il arrive que la mère ressasse à sa fille les malheurs que l'autre, l'homme, l'ennemi, lui fait subir. Peu importe qu'elle ait tort ou raison. La mère frustrée est égoïste : elle a besoin de sa fille-confidente. Culpabilisante : elle veut la garder, puisqu'elle est sa seule affection. Michèle a déclaré un jour : «Si je quittais la maison, ma mère en mourrait». A 37 ans, elle y est toujours. Déféminisante : la première image de femme que reçoit sa fille est celle d'une femme peu épanouie, effacée, voire négligée. Désexualisante : devant cet état d'échec, la fille se persuade qu'elle non plus ne pourra rendre un homme heureux. Cette «éducation» se traduit souvent par un refus de l'homme et un repli sur soi-même. (*20 ans* — x)

第13章
人称

# 翻訳と人称分裂

「ラモー！ ラモー！ お前はひとからそんなふうに思われたことがあったろうか。なんという馬鹿げたことだ！ わずかばかりの趣味、わずかばかりの才智、わずかばかりの理性を働かせたなんて！ なあ、ラモーよ、これでお前は、いつでも神さまに作られたとおりに、お前の保護者たちがお前に望んだとおりにしているほうがよいことがわかったろう。だからお前は肩をつかまえられ、入口のところへ連れられて行き、こう言われたんだ。〈下郎め、出てゆけ！ もう二度と顔を出すな。こいつはどうやら常識や理性をもちたがってるぞ！ 出て行くんだ！ われわれにはそんな性質なら余るほどあるんだ〉と。お前は指を嚙みな

がら行っちまった。それよりも前に、お前の呪われた舌のほうを嚙んでおけばよかったんだ」(ディドロ、『ラモーの甥』、訳 本田喜代治／平岡昇 ── [20])。

　18世紀フランス文学者ディドロが書いた『ラモーの甥』という小説を読むと、「人称分裂のドラマ」とでも呼びたくなるような興味深い現象にテクストのあちこちでぶつかる。

　まず、作品そのものが「私」と「彼」という二人の人物、いや二つの人称代名詞のあいだで交わされる対話の形式で書かれている。「私」とはディドロ本人とかならずしも同定しかねるような哲学者、「彼」とはあの大作曲家ラモーの実在の甥のことである。さらに、「彼」すなわちラモーの甥には奇妙な自己分裂への志向が強く認められる。話に夢中になると、対話者の「私」を置きざりにして、じぶん自身を相手に勝手なおしゃべりを始めてしまうのだ。引用の箇所がそうである。偉い伯父さんと違ってもともと天賦の才に恵まれず、金持の道化となって寄食者の卑しい生活に明け暮れている「彼」は、つまらない失言がもとでパトロンの機嫌を損じ、出入りを差止められてしまったところである。引用文では、「彼」はもう一人のじぶんに二人称で呼びかけることでその無念さを表明し、さらに調子に乗って、本来は三人称の場所にいるパトロンその人にまで同化してしまい、パトロンの口からおのれ自身にたいして罵声を浴びせるのである。

　実生活で道化の役回りを引き受け、いわば他者に身を売り渡して生活の糧をえているラモーの甥が、言葉の上でも

さまざまな人称に自己を分裂させ、いわば表現の次元においても「身売り」を演じているところがおもしろい。

そういえば、この男の取柄はただしゃべることばかりではない。口をついて出る言葉の内容をいちいちパントマイムで模倣してみせる、独特の才能にも恵まれている。彼には伯父の大ラモーのオペラのような傑作をつくる能力は到底ない。だが、その代わり、伯父のオペラのよき「翻訳者」としてパントマイムを演じ、歌手や指揮者やオーケストラの楽器をつぎからつぎへと模倣して、一人で何十という役柄をこなしてみせる驚くべき「人称分裂」の奇蹟を示してくれるのである。

ミシェル・フーコーは『狂気の歴史』(訳 田村俶 — 28) のなかの一章をこの甥の分析についやし、自己を空無化して完全な外面的存在と化すにいたるラモーの姿に、近代ヨーロッパの危機的徴候を見ているのである。たしかに、「ラモーの甥」の鍵言葉の一つである fou という名詞は「道化」であるとともに「狂人」を意味し、社会の中心部で「理性」や「道徳」の保護の下に自己の人格の統一性を信じて疑わない「まじめな人々」を脅かすに足るだけの、分裂と疎外の不協和音を社会の周縁部から無気味に鳴り響かせている。

『翻訳仏文法』の「人称」の項目で突然奇妙な人物を持ちだしたのには、それなりの理由がある。私は元来翻訳者(それもフランス語と日本語のような異系統の言葉をあつかう翻訳者)という存在は、二つの文化の両方から疎外されて孤立した一種の「狂人」ないしは「道化」にならなければいけないと考えている。いま、フランス文の翻訳を手がけ

る日本人翻訳者の立場を吟味するに際して、その人間が母国すなわち日本の言葉と文化から精神的に疎外されるプロセスのことは問わずにおくとしよう。私が問題にしたいのは、いま一つの疎外、つまり日本人翻訳者がフランス語とフランス文化の強固な伝統なり構造なりの秩序から、主として「人称」の世界で拒絶され、ある種の「分裂」を強いられる事態の方である。そのとき、日本人翻訳者がフランス文にたいしてとる位相には、狂人ラモーがパントマイムを介して当時のフランス社会とかかわる位相に幾分似たものが認められるはずである。

いや、「人称分裂」はなにもラモーの甥だけの専売特許ではない。『翻訳仏文法』で代名詞を論じるための前段として、ここでもう一冊の書物から引用することをお許しいただきたい。その書物はイギリスの精神分析学者レインの『ひき裂かれた自己』(訳 阪本健二ほか ― ㊻)である。

書物の初めのところで、レインは古典的な臨床精神科医が患者にたいしてとる態度のなかに、ある種の盲点を指摘し、その実例としてドイツの医者クレーペリンの報告を検討している。クレーペリンは「緊張病性興奮の徴候を示す」18歳の青年患者を講義室に連れてきて、学生をまえに生きた教材としていろいろと質問する。以下に長々と引用するのは、名前をきかれた患者が声を張りあげて答えた内容の全文である。そこには見事な「人称分裂」が認められる。

「あなたの名前は何というの。① 彼は何を閉じているか。② 目を閉じている。③ 何を聞いているか。④ 彼は理解しない。⑤ 理解しているのじゃない。⑥ どんなふうに？⑦

だれが?⑧ どこで?⑨ いつ?⑩ 彼は何を言おうとしているのか。⑪ 私が彼に見るように言っても、彼はちゃんと見ない。⑫ ほら、ちょっと見てごらん。⑬ これは何ですか。⑭ どうしたの。⑮ よく見て。⑯ しかし彼は見ない。⑰ ねえ、いったいどうしたの。⑱ なぜちっとも答えようとしないの。⑲ また鉄面皮になろうとしているの。⑳ どうしてそんなに鉄面皮になれるんだ。㉑ 私だよ。㉒ 教えてあげよう。㉓ だが、あなたは私のために売春しない。㉔ 生意気になっちゃいけないよ。㉕ 鉄面皮な不潔な野郎だ。㉖ こんな鉄面皮な不潔な野郎にまだ会ったことがない。㉗ 彼はまた始めているのか。㉘ あなたはなんにも理解しない。㉙ なんにも。㉚ なんにも理解しない。㉛ いまあなたが続けようとしても彼は続けないし、続ける気がないだろう。㉜ あなたはもっと鉄面皮になるのか。㉝ 彼らの耳の傾け方をごらん。㉞ 彼らは耳を傾けている。㉟」

　まともに読めば、これは支離滅裂な文章の連続である。そして、それはクレーペリンの結論でもある。しかし、『ひき裂かれた自己』の著者レインの立場はかなり違う。レインによれば、この患者の一見でたらめなおしゃべりは、医師がそのおしゃべりに「疾病」の「徴候」しか見ようとしない限りにおいてでたらめであるにすぎない。レインはこのテクストに患者の「実存」を読みとろうとする。すると、すべてはクレーペリンの診断とは違った形をとって見えてくる。ようするに、患者はじぶんをモルモットとしてあつかい、学生の大勢いる講義室で尋問する医師クレーペリンにひどく憤慨しているのだ。患者はその憤慨を医師とおな

じレベルの言語形式、すなわちじぶんはじぶん、あなたはあなたという人称系によらず、いわば分裂し疎外された人称表現を通して、当の医者にぶつけているのである。

引用文の人称構造をつぶさに吟味してみよう。全部で35の短いセンテンスがつづくなかで、さながらラモーの甥の長広舌に似て、患者の視点は目まぐるしく転換する。①では患者はクレーペリンになりすましてじぶん自身に問いを発している。②で「彼」と患者を呼ぶクレーペリンは、今度は教室の学生の方に意識を向けている。③から⑫までもおなじ、⑬から⑯、⑱から㉗までは、①の型に戻って、患者はじぶんにたいしてだんだんと腹を立ててゆくクレーペリンの真似をする。だが「売春」という言葉は学生への身売りを強要する医者にたいする、患者の側からの精一杯の抗議であることは明白である。㉙の「あなた」あたりから、人称代名詞の解釈がむつかしくなってくる。はたして㉙と㉜と㉝の「あなた」は同一人物であろうか。たとえば㉝の「あなた」はクレーペリンから見た患者であるとしても、その患者は㉜では「彼」と三人称化されているのだから、そうなると㉜の「あなた」というのは、患者から見たクレーペリンか、それとも学生から見たクレーペリンか、いや、むしろクレーペリンから見た学生とすべきか。そして、その学生は㉞と㉟で「耳を傾け」る「彼ら」と呼ばれているのである……。

ラモーの甥にしろ、クレーペリンの患者にしろ、こうまで融通無碍にあれこれの人称へと自己転換できるのは、本来「私」という代名詞を介してじぶんがつながっているべき世界との絆を、どうしようもなく絶たれてしまっている

という事態の裏返しなのである。その事態は、ある程度まで、翻訳者が翻訳しようとする外国語と母国語の狭間で宙吊りになり、とりわけ人称表現の次元で「直訳」か「意訳」かの選択に迷う、あの奇妙な体験と似ていないこともない。

① J'ai peur.*

「私は恐い」。これは直訳である。「恐い」という表現には恐がっている主体が発語者自身であるという情報がもともと含まれている。だから「私は」の部分は余計なものに感じられる。問題はその「私は」を余計と感じる瞬間である。フランス語の人称代名詞をフランス文の自然な流れのなかで読んでいる限り、たとえ読み手が外国人であろうと je や il は不自然なもの、邪魔なものとは感じられない。その読み手がおなじ言葉をたとえば日本語に逐語訳したときに、初めて違和感が生まれる。彼は「私」という人称代名詞による確固とした自己主張がどこか場違いな印象をあたえてしまう、まことに摑まえどころのない世界に直面している。明らかに、翻訳者はその時点で「私」を介してつながるべき対象を見失ってしまったのだ。「私は恐い」と訳すのは、安易な直訳主義に仕えて感覚を麻痺させることである。「道化」を演じるはずの人間が、道化衣裳をぬいで飲んだくれているようなものだ。そこには条件反射はあっても、醒めた意識というものが認められない。醒めた道化なら J'ai peur. は「恐い」と訳すだろう。翻訳者＝道化は、ここで、人称代名詞によって自己を定位することが不可欠

であるフランス文の世界からおのれ自身を疎外して、おのれ以外のもの、すなわち主語代名詞を欠いた「恐い」という表現へと、意識的に「身売り」する。この身売りはやはり一種の人称分裂なのである。なぜなら、主語のあるなしは単純な加減の問題で片づくものではなく、まったくべつな二つの人称体系のあいだの問題だからである。

　では、フランス語の人称代名詞は訳文で省きさえすればよいのだろうか。そうは問屋がおろさない。人称分裂、人称転換にはさまざまなレベルがあって、翻訳者＝道化の演じるパントマイムは一つや二つではない。

② Ce télégramme, il ne faut pas qu'il le reçoive.*

　直訳すれば「この電報を彼は受け取ってはならない」となるが、当然のことながら人称転換して、「この電報を彼に渡してはならない」という二人称にたいする命令の内容をまえに押し出した訳文にすべきである。フランス文の従属節にある il（彼）も le（電報）も、訳文では省かれることなくそっくり温存されているが、人称関係は完全に逆転してしまっているのである。

　ところで、こうした逆転や分裂は、ラモーの甥のパントマイムがどこか空しいように、かならずや空しいものである。代名詞を「省略」したり、「転換」したりして、「こなれた訳文」をつくる技術は、その空しさを埋めあわせる文化的気晴らしにすぎないのかもしれない。厳密にいえば、「彼はこの電報を受け取ってはならない」と直訳できるフランス文と「この電報を彼に渡してはならない」という訳

文の二つは、じつはそれぞれ微妙に異なるメッセージを伝えている。それがあたかもおなじであるかのように振舞わなければならないところに、翻訳者のうしろめたさ、悲しみがある。それは「あなたの名前は何というの」と人称分裂してみても、そのメッセージをだれにも受けとってもらえない患者の悲しみのようにも見える。でも──ここが重要なところなのだが──ラモーの甥やクレーペリンの患者がやみくもにしゃべりまくらなければじぶんの存在を正当化できないように、翻訳者もまた黙ってしまうわけにはいかないのだ。

第 14 章
代名詞(1)

# 人称代名詞

　人称代名詞はなるべく訳文から省いてしまうのがコツだといわれている。この章はこの代名詞の「追い出し」かたについて考えてみよう。翻訳とはしょせん勘と経験だという向きには、人称代名詞の省略もひたすら身体でおぼえるしかない職人芸であって、ああだ、こうだと理屈をこねるのは愚の骨頂ということになろう。ここでは、あえてその愚をおかしてみることにする。

## 1 人称支配

① **Marie** ne sort plus le soir. **Elle** travaille chez **elle**. **Elle** prépare **son** baccalauréat.*

上のフランス文の場合、最初のフラーズで示された Marie という人称主体は、二番目、三番目のフラーズでも elle や son といった人称指示語でいちいち確認され、フラーズごとにかならずその姿を現わしていることがわかる。では、このフランス文を翻訳するとどうなるか。

①′マリーはもう夜の外出はしない。家で勉強だ。バカロレアの準備をしているのだ。

訳文では、最初のフラーズで「マリー」という人称主体を明記してしまうと、後続フラーズからはできるだけ人称指示語を消し去っている。つまり、日本文の人称支配はフランス文と比べてはるかに圏域が広く、フラーズという単位を越えているのである。いきおい、邦訳文は同一人称の支配圏内ではなるべく人称代名詞をはじめとする人称指示語を省略した方がよいということになる。

人称代名詞翻訳について明快な説明をあたえているのが、柳父章氏の『比較日本語論』(― 囮)である。この書物の第一章「展開する文と包みこんでいく文」で、柳父氏は欧文に多用される三人称代名詞の翻訳を「日本語の自然な語感」は避ける傾向にあるとのべ、代わって日本語固有の構文がこれに対応する部分を引き受けているとする。それ

は①′の訳例でいえば「マリーは」というときの「は」という助詞の働きである。「は」とはもともと係りの助詞であって、その係りは「マリーはもう夜の外出はしない」という文の末尾までのみならず、つぎの文、つぎのつぎの文の文末までも係る。「マリーは」の「は」はいくつかの終止形を乗り越えて、「マリー」以外の主題語が現われるまで係り、そこでやっと結ぶのである。

② **Le nez** s'enrhume. **Il** saigne. **Il** renifle. **Il** prise. **Il** recueille les larmes des cocuages et des abandons. On pourrait **le** croire un accessoire de vaudeville imaginé par Feydeau. (F. Sagan / G. Hanoteau, *Il est des parfums* ... — 81)

**鼻**は風邪をひく。血を出す。匂いをかぐ、かぎタバコを吸う。寝取られ男やフられ女の涙をためこむ。まるでフェイドーの考案になる軽喜劇の小道具といってもいいくらいだ。

②の文例でフラーズの数は①の倍に増えて六つになっているが、訳文では「鼻」という主語さえ記しておけば、あとしばらくは動詞だけでつづくのである。「**鼻**は風邪をひく。**それ**は血を出す。**それ**は匂いをかぐ……」といちいち代名詞を訳すとどこかぎこちない文章になってしまうのは、もともと日本語の「それ」という言葉にフランス語のilや英語のitのような、ただ前出の名詞を形式的に代行するだけの機能性が乏しく、それじたいにかなり中味のある人称性を含んでいるため、日本文の自然な流れをその都度さえぎる結果となるためであろう。

今度は、少し長目のフランス文で練習してみよう。「彼」という言葉を必要最小限度におさえて使う練習である。長文における同一人称の支配力を測定するよい手がかりにもなると思う。念のため、以下の文でのべられている nez は「鼻」と訳すしかないが、実体は顔の真中にある器官ではなく、調香師の別称である。

③ Avant d'être un commerce, la parfumerie moderne étant un art, qui est l'inventeur d'un parfum ? **Un nez**. C'est le nom qu'on **lui** donne dans le métier. **Il** est chimiste. **Il** possède des cellules nasales d'une extrême sensibilité. **Il** dispose d'une mémoire des odeurs hors du commun. **Il** a du goût. De l'imagination. Mais tout cela ne suffit pas. **Il lui** faut encore le don. **Il** ne signe pas **ses** chefs-d'œuvre. Le public qui achète **ses** parfums l'ignore. Mais dans la parfumerie, on **le** connaît et s'**il** a du talent ou du génie, on se **l'**arrache à prix d'or. (— 81)

現代の香水製造が商業であるよりもまず芸術であるなら、香水の創造者とはだれなのか。**鼻だ**。鼻というのは**かれ**の職業上の呼び名なのである。**鼻は**化学者である。極度に鋭敏な嗅覚細胞の持主である。人並はずれた匂いの記憶力を備えている。趣味がよい。想像力にも恵まれている。だがそれでもまだ足りない。さらに天賦の才が要る。**鼻は自分の**傑作に署名しない。だから大衆は**その**香水を買っても、**鼻**のことを知らない。だが**かれは**業界では知られた存在で、もしそのうえ才能や天分でもあろ

うものなら、それこそ大金をつんでの引張りだこになる。

　もっと上手な処理や工夫はまだあるかもしれないが、だいたいこんなところが現在の人称語翻訳の平均値ではあるまいか。これぐらいの長文になると、さすがに省略するだけでは捌ききれない。ひかえ目に「彼」「じぶん」などを使ってみたり、それからもっと効果的なのは、人称代名詞のかわりにもとの名詞「鼻」を出すという手法である。フランス語と違い、日本語は代名詞の多用を嫌うかわりに、名詞はいくら反復してもおかしくない。抽象より具体に即して展開する言語の特徴といえるだろう。

## 2　視点移入

　人称支配が文の線的な展開に沿って考察されるべき事柄であるのにたいし、人称代名詞を翻訳するに際してもう一つ頭に入れておいていいのが、視点移入という、どちらかといえば言語の立体的展開である。何もむつかしいことではない。実例で見てみよう。

④ **Je** courus vers **lui, il** courut vers **moi. Je** m'arrêtai à deux pas … **Il** s'arrêta, **lui** aussi, et, comme un homme, me tendit la main. **Je la** serrai virilement, sans dire un mot.（*Etude de l'expression française* ― 25）

「私」と「彼」の出会いを叙している。フランス文の字づらだけ読むと、一人称の人物と三人称の人物が同一平面上で走りより、右と左から手を差しのべあっているような錯覚にとらわれる。で、ついこういう直訳が生まれる——

④ **ぼく**は**彼**の方に駆けた、**彼**は**ぼく**の方に駆けた。**ぼく**はもう二歩というところで立ちどまった……**彼**も立ちどまり、一人の男として**ぼく**に片手を差し出した。**ぼく**は一言もいわずに、**それ**を男らしく握った。

この直訳文のおかしさは、単に人称代名詞が省かれていないせいばかりではない。本来、一つの「視点」からある奥行きをもって叙述されてしかるべき情景を、「ぼく」と「彼」という二つの異なった視点に分割して、その両方を同時に活かそうとしているからおかしいのだ。「ぼくは彼の方に駆けた」、この視点は「ぼく」にある。ところがつぎの「彼はぼくの方に駆けた」で人称主体は「彼」に移行してしまう。そういう目まぐるしい人称転換をもともと表現上の狙いとしている文学であれば話はまたべつだが、ふつうこのていどの文章であれば、語り手は一人称の「ぼく」の視点に自己移入して、もっぱらそのカメラ・アングルから「自己」や「他者」を語っていると考えるのが筋だろう。この視点移入のテーマは、いずれ「視点」や「話法」の項目（下巻）で改めて取りあげるつもりだが、日本語があくまで具体的な場に即して表現される言語であるだけに、一見客体的な記述のフランス文からどの視点をえらんで訳文に活かすかは、おおげさにいえば翻訳の生死を左右する重大な

ポイントである。そこで、④のフランス文を「ぼく」の視点に移入して訳し直すと——

④″**ぼくはそっちに駆けよった。むこうも駆けよってくる。**間近で足をとめると、**彼も立ちどまり、**一人前に手を差しのべてくる。で、何もいわずに、**その手を男らしく握りしめた。**

遠近感が出た分だけ、「ぼく」の気持、感動が伝わりやすくなっている。また、原文の過去形にたいし、訳文に「ぼく」の心理に密着した現在形を挿入している時制上の視点えらびにも注目していただきたい。

つぎの文例⑤⑥は童話から。ウサギとカメの物語だが、フランス語の lapin, tortue という名詞の性に合わせて、ウサギがオス、カメがメスになっている。⑤の語り手はカメ、⑥はウサギである。

⑤ J'ai vraiment faim, qu'allons-**nous** devenir ? **Je le** connais **ce lapin** : quand **il** a une idée dans la tête, **il** n'entend rien, **il** ne voit rien, **il** n'a plus faim ! Mais **moi j'**ai faim ! **Je** veux **ma** feuille de salade… juste une petite feuille. (L. de Brunhoff, *Gregory et Dame Tortue* — ⑬)

腹ペコだというのに、あたしたちどうなるの。いつもこうなんだから、このウサギったら。何か思いついたら最後、もう見ざる聞かざる、お腹も空きゃしない。でもね、あたしはお腹が空いたの。サラダ菜が食べたい。ほんの

第14章　代名詞(1)　人称代名詞　223

一枚でいいから。

⑥ Ne pleure pas, Tortelinette. **Je** trouverai un moyen, **tu verras**. (— ⑬)

泣くなって、カメ子さん。何とかするからさ、ま、見てろよ。

　これまでの例文は④⑤⑥ともに一人称の視点に自己移入して、そこからほかの人称を相対化するものである。ややむつかしいのは、三人称への視点移入だろう。「彼」のことばかりのべている文章だからといって、まるで他人ごとのように突き離して訳したのでは到底読者はついてこない。ときには「彼」が「私」であるかのように感じられる地点まで、こちらが歩み寄って対象に同化する必要がある。長い文章で試してみよう。

⑦ Vers huit heures du matin, **Arsène** aiguisait **sa** faux lorsqu'**il** aperçut à quelques pas de **lui une vipère** glissant sur l'herbe rase entre deux andains. Un frisson **lui** passa sur l'échine et **son** cœur se serra d'une légère angoisse, comme il **lui** arrivait parfois dans les bois lorsqu'**il** entendait le bruit d'un remuement dans les branches profondes d'un buisson. A l'âge de cinq ans, un jour qu'**il** cueillait du muguet, **il** avait mis la main sur un serpent et l'aventure lui avait laissé l'horreur des reptiles. **La vipère** filait comme un trait, le corps à peine ondulant, **sa** tête plate immobile, surveillant **le garçon** de **son** petit œil au regard prompt comme celui

d'un oiseau. Plein de haine et d'indignation, **Arsène** avait lâché **sa** pierre à aiguiser. La faux bien en mains, **il** fit un bond en avant et, d'un mouvement court et précis, estoqua au ras de l'herbe. **La bête** avait vu venir le coup et s'était mise hors de portée. Lorsqu'**il** releva la faux, **elle** s'était déjà coulée sous un andain.
(M. Aymé, *La Vouivre* — 8)

朝の八時頃、アルセーヌが鎌を研いでいると、すぐ近くに蝮が一匹、刈り取った草を二列にならべたあいだを這っているのが見えた。背筋が寒くなり、どことなく不安で胸が締めつけられるようだった。森のなかで、茂みの奥の枝に何かが動く音が聞こえると、よくそういう気分に襲われる。五歳のある日、スズランを摘んでいたら、蛇に触ってしまったことがあり、それ以来爬虫類は大の苦手なのである。蝮は矢のようにまっすぐ進んでいた。胴体をくねらせるでもなく、平たい頭を固定し、小さな眼でまるで小鳥みたいに素早い一瞥をくれて少年の様子をうかがう。憎しみと怒りがこみあげて、アルセーヌは研石を捨てていた。鎌を両手でしっかり握りしめ、まえへ跳び出すと、手早い正確な一撃で草すれすれのところを突く。蛇は鎌がくるのを見て、身をかわしていた。アルセーヌが鎌を上げた時は、もう刈り取った草の山に潜りこんでいた。

## 練習問題　14

① Regardez bien un groupe de Français discutant à une table de café. Vous les croyez peut-être entièrement absorbés dans une de ces discussions politiques ou métaphysiques dont on dit qu'ils ont le secret ? C'est possible, mais soyez certain aussi qu'ils ne perdent pas une miette du spectacle extérieur, de l'atmosphère ambiante, ni de vous-même, touriste japonais, qui les regardez surpris. Rentrés chez eux, ils seraient capables de vous faire un tableau complet de tout ce qu'il y avait d'étrange, d'amusant ou de banal dans le café qu'ils viennent de quitter. Mais ils ont déjà sans doute oublié le sujet de la conversation qui les animait tant ou les arguments décisifs qu'ils ont développés avec ardeur pour leur candidat préféré aux élections législatives. (Y.-M. Allioux, *Un Spectacle intéressant* — ③)

第 15 章
代名詞(2)

# 指示代名詞、および不定代名詞 on

　代名詞の二回目。指示代名詞と、不定代名詞 on を取りあげる。基本的には前章の工夫とたいして変わるところはないように思う。

## 1　指示代名詞

　既出の名詞を受けるわけだが、「それ」などと訳すぐらいなら、いっそ名詞そのものを訳文に出してしまうとよいことが多い。

① Pas de lecture pendant ces vacances. Je garde vos livres, même **celui** de mathématiques. (M. Richard, *La Mort d'Ulysse* — 78)
ヴァカンスのあいだは読書は禁止だな。本は預かっとく。数学の**本**もだ。

② La Seine et le Rhône sont deux grands fleuves français ; **celui-ci** coule vers le sud et **celle-là** vers le nord.*
セーヌ川とローヌ川はフランスの二大河川です。**ローヌ**は南にむかって流れ、**セーヌ**は北にむかって流れます。

小説などでセリフに挿入されるナレーションの訳にも有効である。

③ Sans demander d'explications, la tortue se hâte derrière Gregory. «Regarde, dit **celui-ci**, c'est une machine volante» (Brunhoff, *Gregory et Dame Tortue* — 13)
カメはわけもきかずに、グレゴリーのあとからトコトコついてきます。**グレゴリー**が言いました。「見ろよ、空飛ぶ機械だぜ」

さらに、指示代名詞を弱めたり、あとにくる語と一つにしてまとめて訳すのも一つの方法だ。

④ Le bruit des vagues furieuses qu'ils entendaient était complètement différent de **celui** auquel ils étaient

accoutumés dehors. (tr. G. Renondeau, *Le Tumulte des flots* — 69)
その怒濤の声はふだん外で聴く**の**とはくらべものにならなかった。(三島由紀夫『潮騒』— 68)

⑤ Elle raconta tout. Même l'incident du téléphone et **celui de l'électricité**. (— 78)
彼女はすべてを語った。電話の故障のことも、**停電**のことも。

最後に、完全に省いてしまうという手がある。

⑥ Ma peau, au lieu d'être grise et terreuse comme **celle** de tous les éléphants, était d'une couleur blanchâtre, rose par endroits. (*Etude de l'expression française* — 25)
私の皮膚は、みんなみたいに土っぽい灰色でなく、白味がかった色で、ところどころピンクが混じっていました。

⑦ Le dos de la femme est voûté et sa démarche est **celle** d'une vieille femme. (Triolet, *La Femme au diamant* — 98)

たとえばこの⑦だが、「女の背は曲がり、その歩きかたは老婆の**それだ**」と直訳できる。後半部分を「その歩きかたは老婆の**歩きかただ**」と名詞を反復したのではいかにもしつこい。そこで——

⑦′女の背は曲がり、歩きかたはまるで老婆だ。

⑧ Aujourd'hui, il n'y a pas de grandes différences entre l'éducation d'un garçon et **celle** d'une fille. (R. Girod / F. Grand-Clément, *La France au jour le jour* — ㉝)

直訳すれば、「今日、男子の教育と女子の**それ**とのあいだに大きな違いはない」となるが、こういう場合は一つにまとめてしまった方がよほどスッキリする。そこで——

⑧′現在は男女の教育にさしたる違いはない。

指示代名詞の省略は比較文でも有効である。

⑨ Pendant un très court instant, il aperçut la même lumière que **celle** qu'il avait vue avec Catherine. (— ㉘)
わずかな一瞬だが、カトリーヌと一緒に見たのとおなじ光が見えた。

これまではもっぱら性数変化のある指示代名詞をあつかってきたが、よく使われる cela (話し言葉では ça) の処理についてもおなじことが言える。とりわけ cela が無生物主語として機能し、前文の全体を受けているときは、「それ」「そのこと」といった直訳は避けた方がよい。

⑩ Paul était gêné et **cela** fit sourire Catherine. (— ㉘)
直訳：ポールは困惑した。**それ**がカトリーヌを微笑ませた。
→ポールの困った様子に、カトリーヌは微笑んだ。

⑪ Il cracha plusieurs fois mais **cela** ne rendit pas sa voix plus claire. (— 78)
直訳：彼は何度も痰を吐いたが、**それは**彼の声をより澄んだものにはしなかった。
→何度痰を吐いても、しわがれ声は相変らずだった。

## 2　不定代名詞 on

on はきわめて特殊な代名詞であるが、使用頻度数が高いので注意を要する。「人は」などと訳せるのはつぎのような「人間一般」についての記述で、その場合でも訳文から省くにこしたことはない。

⑫ Lorsqu'**on** a vécu vingt-cinq ans dans la même maison, il est difficile de changer ses habitudes. (— 78)
25 年もおなじ家に住んでいると、習慣を変えるのは大変だ。

文法書をひもとくと、on をめぐっていろいろなことが書いてある。とりわけ話し言葉で一、二、三人称の人称代名詞に代わってもちいられるケースはきわめて重要だが、どちらかというとその見きわめは「翻訳力」であるよりもまえに「語学力」の問題であるような気がするので、本書ではそのあたりの詳しい説明を一切省略させてもらう。ただ一つ、on は主語にしか使えず、目的語では vous や nous

によって代用されることが多いということは頭に入れておいてよい。

⑬ La porte fermée, entre quatre murs, Anne avait l'impression d'avoir enfin retrouvé un ami à qui **on** peut tout dire, qui comprend tout, qui s'intéresse à tout ce qui **vous** concerne. (— 98)
戸を閉めて部屋にこもると、アンヌはやっと友達にめぐりあえたような気がした。何でも言えて、何でも解ってもらえる友達、じぶんのことなら何にでも関心をもってくれる友達に。

さて、本章ではこの on について、もっぱら「訳出しない」という観点からいろいろ考えてみたい。省くといっても、その工夫は一つや二つではないのである。
　まず、小説などで、on がナレーターを代弁して説明や記述をやっている場合がある。たとえばつぎの文では、主人公の男の子のまえにカトリーヌという女友達が現われる。

⑭ Catherine était une blonde aux yeux bleus, grande et assez musclée mais pas trop. A la voir, **on** devinait qu'elle était sportive. (— 78)
カトリーヌは青い眼のブロンドで、背が高く、肉づきもほどよく締まっている。見るからに、スポーツが得意そうだった。

主人公とカトリーヌは初対面ではないから、この on は

むしろ読者にたいするナレーターのサービスの一環なのである。

今度はおなじ on でも、視点がナレーターから作中人物の方に移っているケース。あえて⑭とよく似た文章を引く。

⑮ L'oncle de Paul les reçut tout de suite, mais **on** voyait à son regard qu'il n'était pas content. (— 78)
ポールの叔父はすぐ二人を迎え入れてはくれたものの、その眼付はどうやらご機嫌斜めだった。

叔父の顔色をうかがっているのはナレーターではなく、夜更けの訪問に気がとがめているポールとカトリーヌなのである。

⑯ Malgré le froid, il n'y avait qu'un petit poêle, près du maître. **On** entendait renifler. (tr. Mécréant, *Le Pavillon d'or* — 67)
夜は寒かったが、老師のかたわらに小さな手焙りがあるだけだった。洟をすする音がきこえた。(三島『金閣寺』— 66)

次はおなじ on でも、省略するというよりは、on が働きかける対象の方を主格にして受身で訳すという工夫がある。

⑰ **On** estimait sa fortune à plus de cent millions.

(Leblanc, *813* — ⑤⓪)
その財産は一億をくだるまいと**言われた**。

⑱ Il jeta un coup d'œil autour de lui, un peu honteux qu'**on** le voie parler à cet ivrogne.（— ⑦⑧）
彼は周りをちらっと見た。酔っ払いと話しているのを**見られる**のが気まり悪かったのである。

⑲ Paul était toujours d'accord quand **on** lui demandait de pêcher ou d'aller se promener en mer. Sa mère le lui reprochait souvent.（— ⑦⑧）
ポールは釣や舟遊びに**誘われる**といつでも付き合った。そのことでよく母親に小言を言われた。

上の訳例では Sa mère… にはじまる最後の文までポールを中心にしているが、これも前章の「人称代名詞」でおさらいした「視点」えらびの結果である。

最後に、on がかなり具体的な不特定多数を表わすこともある。その集団がナレーター、ないし作中人物にとって心理的、空間的に近い存在として意識されているときは「一同」、「皆」などと訳せるが、それ以外の場合はやはり省略する。

⑳ **On** alla d'une table à l'autre, **on** fit connaître les projets pour le lendemain et **on** échangea de bons conseils.（R. Recher, *Rudi et le chamois* — ⑦⑦）
**皆**、テーブルをめぐっては、翌日の予定を教えあい、アドバイスを交換するのだった。

㉑ A bord des bateaux **on** faisait sécher les voiles ou **on**

nettoyait le pont à l'eau douce, comme font tous les marins en arrivant au port. (— 78)
船では帆布を干したり、真水で甲板を洗っていた。港に着けばどんな船乗りでもやる仕事だ。

㉒ De temps en temps, **on** lui demandait des services car **on** savait qu'il était très bon marin mais, dès qu'il gagnait quelques centimes, il les buvait immédiatement et **on** ne pouvait plus compter sur lui. (— 78)
ちょっとした仕事を頼まれることもときどきあった。なにしろ腕のいい船乗りということは知られていたのだ。ところが少し稼ぐとすぐ飲んでしまうものだから、しまいには見放されてしまった。

㉒の例文では、飲んだくれの水夫を見守る港町の住民や仲間の存在が、訳文に「気配」として暗示されていればそれで足りるのである。

## 練習問題　15

① Lorsque l'on passe de l'examen de la langue parlée à celui de la langue écrite, on constate qu'il existe une différence sensible entre les deux, tant au point de vue du vocabulaire que de la syntaxe. Cette différence est particulièrement nette lorsque l'on considère, plutôt que la langue des journaux ou revues, la langue littéraire. Celle-ci est en effet liée à la tradition grâce à la codification qu'entretiennent l'Académie Française et de nombreuses publications linguistiques. Un certain nombre de journaux, d'ailleurs, consacrent une rubrique à une sorte de «défense et illustration de la langue française» assurée par des spécialistes. (M. Paoletti, *Civilisation française contemporaine* — 75)

第 16 章
代名詞(3)


# 関係代名詞 1


　いよいよ難物の関係代名詞に挑戦する運びとなった。何しろ日本語に存在しない品詞だから、訳すといっても一筋なわではいかない。複雑怪奇な関係節にぶつかると、それが気になって夜もおちおち眠れないという経験は、すこしでも翻訳を手がけた人ならおぼえがあるはずである。この章では、ともかく簡単な処理で間に合う比較的やさしいケースのみを取りあげて、次章への布石としておきたいと思う。

## 1 限定用法と説明用法

　文法の教科書では、いろいろな種類の関係代名詞を区別している。qui, que, où, dont, さらに性数変化のある lequel, laquelle などについて、種類ごとに説明がなされている。ところで、翻訳に際しては、こういう形の上の区別はほとんど意味をなさない。すべてを一括してあつかうことでいっこうにかまわないのである。

　むしろ、関係代名詞を訳す場合に重要なことは、関係詞節があたかも形容詞のように先行詞を限定しているか、それともただ補足的な説明を加えているかである。

① ... le menton appuyé sur sa main, elle vérifiait les livres de comptabilité **qu'elle avait rapportés du magasin**. (tr. G. Renondeau, *Le Marin rejeté par la mer* — 65)
彼女は頬杖をつき、**店から持ち帰った帳簿**を調べていた。(三島由紀夫『午後の曳航』— 64)

② Son chef, **qui l'estimait**, lui laissait de grandes responsabilités. (Leblanc, *813* — 50)
上司は**彼のことを高く買っていた**ので、重要な仕事を任せていた。

　例文①が限定用法。先行詞と関係詞のつながりは密接であり、両者のあいだに virgule（コンマ）がないのがふつうである。先行詞は冠詞をつけた名詞であることが多く、短文であればうしろから訳し上げるのがコツである。

例文②の方は説明用法で、関係詞節は主文にたいする理由説明になっている。一般に説明用法では先行詞は指示形容詞や所有形容詞のついた名詞、さらに固有名詞や人称代名詞であることが多い。関係代名詞のまえに virgule を入れるのがふつうで、それが一つの目印になる。①のようにうしろから訳し上げず、切って訳す。

　ところで、以上の説明はあくまでも一般論であり、実際にテクストにあたってみると、限定用法でも関係詞節が長くて、うしろから訳しにくかったり、virgule があったり、あるいは説明用法で virgule がなかったり、うしろから訳した方がよかったり、といった具合に、いろいろなケースにぶつかる。以下、二つの用法の区別をいつも念頭におきながらも、訳文の形の上ではそれにあまりこだわらないで、どちらかというと簡単な関係文の翻訳を工夫してみよう。

## 2　うしろから訳し上げる

　昔は関係代名詞を処理するとなると、「〜で〜で〜であるところの」とすべて先行詞より先に関係詞節を訳していた。哲学書の翻訳本などはむしろそういう文体で訳さないと有難がられないきらいさえあった。でも、最近ではすこし長目の関係詞節は切って訳すことが多いようである。ただ、やたらと切るのも何とかの一つおぼえで、場合によってはうしろから訳し上げた方がかえってスッキリいくケースもある。

③ Le préfet de police et le procureur général ne quittèrent pas les chaises **où ils avaient pris place pendant la longue conversation qu'ils venaient d'avoir avec le président du Conseil**, mais celui-ci se leva, et, serrant la main du chef de la Sûreté, lui dit du ton le plus cordial. (— 50)

警視総監と検事総長は、**総理相手の長談議のあいだ坐っていた椅子を**立たなかったが、総理だけは立ち上って保安課長の手を握り、うちとけた口調でこう言った。

でも、ふつう訳し上げのコツは関係詞節をなるべく短くまとめてやることである。

④ Au Japon, il est presque impossible de trouver un café **qui vous permette de voir la rue**. Enfouis dans des sous-sols **dont on voit mal l'entrée**, perdus dans les hauteurs des buildings ou dans le dédale de leurs couloirs, ce sont souvent de petits nids, de petits antres sombres et douillets. On doit prendre sa respiration avant d'y entrer. (Allioux, *Un Spectacle intéressant* — 3)

日本では**外が見える**カフェはまず見つからない。カフェは**入口も定かならぬ**地下に埋もれているか、ビルの上の方や入り組んだ廊下のどこかに紛れていて、いってみれば小さな巣、暗くてぬくぬくした小さな洞穴みたいなものであることが多い。深呼吸でもしてからでなければ、とても入れたものではない。

スッキリ訳しまとめるのをもう一歩進めて、思い切った凝縮訳にしてしまう方法がある。「意訳」に近い処理だが、上手に縮めることである。

⑤ Il fut convenu qu'ils s'arrêteraient chez elle au retour pour lui donner l'argent **qu'ils lui devaient**. (Richard, *La Mort d'Ulysse* — 78)
二人が帰りがけに彼女のところに寄って**借金**を返すことに決まった。

⑥ Fumer était un plaisir **que Robinson ne s'accordait plus que très rarement, dans les grandes occasions**. (M. Tournier, *Vendredi ou la vie sauvage* — 96)
直訳：喫煙は、ロビンソンがもはやごくまれにしか、よほどの場合でなければじぶんに許さない愉しみだった。
→喫煙はロビンソンにとって、**とっておきの愉しみ**の一つだった。

⑦ Il se plaisait à commenter les rares paroles d'un supérieur **auquel il ne reprochait que d'être trop peu loquace**. (— 50)
直訳：彼は、あまりにもおしゃべりでなさすぎることだけが欠点と考えている上役のたまの言葉を注釈するのが好きだった。
→彼は、**無口なだけが玉にきず**の上役がたまにしゃべると、その言葉を注釈するのが好きだった。

## 3 順行訳が義務づけられる場合

テクストの内容じたいからして、まえから順番に訳さないとトンチンカンなことになってしまう、いわば当然の関係代名詞処理がある。その代表的なものが、継起する一連の動作が問題になっている文章で、うっかりうしろから訳しはじめるととんでもないことになる。

⑧ ... une religieuse entra à ce moment et nous pria de la suivre jusque dans un parloir privé **où la supérieure nous reçut**. (Green, *La Révoltée* — 37)
そのとき、修道女が入ってきて、一緒に面会個室まで来て下さいと言うので、**行ってみると院長がいた**。

⑨ ... une expression de mépris creusait les coins de sa bouche et elle lançait à Sylvie un regard hostile **qu'elle abaissait aussitôt sur sa tapisserie**. (Green, *Amours et vie d'une femme* — 35)
唇の両端に軽蔑したような表情が刻まれ、彼女はシルヴィを憎々し気に見やったが、**すぐに手もとのつづれ織に目を落とした**。

⑩ La foudre tomba sur un pin **qui craqua et s'abattit**. (H. Bosco, *L'Enfant et la rivière* — 12)
雷が松に落ちると、**木はめりめりといって倒れた**。

これを「めりめりといって倒れた松に雷が落ちた」とは訳せない。そんな自明のことを、と怒るなかれ。フランスと日本は風土も習慣も違うから、フランスの雷はゴロゴロ

と唸っただけで大木を倒す力があるに違いないと決めこんで涼しい顔をしている仏文科の学生は、一人や二人ではあるまい。そこで、しつこいようだが、作中人物がタバコをあつかうしぐさを三つほど紹介しておく。

⑪ Il prit un cigare, alluma une allumette **qu**'il laissa éteindre machinalement et resta quelque temps pensif, immobile. (— 50)
彼は葉巻を一本とってマッチをすったが、そのまま自然に消えるにまかせた。そしてしばらく身じろぎもせずに考えこんだ。

⑫ Il réfléchit assez longtemps, puis alluma une cigarette **dont** il tira trois bouffées et **qu**'il jeta. (— 50)
彼は長いこと考えこんでいた。やおらタバコに火をつけたが、三口吸ってから投げすてた。

⑬ Fusako s'amusait avec le cendrier en le poussant avec sa cigarette **qu**'elle éteignit. (— 65)
房子は煙草を灰皿へなぶるように押しつけて消した。(— 64)

⑬の場合は、主節の動詞 s'amusait が半過去なので、関係詞節の単純過去形 s'éteignit との前後関係を取り違えるおそれはあまりないといえる。その点、つぎなども間違えようのない関係である。

⑭ La mère de Hiroshi s'était efforcée d'avoir deux œufs **avec lesquels** elle prépara une omelette extrêmement

第16章 代名詞(3) 関係代名詞1 243

salée pour le repas froid de son fils. Elle cacha au plus profond de son sac d'écolier des caramels et des fruits. (tr. Renondeau, *Le Tumulte des flots* — 69)
宏の母親は、卵を二つ奮発して、ひどく塩からい玉子焼の弁当を作った。鞄の中にはキャラメルや果物を奥深く隠して入れた。(三島『潮騒』— 68)

継起する動作とまでいかないが、論述の必然からしてどうしても順行訳するしかない因果関係の表現がある。

⑮ Il est évanoui, dit Gourel en s'approchant de lui. Il a dû faire des efforts **qui** l'ont exténué. (— 50)
気絶している、グーレルが近づいて言った。無理な努力で根がつきたんだな。

⑯ Pascal a sauté dans un bouquet de tamaris **qui** ont amorti sa chute. (R. Guillot, *Le Voyage en ballon* — 41)
パスカルはタマリスの茂みめがけて跳び下りたので、ショックがやわらげられた。

最後に、virgule で切ってある説明用法で、関係詞節全文が主文にたいして理由、仮定、譲歩といった副文の役割を果たしていることがある。例文②がそれだったが、一見むつかしそうで、よく読みこんでいればあまり間違えることはない。

⑰ Paul, **que** le spectacle d'un noyé n'attirait pas du tout, resta à sa place. (— 78)

ポールは溺死者など見たくもないので、あえて動こうとしなかった。

　queからtoutまでの部分が、主文にたいして理由節を構成しているわけである。

⑱ Ton oncle a raison, tu lis trop de romans policiers, dit Catherine, **qui** croyait que Paul se moquait d'elle. (— 78)
おじさまがああ仰有るのはもっともだわ。推理小説の読みすぎよ、とカトリーヌが言った。ポールにからかわれていると思いこんでいるのだ。

⑲ Ils avançaient avec précaution pour ne pas heurter certaines poutres, **dont** la solidité ne semblait pas inébranlable. (— 50)
二人は柱にぶつからないように、あいだを縫って用心深く進んだ。なにしろうっかり突き当るとそのまま倒れそうなのだ。

　関係節の部分は到底直訳して意味のつうじるフランス語ではない。いくつかの工夫が考えられるが、主人公二人の視点に移入して訳せば、だいたいこんなところになりはしないだろうか。
　以上、理由節ないしはそれに類する関係代名詞の順行訳である。次章はずっと複雑にして高度な工夫を考えてみよう。

## 練習問題　16

① La mère de cinq enfants qu'avant-guerre les ménagères montraient du doigt au marché fait aujourd'hui quelquefois un peu envie. Le ridicule ne risque plus de la tuer. Non seulement elle reçoit des versements en espèces qui lui confèrent une sorte de promotion et des égards, mais elle monte dans l'autobus avant les autres qui attendent sous la pluie, avec la même autorité qu'un haut fonctionnaire de la préfecture de police. (M. Paoletti, *Civilisation française contemporaine* — 75)

第 17 章
代名詞(4)


# 関係代名詞 2

 引きつづき、関係代名詞を取りあげる。前章の後半で順行訳の強味を今更のように確認したわけだが、翻訳の理想は原文を読むのとおなじ順序で訳文が読めることなのだから、順行訳は意訳どころか、じつは原文にもっとも忠実な訳なのである。


## 1 並列式の処理

 ところが、おなじ先行詞に二つ、三つと関係詞節がつづく式の並列構造に際しては、順行訳とか訳し上げとかどち

らかに割り切ることはできず、両者を適宜とりまぜるしかない。

① Une vieille femme **que** je n'avais pas remarquée et **qui** marchait devant moi, m'arrêta et, me retenant presque par la manche de ma veste, me montra le ciel d'un index joyeux : «Monsieur le Soleil! Monsieur le Soleil!» (Allioux, *Un Spectacle intéressant* — ③)
気がつかなかったが、前を歩いていた老婦人が私を呼びとめ、上衣の袖を引かんばかりにして、嬉しそうに空を指すと、こう言った。「お日様！　お日様よ！」

上の例文の場合、動詞の時制からしても、大過去→半過去の順で訳すのが自然だが、順行訳にこだわって une vieille femme から訳しはじめるのはどう見ても無理である。むしろ、うしろから訳し上げるのが妥当なので、ただし「私が気がつかなかった、前を歩いていたところの老婦人が……」といったいわゆる関係代名詞臭を訳文から消すことに留意しさえすればよい。

② En général, l'artiste s'inspirait des couleurs mêmes **qu'**avait utilisées le maître, **qu'**il transposait sur porcelaine. (*Etude de l'expression française* — ㉕)
ふつう、陶芸家は師匠のとおなじ絵具に想をえて、それで磁器に彩色をほどこした。

上の例では、訳し上げと順行訳が併用されている。一つ

目の関係詞節は限定用法だからうしろから訳すとしても、二つ目は動作の順序からいって順行訳するしかないのである。

③ Elle avait un visage immobile **que** la maussaderie rendait presque dur et **qui** n'était pas plaisant malgré sa jeunesse et la régularité de ses traits. (Green, *Amours et vie d'une femme* — ㉟)
彼女は不機嫌のためか、ぎすぎすしているといってもよいほどの無表情で、若くて端正なのにあまり感じのよい顔ではなかった。

④ Une ou deux fois je vis sortir un homme **qui** me parut un peu plus âgé qu'elle et **dont** je ne voyais pas le visage parce qu'il marchait la tête baissée. (Green, *Le Grand Œuvre de Michel Hogier* — ㊱)
一、二度、彼女よりも歳上とおぼしき男の人が出てくるのを見かけたが、顔が見えなかったのはうつむきに歩いていたせいだった。

行為や論述の展開に即して「そのまま」訳し進むべき並列構造の例を挙げる。

⑤ Un bruit de porte qui se ferme. Puis Sernine entendit le baron **qui** mettait le verrou, puis **qui** vidait ses poches, **qui** remontait sa montre et **qui** se déshabillait. (Leblanc, *813* — ㊿)
ドアの閉まる音。それからセルニーヌの耳に、男爵が閂

をかけ、ポケットを空にし、時計のネジをまき、着物を脱ぐのが聞えた。

⑥ Vous ne savez pas ce qu'il y a de nouveau dans ma vie … un projet formidable… une chose énorme… **que** je ne vois encore que dans les brouillards de l'avenir, mais **qui** se dessine pourtant… et **qui** sera colossale… Ah ! Chapman, vous ne pouvez pas imaginer.（— 50）
私の人生にどんな新しいことがおころうとしているか、君にはわかるまいね……すごい計画だ……とてつもない奴だ……私にもまだ五里霧中でよくは見えんのだが、とにかくおぼろげな形はできている……なにしろ大仕事だよ……そうなんだ、チャプマン、君には想像もできまい。

⑤は語り手の耳に入ってくる物音をそのままの順番で訳すのが正解。⑥も、ある人物の頭のなかに継起する考えをストレートに言葉にしたものである以上、順行訳が原文の構造にもっとも忠実な方法ということになるだろう。

並列の順番を崩して、好きなように訳し変える方が有効な場合もある。

⑦ Dans une gare, on sent mieux qu'ailleurs ce que peut faire de l'individu une organisation extérieure **qu'**il ne peut que subir et **qu'**il ne contrôle pas.（— ③）
駅にいると、個人というものが、じぶんでコントロールできない外的機構にひたすら耐えるしかなく、その結果どんな姿に変えられてしまうかということを、ほかのどこにも増して痛感させられる。

東京の新宿駅のラッシュ時についてのべた文章。形としてはうしろからの訳し上げになっているが、それはいわば結果であって、たとえば ce que peut faire... のところを「どんな姿に……」と直接話法のセンスで訳し開くといった工夫の数々が相乗してこうした訳文を生みだした、とでもいうしかないだろう。

⑧ En cet instant, Arsène Lupin eut l'impression, la certitude qu'il avait été attiré dans un guet-apens, par des moyens **qu**'il n'avait pas le loisir de discerner, mais **dont** il devinait l'habileté et l'adresse prodigieuses. (— 50)

このとき、アルセーヌ・ルパンは、じぶんがどんな手でやられたかを見抜く余裕はなかったが、とにかくはめられたという印象、いや確信を抱いた。その手口はどうやら驚くほど巧妙で狡猾だった。


## 2　入れ子式の処理

並列式をさらに複雑にした型で、関係詞節のなかにもう一つ関係詞節がはめこまれている構文である。強いて重層的、立体的にむつかしく考えず、並列の一種とみなしてスムーズに処理することである。

⑨ Des jardins et de jolis hôtels bordent cette rue. Et tout au bout elle est fermée par une sorte de petit parc où

s'élève une vieille et grande maison **contre laquelle** passe le chemin de fer de Ceinture. (— 50)
この道には公園やしゃれた館が点々と並んでいる。奥の突きあたりが小公園のようになっていて、そこに一軒古い大きな家があり、家のすぐ背後を環状鉄道が通っている。

典型的な順行訳で処理した例だが、つぎなどは訳し上げを混じえないとむしろおさまりが悪いのではないか。

⑩ Ulysse était un personnage sympathique **que** l'on considérait un peu, sans le savoir, comme un membre éloigné de la famille **qui** n'a pas eu de chance et **qui** n'a pas bien réussi. (Richard, *La Mort d'Ulysse* — 78)
ユリスは感じのいい人物で、みんなから知らず知らずのうちに、つきに恵まれずうだつのあがらない遠縁の身内みたいに思われていた。

もう一例、人物描写の文章を引こう。長いので、諸種の工夫をとりあわせる配慮が肝心である。

⑪ Durant quelques minutes, Rudolf Kesselbach se promena d'un air soucieux. C'était un homme de haute taille, coloré de visage, jeune encore, **auquel** des yeux rêveurs, **dont** on apercevait le bleu tendre à travers des lunettes d'or, donnaient une expression de douceur et de timidité, **qui** contrastait avec l'énergie du front carré et de la mâchoire osseuse. (— 50)

数分間、ルドルフ・ケッセルバックは、心配そうな様子で歩きまわった。背の高い、赭顔の男で、まだ若い。夢見るような瞳が金ぶち眼鏡の奥でやわらかい青さを湛えているところはいかにも温厚で内気そうだが、それとは対照的に角ばった額と骨ばった顎は精力的だ。

この訳例に眉をひそめる向きは多いと思う。フランス文を文法的に解析して、その結果に忠実たらんとする翻訳であれば、たとえば qui contrastait avec のところは「Aとは対照的にBは〜だ」とならず、むしろ「Aは〜であるBと対照的だ」となる道理だからである。だが、しかし、この道理は文法解析がそれなりの教育効果を発揮しうる教室の仏文和訳の道理でしかない。翻訳とは表現行為であって、教育活動ではない。

⑫ Cet intérêt n'a cessé et ne cesse encore de se développer avec une constance et une régularité **que** peuvent expliquer l'allégresse et l'extraordinaire jeunesse d'inspiration **que** ces peintres ont conservé et même amplifié jusque dans leur vieillesse. (M. Miho, *Visages de la France* — 63)

人気は一向に衰えることなく確実に増してきたし、今なお増しつづけているが、それというのもこの画家たちが潑剌とした、驚くほど若々しいインスピレーションを老年になっても失わなかった、いやそれどころか老いてますます盛んだったからにほかならない。

最後にもう一つ、直訳したらどうにも収拾のつかない文章を挙げる。まとめ訳したり、切って訳すなどして、しのぐしか手はあるまい。

⑬ Il ne cachait pas l'émotion **qu**'il éprouvait à toucher et à contempler cette feuille de papier **que** sa femme avait tenue entre ses doigts, et **où** elle avait mis un peu de sa pensée secrète. (— 50)
紙片に触ったり、これを眺めたりして、彼はまんざらでもなさそうだった。妻が指でいじり、そのうえ人知れぬ思いをいくらか託してよこしたのだ。


## 3 普遍的記述の関係代名詞

先行詞のある単語を説明するのに、語り手が読者との共犯関係をもとめて「例の」とか「あの」とかいった内容を関係詞節にあたえ、記述を普遍的にしている場合がある。主節が過去時制でも、関係詞節の動詞は超時的現在に置かれることが多く、そこのところだけが妙に浮きあがってしまって訳すのに難儀する。一番多いのは、〈un de ces＋先行詞＋関係詞節〉という型である。

⑭ Paul, ensuite, se dirigea vers le port. Roger suivait à quelques mètres derrière en se demandant s'il n'était pas en train de vivre **un de ces cauchemars ridicules où l'on en vient à faire des choses qui n'ont aucun**

**sens sans savoir pourquoi on les fait**. (— 78)

まず太字の部分をそのまま直訳する形にしてみよう。

⑭′ ポールは、それから、港の方にむかった。ロジェも数メートルうしろからついてきたが、**なぜそうするのかも分からぬままにまったく無意味なことをするにいたる例の滑稽な悪夢の一つ**をもしかしたら自分は生きているのではあるまいか、と考えていた。

これでは到底読み手は共犯関係など結んでくれそうにない。やはり切るしかあるまい。そこで──

⑭″ ロジェも数メートルうしろからついてきたが、悪い夢でも見ているのではないかと考えていた。なぜそうするのかも分からずまったく無意味なことをしてしまう、例のおかしな夢だ。

ついでに申し添えると、un de ces というフランス語は、いかにもフランス語らしい合理主義の産物であって、これをわれわれが「〜の一つ」と訳すとどうも理屈っぽくなっていけない。無視するのが上策である。

⑮ Sur la place de la gare, un vent glacial soufflait, courbant les arbres grêles d'un petit jardin public. Des nuages montaient dans le ciel et annonçaient **une de ces journées détestables qui terminent souvent le**

mois d'avril. (— 35)
駅前広場は冷たい風が吹き、小さな公園の細い木々がしなった。空には雲が出て、**四月の末に多いあの嫌な天気**になりそうだった。

⑯ Il fut pris d'**un de ces accès de rêverie où il semblait ne plus rien entendre et ne plus rien voir**. (— 50)
彼はときどきおちいる深い夢想に沈んでいった。そうなったら最後何も聞えずに何も見えないあの状態だ。

⑰ Je suis de **ces êtres qui ne peuvent pas vivre dans le présent, mais qui se perdent avec délice dans leur propre passé**. (— 36)
現在に生きることができず、おのれの過去のなかに埋没してうっとりする人々がいるものだが、かくいう私もそういう人々の仲間なのである。

〈un de ces〉の型以外にも、普遍的内容を盛った関係詞節はいくらでもある。そもそも普遍的内容などというのは押しつけがましいものである。それをしつこくならぬ程度にまで分かりやすく噛みくだいてやるのが翻訳者の心づかいだが、長い節や連続する節にぶつかると本当にウンザリする。

⑱ Le juge d'instruction caressa ses longs favoris blonds d'un geste **qui lui était familier quand une question lui paraissait insoluble**. (— 50)
予審判事はブロンドの長い頬ひげをなでさすったが、これは問題が解けそうもないとかならずやる身ぶりなので

ある。

⑲ Elle attendit un moment, puis elle reprit sa tapisserie. Elle travaillait **avec l'application d'une personne qui ne peut aller vite et craint de se tromper**, au contraire de sa sœur dont la main semblait courir sur le canevas. (— ㉟)

彼女はちょっと待ってから、またつづれ織りを始めた。その仕事ぶりは、**急ぐことができず、間違えるのが恐い人独特の入念なもの**で、手がキャンバスの上を走っているみたいな妹とは好対照だった。

⑳ La première qualité d'un diplomate est de savoir fumer le cigare, car il permet les silences **qui souvent sont plus importants que les discours**. (— ㉕)

**沈黙はときとしておしゃべりよりも大切なものだ**が、外交官が何をおいても葉巻を吸えなければならないのも、葉巻のおかげでそうした沈黙をつくりだすことができるからなのである。

⑳の例文などは、直訳してもよさそうなものだが、太字の部分は読み手とのあいだの共通の確認事項だから、訳文の最初にもってきてもべつに不都合はない。原文を分解して、組み立て直したケースである。

## 練習問題　17

① Un long silence commença. On eût dit une de ces expériences d'hypnotisme auxquelles on assiste avec une ironie mêlée d'angoisse, avec la peur obscure des choses mystérieuses qui peuvent se produire. On allait peut-être voir un moribond surgir de l'espace, évoqué par l'incantation irrésistible du magicien. On allait peut-être voir…(M. Leblanc, *813* — 50)

② Sans le moindre embarras, elle faisait le portrait physique et moral de l'homme qu'il lui fallait et ne doutait pas un instant que ce personnage existât et même qu'il l'attendît quelque part dans la ville. Elle en parlait avec cette assurance des gens qui radotent et à qui une idée fixe donne un air d'autorité. (J. Green, *La Révoltée* — 37)

いずれも短いけれど、構文・内容ともにむつかしい。関係代名詞の存在をまったく気づかせないぐらいにまで訳しほどいてください。

第 18 章
動詞(1)


# 抽象動詞を訳す


いよいよ動詞に入る。語学文法の項目配列に従えば、現在形、未来形、過去形と時制を追う形になろうが、そういう問題の立てかただけでは、翻訳文法という観点からするとどこか物足りない気がする。すなわち、「時制」や「法」という枠組みだけでは説明しきれない、フランス語の動詞そのものに特徴的な性質があって、翻訳の現場に身を置いてみるとそれがきわめて重要なものに見えてくるのである。

私がここで言わんとしているのは、「名詞」の項でもさんざん問題にしたフランス語の抽象性ということである。こういう呼びかたが適切でないことは百も承知の上で、「抽

象名詞」に対応するものとして、フランス語には「抽象動詞」とでも名付けるしかない動詞のグループがあるように思う。早い話が、être, avoir, mettre, faire, tenir など、初学者がまっさきに活用をおぼえる基本動詞はみな抽象動詞なのである。抽象動詞はいずれも意味内容が抽象的で一般性を持ちうるという点が共通である。たとえば mettre という動詞は、manger を「食べる」、chanter を「歌う」と訳すような具合に「そのまま」訳すわけにはいかない。**mettre** sur la table は「テーブルの上に**置く**」だから「置く」でおぼえればいいかというと、**mettre** dans la poche は「ポケットに**入れる**」、**mettre** en bouteille は「ビンに**つめる**」となる。さらに「着衣」の意味でも使えるが、その場合でも **mettre** son manteau は「コートを**着る**」、**mettre** ses gants は「手袋を**はめる**」、**mettre** ses lunettes は「眼鏡を**かける**」と、身につけるものに応じていちいち訳語が違う。日本語で動詞を使い分けるところを、フランス語では「そこにないものを持ってくる」という共通性で括ってしまい、一見異質な動作をすべて mettre という動詞一つで表現できるのである。

　こういう例はフランス文を読んでいればほとんど毎ページ、いや毎行といっていいほど見つかるものである。

① Et soudain il **eut** un cri rauque. (Leblanc, *813* — ㊿)
　不意に彼はしわがれた叫び声を**あげた**。
② **J'ai fait** un rêve, n'est-ce pas ? (— ㊿)
　僕は夢を**見た**んですね。
③ Vous allez sonner à la maison de retraite. Comme

inspecteurs, vous **avez** vos entrées, n'est-ce pas ?
(— 50)

君たちは養老院へ行ってベルを鳴らしたまえ。刑事の職権で**入れる**はずだ。

④ Il les voyait, les **reconnaissait**, et cependant ne **retrouvait** personne. (P. Gadenne, *La Plage de Scheveningen* — 30)

彼はその友人たちに会い、**彼らだと分りはした**けれども、しかし誰のことも**もとのままだとは思わなかった**。(訳 菅野昭正『スヘヴェニンゲンの浜辺』— 31)

⑤ Avec un sourire rieur, et d'une voix dont l'ironie est peut-être destinée à lui-même, Nicolas Machiavel **délivre** sa réponse laconique. (Sagan, *Le Sang doré des Borgia* — 80)

明るい笑みを浮かべ、どうやら自嘲気味の声で、ニコロ・マキャベッリは手短かに**答えた**。

この章では、この抽象動詞を日本語に移すに際しての若干の工夫を凝らしてみよう。


## 1 目的語を動詞で訳す

例文の①と②は抽象動詞を直訳しないで、目的語に合わせた訳語に転換している。eut は「(叫び声を) あげた」、fait は「(夢を) 見た」となる。ところで③に注目していただきたいのだが、vous avez vos entrées という文は、①、②の

処理にならって entrées を avoir する式の訳がちょっと無理なケースである。「入れる」と訳したのは、結局のところ、目的語の名詞 entrées を動詞化して切り抜けた工夫で、この型の処理は抽象動詞が目的語をとる他動詞の場合にかなり有効であると思う。なお、本章のこれ以後の例文は、すべてルグランの『フランス語文体練習帳』（— 51）からの引用である。

⑥ Ils **donnent** à notre projet leur adhésion unanime.
　私たちの計画にみなもろ手をあげて**賛成している**。
⑦ Je lui **infligerai** un châtiment terrible.
　手厳しく**罰してやる**。
⑧ Il **jeta** à ses parents un regard rapide.
　彼は両親の方をちらりと**見た**。
⑨ Cette ville vous **opposera** une longue et vigoureuse résistance.
　あの町はいつまでも頑強に**抵抗しますよ**。

何のことはない。目的語の名詞の側から見れば、抽象名詞を動詞に崩してやるいつぞやの練習の焼き直しなのだ。してみると、主語と目的語をつなぐ抽象動詞は、ただの「関係」や「方向」を示す例の「導きの動詞」の一種であるということになる。

## 2　動詞を副詞に転換する

たとえばつぎの文章。

⑩ Il **se complaît** à énumérer tous ses titres.

　直訳すれば「彼はじぶんのありとあらゆる肩書きをならべてたてることに**喜びを見いだしている**」となろうが、フランス文に含まれている二つの動詞 se complaire と énumérer のうちで、日本語の側からとらえ直していわゆる動詞と感じられるのは、主動詞の se complaire よりも不定詞の énumérer の方ではないだろうか。そこで──

⑩′ 彼は**とくとくとして**じぶんの肩書きをつぎからつぎへとならべたてる。

　つまり、不定法を伴う動詞には（はたしてこれまで抽象動詞と呼んでいいものかどうか、はなはだ疑問ではあるが）、それじたいは副詞に直して、むしろ不定法の動詞を訳文の中心に据えた方がおさまりがよくなるということなのである。

⑪ Il **ne se lasse pas** de travailler à son perfectionnement moral.
　彼は**一生懸命**自己の向上につとめている。
⑫ Il **ose** attaquer son puissant ennemi.
　彼は**勇敢にも**強敵に立ちむかう。
⑬ Je **ne manquerai pas** de lui écrire.

第 18 章　動詞(1)　抽象動詞を訳す　263

かならずあの人には手紙を書きます。
⑭ Il **saura** se tirer de ce mauvais pas.
彼はこの苦境を**何とか**切り抜けるだろう。

さらに、「副詞」の項目でおさらいしたように、動詞を副詞化してそれを述部に持ってくるのも効果的である。

⑮ Il **excelle** à manier les armes.
あの人は武器をあつかうのが**うまい**。


## 3 「思う」と訳せる動詞

「判断」、「推測」、「認知」などを表わすフランス語の動詞を、その内容に忠実に訳すと日本語としていささか表現過剰になるという経験はないだろうか。

⑯ J'**estime** ce cheval mille francs.

この文章だが、estimer を仏和辞典で引いて「評価する」「見積る」「算定する」といった訳語を探しあてたとしよう。そこで「私はこの馬を 1000 フランと**見積る**」と訳すわけだが、この「見積る」はどこか重すぎはしないだろうか。ふつうは「この馬は 1000 フランぐらいだと**思う**」で十分ではあるまいか。この手の処理は、まえに「形容詞」、「副詞」のところで工夫した「弱めて訳す」方法にどこか通じるものがあるのだが、ようするに先ほどの mettre の場合とち

ょうどさかさまで、フランス語がいちいち動詞を使い分けて表現するところを、日本語は「思う」一つですませるわけである。

⑰ Je **m'attends** à un orage.
　ひと荒れくるのではないかと**思う**。
⑱ **Admettez**-vous cette théorie?
　この理論、正しいと**思います**か。
⑲ Je le **soupçonne** de ce crime.
　やったのは彼だと**思う**。
⑳ Quel âge me **donnez**-vous?
　私、いくつだと**思います**。


## 4　「言う」と訳せる動詞

　まったくおなじように、「主張」、「言明」を内容として持つ動詞の多くは、その抽象的内容につきあってそのまま訳さず、ただ「言う」としてしまった方がスッキリしてよい場合が多い。

㉑ Il vous **donne** raison.
　彼はあなたのおっしゃることがもっともだと**言っています**。
㉒ Il me **défie** de résoudre ce problème.
　あいつ、この問題解けるはずがないと**言うんだ**。
㉓ Il **revendique** cette invention.

その発明者はじぶんだ、と彼は言っている。
㉔ On lui **refuse** tout talent.
彼は才能などまったくないと**言われている**。
㉕ Il **rejette** ce crime sur son frère.
彼は弟の仕業だと**言っている**。
㉖ Il **se proclame** grand artiste.
彼は大芸術家だと**言っている**。

　この章ではいつもより心持ちフランス文のレベルを易しくしてみたが、翻訳の難易はかならずしもテクストの難易と対応するものではないことがお分かりいただけたと思う。

## 練習問題 18

たまには初心にかえって短文のおさらいをしましょう。すべてルグラン（— 51）から引いたものです。

① Le latin **accorde** à l'expression concrète une préférence manifeste.
② Tu **adresseras** à toute l'assistance un salut amical.
③ Il **s'enorgueillit** à raconter les exploits de ses ancêtres.
④ Il **s'acharne** à vous poursuivre.
⑤ Il **ne tardera pas** à vous écrire.
⑥ Je **vois** en lui un homme à craindre.
⑦ Ces malhonnêtes gens **se reconnaissent** dans cette fable.
⑧ Il **se défend** de toute intrigue.
⑨ Il **qualifie** d'arbitraire ma décision.
⑩ Il **identifie** à tort sa cause avec celle du libéralisme.

第 19 章
動詞(2)

# 「説明」の時制 1　現在形

　いよいよ動詞の本論に入る。フランス語の根幹は動詞です。動詞をなめてはいけません。毎日活用をおぼえること……これは私を含めたあらゆるフランス語教師が毎年 4 月のはじめに教壇で口にするセリフである。本書でも、私はおなじセリフをくりかえせばよいのだろうか。しかし、動詞の活用をおぼえることと、動詞を訳すことは、どこか違うような気がしないこともない。

## 1　発話主体と発話態度

　動詞を翻訳するに際してどうしても頭に入れておかなければならないことが一つある。それは、テクストの背後には「発話主体」という目に見えない存在が控えていて、その存在の気配を意識しない動詞翻訳はただの逐語訳にすぎない、という認識である。発話主体の存在は、テクストの動詞の時制や法の決定・選択に重要な役割を果たしている。何もフランス語や日本語に限らない。あらゆる言語表現は一つの発話行為であり、その行為を担う主体の存在を抜きにしては表現について語ることはできない。ただし断っておくが、この主体の「存在」は飽くまで言語内の存在という意味であって、「お早う」という表現行為はそれを現実に発話した人間の顔と名前を知らない限り解明できない、などという馬鹿なことを主張するつもりはないのである。

　一例を挙げよう。ピエールに電話がかかってきた。妻が受話器をとる。夫のピエールは出かけている。そこで妻はIl est sorti. と答える。この複合過去形をどう訳すか。「あの人は外出しました」でも問題はなかろう。でもふつうは「今出ています」、「外出中です」と只今現在のこととして訳すのではないか。すなわちこの複合過去形には、ピエールが何かの用事で家を出たという三人称の情報以外に、その情報を現に伝達している発話主体についての情報、つまり一人称の情報が含まれているのである。

　ハラルト・ヴァインリヒは大著『時制論』（訳 脇阪豊ほか ── 󰄻）でヨーロッパ語の動詞時制を「説明の時制」と「語

りの時制」に大別しているが、ヴァインリヒがこの区別を設けるに際して常に念頭に置いているのもやはり表現主体の「発話態度」ということである。

「説明の時制を用いることは、経過していくテクストが緊張の態度で受容されることを指示する。つまり話し手は、聞き手にたいしてこの態度がふさわしいことを気づかせようとしているのである。逆に語りの時制を用いることにより、問題となっているテクストは緊張緩和の気分で受容してもよいことを話し手は聞き手に悟らせている。それゆえにわれわれは説明された世界の時制群と語られた世界の時制群の間の対立をひとまとめにして**発話態度 Sprechhaltung** と呼びたい」（— ⑩⑩）

ヴァインリヒの言う「緊張」や「緩和」が具体的にどういうテクストのどういう局面を指すものであるか、その吟味は次項以後の各論に俟たなければならないが、ただ一つはっきりしてきたことがある。フランス語動詞の時制を翻訳するとは、いわゆる「現在・未来・過去」を「それらしく」訳すのではなく、書き手の「発話態度」を洞察して、それをなるべく忠実に日本語に訳し移すことなのである。

本書では動詞の時制翻訳をあつかうに際し、ヴァインリヒの分類を踏襲して、フランス語の時制を「説明」と「語り」に大別し、この二つのカテゴリーのなかに翻訳上の問題がどういう形で絡まってくるかを考えていきたい。

ヴァインリヒは「説明の時制」を「発話」という観点からとらえ、テクストが緊張の態度で聞き手に受容されることを指示している、とする。この「緊張」という考えかたはヴァインリヒ独自のもので、べつに文の調子が改まって

いるとか、深刻な内容を伝達しようとしているとかいうこととはまったく無関係な観念なのである。説明の時制をもちいたテクストに接すると、なぜ聞き手は緊張するか。おそらくは、じぶんが受容するメッセージのなかに、話し手自身の態度や意見、あるいは気配のようなものを感じとるから緊張するのである。翻訳をやっていて、「語りの時制」に比べると「説明の時制」にかなり神経を使うことが多いのは、後者の場合、単なる時間の秩序のほかに発話者の声なき声とでもいうべきものを考慮に入れて、それを訳文に活かす工夫が欠かせないからなのである。

## 2 現在形

　説明の時制の代表的なものは現在形である。現在形が単に現時点だけを意味するものではなく、過去・現在・未来にわたるじつに多様なニュアンスを発話者の態度一つで表現しうることは、実際に現在形で書かれたフランス文を翻訳してみるとすぐに納得のいく事実である。ここではフランス語の現在形にこめられた個々のニュアンスを解きほぐしながら、説明の時制の奥行きの深さといったものを探ってみたいと思う。

### A　要約の現在

　こういう経験はないだろうか。あなたが一篇の物語を過去形で書いたとする。その内容紹介をする段になって粗筋

をまとめると、どうしても現在形になってしまうのだ。ヴァインリヒの訳書から、アンドレ・ジッドの日記を訳文ともども引いておく。

① Beau sujet de roman : la jeune fille qui va se marier contre le gré de ses parents avec quelqu'un dont le passé a prêté à redire. Peu à peu elle **parvient** à faire accepter son mari ; mais c'**est** elle qui, tandis que la famille **découvre** à ce mari de plus en plus de qualités, **comprend** qu'elle s'illusionnait sur son compte. Par fierté elle **dévore** toutes ses tristesses, ses déconvenues et **se trouve** d'autant plus seule, qu'à présent la famille **prend** le parti du mari, contre elle, et à cause de l'habileté qu'elle a eue d'abord à faire valoir son mari. (— 100)

小説のおもしろい主題。ある若い娘が、過去に少々問題のあった男と、両親の反対をおしきって結婚しようとしている。彼女は夫を認めてもらうことに、少しずつ成功していく。ところが、家族の者たちがこの夫の良いところをますます見つけていくのに、今度は彼女の方が、幻想を抱いていたということに気づくようになる。自尊心から、彼女は自分の悲しみや失望をおもてに表わさない。そして、最初家族の者たちにたいして、巧みに夫を高くもち上げたのは自分であり、その結果今では家族の者たちが、彼女に反対して夫の肩をもつので、ますます彼女は孤独を感じている。(— 100)

むろん、ジッドの場合、物語そのものはまだ書かれておらず、日記の一節はレジュメよりもプランと呼ぶ方が適当なのだが、そういう時間の前後関係はこの際どうでもよいので、むしろ重要なのは、ジッドがこの草案を記すにあたって、物語を語るという態度ではなく、物語を要約説明するという姿勢を現在形を介して読み手に伝えていることなのである。読み手（＝聞き手）は若い娘の結婚話を聞かされるよりも、むしろその話を草稿・要約の形で整理している作家の存在をより強く意識する。映画や芝居のプログラムにのっている筋書き、音楽解説事典の楽曲分析、シナリオや脚本のト書き、文芸評論や美術評論の文章、新聞の見出しなどは、いずれも現在形を多用して、何かを語るというよりも、何かについて説明しようとする発話態度を前面に押し出している。

## B　現在形のさまざまなニュアンス

　現在形を訳すというのはけっこうむつかしいものである。過去形なら「した」、未来形なら「するだろう」式の文末定型がなく、その都度発話者の「説明」の態度を訳語のなかに表現する工夫が必要だからである。以下、そうした「説明」の訳し分けについて、やさしい文例に即しながら考えていきたい。語学教科書からの引用はいちいち出典を記さない。

② Il **ferme** la porte.*

これがなかなか手強いのだ。継起する一連の行為の一つであれば、「彼は窓を開け、外を眺め、部屋を横切り、**ドアを閉める**」でいいだろうが、重い鉄扉を5分もかかって押しているなら「**ドアを閉めている**」と進行形になるだろうし、「君は窓を開け、僕は床を磨き……」式の仕事の分担なら、「彼には**ドアを閉めてもらう**」と訳すべきである。ふつうは文脈によっていろいろに訳し分けるなどとあいまいに言うが、ここでは表現主体の説明態度そのものを訳文に活かすという視点を採用したい。

　では、まず英語の現在進行形にあたるような状態を説明する「態度」を訳してみよう。

③ Attendez un instant, il **déjeune**.*
　ちょっとお待ち下さい、**食事中**ですので。

④ J'**écris** une ligne sur le présent de narration.*
　語りの現在について**書いているところ**だ。

⑤ La pluie **ruisselle** contre la vitre.*
　窓ガラスを雨が**滝のように流れている**。

⑥ Je l'ai suivi. Il a pris le train de Paris, et maintenant il **se promène** de long en large sur le boulevard. D'un moment à l'autre il se décidera. (Leblanc, *813* — 50)
　奴をつけたんです。パリ行の汽車に乗って、今頃は大通りを**ウロウロしてまさ**。おっつけ腹を決めるでしょうよ。

　「相」aspect の訳し分けについてはそのうち一章を設けなければなるまいが、③から⑥までの例文は現在といって

もそれを点としてではなく、過去から未来にむかって流れる継続相としてとらえているのである。

継続相の別種に、過去から現在にかけて流れきたる時間の把握がある。

⑦ Il **habite** à Tokyo depuis trois ans.*
彼は東京にもう3年も住んでいる。

または「3年」のところを述部にもってきて

⑦′ 彼は東京に住んでもう3年になる。

この訳例では、過去から現在へむけて流れきたった時間の先端部分、すなわち「今」の状態にウェイトをおいているが、逆のケースもありうる。

⑧ Ah! Gregory! Que **faites**-vous depuis hier soir? Je vous ai attendu très tard. (Brunhoff, *Gregory et Dame Tortue* — ⑬)
グレゴリーったら。昨日の晩から何してたの。ずいぶん遅くまで待ったのよ。

ついでに、どの文法書にも出ている「習慣」を表わす現在形にも敬意を表しておこう。

⑨ Je **me lève** chaque matin à huit heures.*
毎朝8時に起きます。

さらに、習慣の「説明」に強調を加えれば、「毎朝8時に**起きることにしている**」となる。

⑩ Je **lis** le soir avant de m'endormir.*
晩寝るまえに本**を読むことにしています**。

しかしながら、現在形の翻訳でいちばん興味深いのは、日本語ではどうしても過去形で訳すしかないケースである。

⑪ **Je sors** de chez lui à l'instant.*
今しがた彼の家**を出てきた**ところだ。

これなどは、ふつう近接過去の代用として説明されているケースだが、訳例は「ところだ」という文末の引き緊めに「説明の現在」を匂わせ、発話者の気配を感じさせる処理になっている。だが、つぎの文になると、もう過去形でズバリ訳す方がよい。

⑫ Il m'**oublie**.*
あの人、私のこと**を忘れたんだわ**。
⑬ La ville **est délivrée**.*
町は**解放された**。
⑭ La respiration **redevient** normale.*
呼吸は正常**になりました**。

フランス文の現在形がなぜ訳文で過去形になるのか。お

そらくは、発話者の意識が行為の結果としての状態の方を向いているため、フランス文では現在形がえらばれるのにたいし、日本語は発話行為そのものが「場」に密着しているため、過去形で訳しても十分に現在完了のニュアンスを伝えられるということなのだろう。

⑮ Toutes mes petites **sont** au dortoir, j'ai dix minutes de répit.（— 50）
子供たちをやっとみんな**寝かしつけました**、10分ほど手**があきましたわ**。

これを無理に現在時制を活かして訳そうとすれば、「子供たちはみんな**寝室**ですので、10分ほどは息が**つけます**」とでもなるだろうか。

⑯ Alors, c'est vrai, tu **recommences** ta mauvaise vie ?
（— 50）
じゃ、何かい、まだぞろ昔のふしだらな暮らしを**はじめたんだね**。

以上、⑪から⑯までの訳例を見直してみると、そのほとんどが会話体のせいもあるが、「出てきたところだ」「忘れたんだわ」「あきましたわ」「はじめたんだね」といった文末の表現が、きわめて重要な「説明」の機能を果たしていることが納得される。聞き手に、ヴァインリヒの言う「緊張」した受容を要求する指示記号が作動しているのである。

今度はフランス語の現在形に未来ないし近接未来のニュアンスが含まれている場合。過去形を読みとるのと違って、日本語はもともと未来のことを「……であろう」などといかにも未来らしく表現する習慣がないから、結果的にはそのまま現在で訳しておけばよいことになる。

⑰ On **descend**!*
降ります。

これは乗客がバスの運転手に告げる言葉とお考えいただきたい。

⑱ Je **sors** demain.*
明日は**出掛けます**から。
⑲ Il **téléphone** dans cinq minutes.*
5分後にあの人から**電話**がかかってきます。
⑳ Les cosmonautes **reviennent** demain à 16 heures, heure locale.*
宇宙飛行士は現地時間16時に**帰還の予定**。

おなじ未来を読みとる場合でも、話し手の意志が強く働いて現在時制を採用しているときは、その意志の強さを訳文で表現した方がよい。

㉑ Si vous faites un pas, j'**appelle**.*
ちょっとでも近づいたら、人を**呼びます**からね。
㉒ Dans dix minutes j'en aurai fini avec mon bonhomme.

Dans vingt minutes je te **rejoins**... (— 50)
10分後にはこいつの片をつけて、20分後には**そっちへ行く**。

㉓ Réponds, Kesselbach, ça colle ? Si oui, en quarante-huit heures, je te le **retrouve**, ton Pierre Leduc. (— 50)
答えろ、ケッセルバック。承知か。承知なら、48時間以内に、そのピエール・ルデュックって奴を**見つけ出してやるぜ**。

C 超時的現在と物語のなかの現在

　考えてみれば現在形というのは奇妙な時制である。眼前の瞬間的行為も、継続相も、習慣も、すべておなじ語尾変化で表現できる以上、読み手ないし聞き手はある種の識別能力を働かせてテクストを把握し、読みこまなければならない。すでにそこにヴァインリヒの言う説明の時制に固有な聞き手の「緊張」というものがある。
　説明の時制としての現在時制のなかで、説明主体とでも呼んだらいいだろうか、つまり発話者というものの存在が強く主張されるのは、例の「超時的現在」である。

㉔ La Terre **tourne** autour du soleil.*
地球は太陽のまわりを**回る**。

　宇宙映画を見ている子供が「おや、地球が太陽のまわりを回ってるよ」と叫ぶ場合はともかくとして、ふつうこの種の文では発話者が一瞬現実の地平を離れて「普遍」の虚

空に浮かび上がったような感覚を聞き手にあたえるものである。過去時制文の只中に突如出現するそうした「説明」表現の例を引く。

㉕ Papa, il a ouvert des grands yeux, **comme il fait quand il est étonné**, et il a dit :《Ah ? Bon.》(Sempé / Goscinny, *Le Petit Nicolas* ― 89)
パパったら眼をまんまるにした。**びっくりするとやるんだ**。それからこう言った、「ああ、そう」。

太字部分が前後の文脈のなかで一個の説明行為として聞き手に特別の注意を要求していることはあまりにも明らかである。しかし、ここまではどんな文法書でもかならず触れている事柄で、翻訳上もさほどの問題はないように思う。過去形のなかから浮かび出た現在時制を摑まえるのはそれほどむつかしいことではない。むしろ厄介なのは、現在時制文の流れのなかに挿入された、超時的現在のヴァリエーションとでもいうべき「説明」「断定」「非難」「批評」の調子をいち早く聞きとって、適宜に訳し分けることではないだろうか。

㉖ Il y a toujours moyen ici, quand on demande poliment les choses. (*Etude de l'expression française* ― 25)

こういう文章は文脈次第でどうにでも訳せるものである。職を捜す友人に知恵をつけている男のセリフとして訳してみよう。

㉖′ 下手(したで)に出ればかならず何とかしてもらえますよ。

今度はその友人を面接する威張った役人の言葉。

㉖″ ここではね、ものの頼みかたさえちゃんとわきまえていなされば、いつだって働き口ぐらいあるんですがね。

では今度は文脈つきの長い引用。

㉗ Aujourd'hui, c'est dimanche. Que faire ? **C'est l'angoissante question que se posent plus de 52 millions de Français, 52 fois par an**. Oh, bien sûr, on s'occupe avec mille choses : sports, tiercé, télé, bricolage. **Histoire d'occuper le temps pour oublier qu'on est en train de le perdre**. Mais on a toujours la vague impression de tourner en rond. (*Télérama* — ⅸ)

一貫して現在形で書かれてはいるが、太字部分が先行部分にたいする注釈・説明の機能を果たしている。太字部分を記述する書き手は、じぶんの意見をのべているのであるから、ほかの記述の場合よりも読み手の存在を強く意識しているはずだ。翻訳者はその調子の変化をいち早く察知しなければならない。

㉗′ 今日は日曜。さてどうしよう。**5,200万以上のフランス人が年に52回も胸に呟く不安な問いがこれだ**。もちろん、やることならいくらだってある。スポーツ、競馬、

テレビ、日曜大工。**ようするに時間を浪費していることを忘れようとして時間をつぶすだけのことなのだ。**でもそれが悪循環でしかないことは、いつだってうすうす感づいている。

日本語の訳文では「だ」や「である」の断定の結びが超時的現在やそのヴァリエーションの訳出には有効なようだが、それは技術上の瑣末事であって、むしろ原文のニュアンスを読み分ける時点ですでに勝負はついてしまうのである。

ほかに現在形で「物語のなかの現在」というのがある。話し手がつい夢中になって物語の現場に観念のなかで移行してしまうため、本来であれば過去のこととして認識すべき出来事を現在形で書いてしまうのである。

㉘ Il aperçut une ombre dans la nuit ; **il l'appelle. Pas de réponse**.*
彼は暗闇に人影をみとめた。**声をかけても返事がない。**

Pas de réponse. という省略文も一種の現在形として読めるから、まとめて訳してしまったが、この場合の翻訳上の問題は「返事が**ない**」と忠実に現在形で移すか、あるいは「返事が**なかった**」とやったらいけないのか、ということに尽きている。日本語の小説を読めば、過去時制のなかに現在形が挿入されることはむしろ絶対の条件といってもよく、したがって翻訳者の改まった覚悟などべつに必要もなさそうだが、一つだけはっきりしていることがある。物

語のなかの現在をそのまま現在形に移した場合、訳文はそこで完結せず、かならず先への展開、ということはつまり過去時制への回帰を期待させる気分を漂わせて、いわば宙吊り状態になるのである。㉘の「返事がない」という終止は完全終止ではない。そのつぎに「彼」がどうしたか、「人影」がどうなったかを、話の内容よりも話の運びの呼吸そのものから問いかけさせる、「いわくあり気」な終止である。

㉙ Un agneau se désaltérait dans le courant d'une onde pure ; **tout à coup survient un loup affamé**.*
   一匹の仔羊が澄んだ水の流れで渇きをうるおしていました。**そこへ突然お腹を空かせた狼が現われました。**

　筋の内容からすれば仔羊の運命がこれからどうなるかが興味の中心で、その意味での「期待」はあっても、文の終止形は「現われました」と結んで、運びの呼吸の上では完全終止になっているのである。

## 練習問題 19

① L'hiver, passe encore : il fait froid, le vent hurle, la neige tombe, courir la campagne est folie. On se sent bien devant le feu, et on s'y tient. Mais au printemps le vent est doux, le temps léger. On a besoin d'air et de mouvement. Ce besoin me prenait comme il prend tout le monde. Et c'était un désir si vif de m'échapper que j'en tremblais de peur. (H. Bosco, *L'Enfant et la rivière* — 12)

第 20 章
動詞(3)

# 「説明」の時制 2
# 未来形と複合過去形

　前章に引きつづき、ヴァインリヒのいう「説明の時制」のうち、残りの二つ、すなわち未来形と複合過去形を取りあげる。

## 1　未来形さまざま

　未来形を翻訳するに際しては二つのタイプを区別することである。まず、未来形が実際に時間表現として「予見」の機能を担っているタイプ。仰々しい「であろう」終止を

なるべく避けて、あっさり処理するのが自然でいい。

① La carrière de Mozart a été aussi courte que brillante. Il est mort à peine âgé de trente-six ans, mais il s'est fait un nom **qui ne périra point tant qu'il se trouvera des âmes sensibles.**\*
モーツァルトの生涯は短いが輝かしいものであった。36歳そこそこで死んだとはいえ、彼の遺した名は、**世に感じやすい魂の持主がいる限り滅びることはあるまい。**

二つ目のタイプはいかにも説明の時制らしく、表現主体の「意志」や「命令」が聞き手にむかって働きかけているもの。「予見」のタイプとくれぐれも混同しないで、「意志」は意志らしく、「命令」は命令らしく訳すことである。まず意志未来から。

② Je **ne m'occuperai pas** des paperasses, disait-elle, et elle se fâchait, je **n'irai** ni à la préfecture, ni à la mairie, etc., etc., et au moins comme ça on ne **sera** pas reçu par la famille, ni par la tienne, ni par la mienne … (Triolet, *La Femme au diamant* — 98)
書類のことなんて**まっぴらよ**、と彼女は言った、しかも怒ってだ。警察にもお役所にもどこにも**行きませんからね**。そうすればすくなくとも身内とのおつきあいなしで**すむわ**。あんたの身内も、あたしのところもね。

③ Jamais de la vie, Gregory, vous m'entendez ? **Jamais je n'irai** m'enterrer une seconde fois sous cette

montagne. (Brunhoff, *Gregory et Dame Tortue* — 13)
まっぴらよ、グレゴリー。いいこと。こんな山に骨を埋めになんか二度と**来るつもりはありませんからね**。

命令を表わす未来形についてもまったく同様である。

④ Vous **direz** à votre père que j'ai un paquet à remettre de la part de son ami.*
お友だちから包みを一つ預かっていると、お父さんに**伝えて下さい**。

⑤ A minuit, le docteur, Octave et toi, vous **apporterez** l'individu là où nous sommes, et vous **attendrez**. (Leblanc, *813* — 50)
12時になったら、ドクターとオクターヴとお前であの野郎を今俺たちのいるここまで**担いできて、待っているんだぞ**。

⑥ Monsieur le directeur, un de vos employés les **accompagnera**. Pour les autres étages, je **marcherai** quand nous aurons du renfort. (— 50)
支配人さん、だれか使用人を一人この連中に**付けてやって下さい**。ほかの階は、人手が来次第私が**調べますから**。

この⑥の例文では、accompagnera が命令、marcherai が意志をそれぞれ表わしているが、accompagnera の三人称形に注目してほしい。つまり、この場合、命令は二人称の「支配人」をつうじてその「使用人」を対象としているのである。当然のことながら、訳文は人称転換して「付け

てやって下さい」と支配人の二人称を表に出してこないと、命令の意は伝わらない。

　締めくくりに、未来形を訳す場合にいちばん重要な人称転換の練習をしておきたい。例文⑥の場合は命令を表わす未来だが、未来形における人称転換は、意志未来ないしはその変形に伴う場合が多く、主語が一人称ではなく、話し手の意志なり意図なりの対象である二人称や三人称になっているケースである。おそらく「説明の時制」を翻訳するときのもっとも重要な頭の切り換えが、ここで要求されている。つまり、訳文では主語を意志主体の一人称に転換してやらないと、意が通じないのである。

⑦ Jamais plus vous ne me **reverrez** ici.*
　直訳：二度とあなたは私をここで見かけることはないだろう。
　→この家の敷居は二度と跨ぎませんからね。
⑧ Si j'ai de l'argent ? Mais ma pauvre enfant, mon enfant chérie, attendez qu'on rentre à Paris, vous **aurez** diamants et perles, valets de pied et soubrettes … (― 98)
　お金があるかだって。かわいそうに、よしいい子だ、パリに帰るまで待ってくれ、ダイヤモンドも真珠も**買ってやろう**、召使でも小間使いでも**つけてやるからな**。

　二人称から一人称への転換のほかに、三人称から一人称への転換というのもある。むろん、かなり感情表出の強い文である。

⑨ «Certes oui, **je m'occuperai** de son bonheur. Et tout de suite encore! Et dès ce soir! Parfaitement, **dès ce soir, elle aura un fiancé**! Pour les jeunes filles, n'est-ce pas la condition du bonheur?» (— 50)
「そうだとも、あの娘の幸福なら**この俺に任せてもらう**。それも今すぐにだ。早速今夜だ。そうだとも、**今夜フィアンセを見つけてやるぞ**。若い娘たちにとっては、これこそ幸福の条件じゃないか」

　最初の未来形はふつうの意志未来。その先の太字の部分が人称転換をおこしている。「彼女はフィアンセをもつだろう」では、話し手の気持や感情は完全に殺されて、ただの「予見」の未来にすぎなくなってしまう。

⑩ Malgré tout, ils sont tous deux trop jeunes encore et pour le moment **ils seront simplement fiancés**.*
いずれにしても、二人はまだ若すぎる、今のところは**婚約だけでいい**。

## 2　複合過去形

　複合過去はなぜ説明の時制なのだろうか。ヴァインリヒの『時制論』は16世紀の人文学者エティエンヌの「24時間の法則」にまでさかのぼる。エティエンヌによれば、複合過去が語るのは発話とおなじ日の出来事であるが、単純過去はそれ以前におきたことを語るというのである。つま

り、エティエンヌは両時制の相違を時計の時間の多寡に還元してしまったわけだが、その前提にはいささか問題があるとしても、かれによる両時制の区別がおのずと「説明」と「語り」という二つの概念の区別にもなりえていることは疑いない。なぜなら、私たちはふつう時間的に身近なものについては説明を加えたがり、ずっと以前にあったことはむしろ物語るという抜きがたい傾向があるからである。

16世紀以後、「24時間の法則」の約束はもはや守られなくなるが、複合過去が限りなく「説明の現在」に近づこうとする時制であるという本質は変わらず残ることになる。

A　現在形で訳す

教室では複合過去の現在完了用法などと言って説明するが、そういう現在形に訳せる文例をいくつか挙げてみよう。

⑪ Les textes **ont été choisis** parmi ceux qui peuvent plaire aux enfants. (*Etude de l'expression française* — ㉕)
テクストは子供たちに喜ばれそうなものから**選んであります**。

⑫ Eh bien, ma chère, **j'ai trouvé**: nous nous abriterons dans la machine, et nous regarderons par la fenêtre. (— ⑬)
じゃあ、君、**いいことがある**。飛行機に入って窓から見

てようよ。

j'ai trouvé は直訳すれば「いい方法が見つかった」となろうが、ここは突然降りはじめた大雨をいかにしのごうかというシチュエーションである。

⑬ Les oreilles de Gregory se raidissent. «Tortelinette !!» Dame Tortue **a disparu**. (— ⑬)
グレゴリーの耳がピンと立ちます。「カメ子!!」、カメのおばさんが**いません**。

⑭ Depuis ses origines, le parfum **a eu** partie liée avec la santé, puisque ses inventeurs, les prêtres d'Egypte, étaient également médecins. (Sagan / Hanoteau, *Il est des parfums ...* — ㉛)
その起源以来、香料は健康と切っても**切れない**。香料を発明したエジプトの祭司たちは、医者でもあったからである。

⑮ Elle s'appelle Bulle. Elle est Bulle, tout simplement. Je **n'ai jamais su** d'où ça lui venait. De l'enfance, peut-être, mais Bulle ne parle jamais de son enfance. Bulle boit, et, quand elle **a bu**, elle divague, elle dit n'importe quoi. (A. Laude, *Bulle* — ㊾)
彼女の名はビュルという。ビュル、ただそれだけ。なぜそんな名前で呼ばれるようになったのかは、**どうしてもわからない**。子供の頃からなのだろう、でもビュルは子供時代のことは決して口にしない。酒を飲み、**飲む**とくだを巻き、めちゃくちゃなことを言う。

かならずしも現在形の訳にこだわる必要はないが、発話主体の現在性というものは意識して訳した方がよいケースを挙げておく。以下の文では半過去が連続して読み手は「語り」を聞く気分になり、つい緊張をゆるめていると、突如文末に「説明」の複合過去が出現して一瞬気を引き締める。

⑯ L'odorat régissait également les rapports humains. D'une senteur pouvait naître une amitié, un amour. En guise de fiançailles, on se reniflait, et si les cellules réceptives étaient d'accord, on épousait. Cette sélection par le flair ne devait pas être mauvaise **puisque l'humanité a conquis la terre**. (— 81)
嗅覚はまた人間関係を支配した。ひとすじの香りから友情や愛が生まれることもあった。婚約するかわりに人々は匂いをかぎあい、感受細胞がよしと言えば結婚した。この鼻による選択が悪かろうはずはなかった。**それが証拠に人類は地上を征服してのけたのだから。**

最後の一行だけ、語り手はじぶんの現在の位置に戻り、そこから人類史全体を俯瞰している。訳文は現在形にこだわるよりも、むしろパラグラフ全体の記述を裏付ける資料提出といった趣をおびてこなければならない。

B　単純過去との併用

単純過去は小説などでかならず使われる書き言葉、複合

過去は手紙や会話の話し言葉、と区別するように習ったフランス語初学者が困ってしまうのは、フランスの現代小説を読むときである。カミュの『異邦人』以来、複合過去を小説で多用する作家は枚挙に暇がない。いかにも小説らしく単純過去で押し通す作品のかたわらで、いかにもしゃべるように書いた小説が増えている。とりわけ短篇小説がそうなるのは当然で、語り手は読み手の存在を強く意識し、短い物語に前口上をつけたり解説を加えたりすることが多くなる。

⑰ Je **suis morte** à l'aube, entre 4 heures et 5 heures du matin. (V. Tokareva, *Happy End* — 95)
あたしは暁方、午前4時から5時のあいだに**死んだ**。

このJe suis morteはたしかに読み手を驚かす。カミュの『異邦人』の冒頭もMaman est morte.だが、その死は主人公の母親の死である。ところがこの短篇の場合は語り手本人が死んでしまうのだ。複合過去はその場合つぎのようなことを意味する。「あたし」なる女性はたしかに作中人物としてはすでに死んでいるが、発話主体として今もなお健在であり、彼女の発話の場はこの世の外にあるどこか非現実の世界に設定されているのである。

主人公には夫と息子がいる。彼女が冷たいむくろとなって横たわったままでいると、廊下に足音が聞える。息子のユラニアが夫の部屋にやって来たのだ。ここまでは、主人公は全身耳と化して部屋の外の物音や気配に神経を集中している。語りはおのずから彼女の張りつめた意識を介して

なされるから、説明の時制である複合過去がもちいられる。と、そこへ単純過去が顔を出す。

⑱ Iourania **s'arrêta** près de la chambre de son père. La porte **grinça**, c'est sans doute Iourania qui **l'a entrouverte**. (— 95)
ユラニアは父の寝室のまえで足をとめた。ドアがきしった、きっとユラニアが**ドアを細目に開けたんだわ**。

s'arrêta, grinça のところで、語り手は作中人物の意識を離脱し、中性的証人の位置からユラニアの所作とドアのきしりを記述する。そして最後の複合過去でふたたび主人公の女性に合体するのである。翻訳でこの二つの時制のニュアンスを区別するには、複合過去の方を主人公の内的独白のように「細目に開けたんだわ」とでも口語化するしかあるまい。似たような例をもう一つ引いておく。

⑲ Quelques mois plus tard, j'appris par une amie à elle qu'elle avait épousé Xavier et qu'ils allaient s'installer à Aix-en-Provence, ville où Aline et moi avions fait de longues promenades le long du cours Mirabeau, autour des fontaines d'été et du marché aux fleurs. Depuis, je **ne l'ai jamais revue** et je **n'ai eu** aucune nouvelle. Ma découverte de Bulle précéda ce cataclysme. Cataclysme, oui, car, en perdant Aline, c'est plus qu'une femme que j'**ai alors perdue**. C'est l'espoir de parvenir à construire un couple. Le couple — vous pouvez sourire ― est ma nostalgie douleureuse. Dix fois, j'**ai tenté** : avec Aviva, autrefois en Algérie, avec Martine à Marseille, avec Françoise et Marie à Paris, avec Michèle dans une compagnie du Midi. Dix fois, j'**ai échoué**. Pourquoi ? (― 49)

数カ月後、彼女の女友達から聞いたところでは、彼女はグザヴィエと結婚していて、二人でエクス゠アン゠プロヴァンスに居を構えるとのことだった。エクスという町はアリーヌと私が、ミラボー遊歩道沿いや夏の泉水とか花市場のまわりをえんえんと歩いてまわったところである。それ以後、アリーヌとは**一度も会っていない**し、消息も**まったくない**。ビュルに出会ったのはこの災難の直前だった。あえて災難と言ったが、アリーヌを失ったことは**そのときの私にとって、単に一人の女性を失ったぐらいではすまなかったのである**。連れ合いを確保したいという希望を、私は失ってしまったのだ。連れ合いなどというと聞えは悪いが、じつはこれこそ私の苦渋にみちた憧れなのである。何度となく私は**試みてきた**。昔はアルジェリアでアヴィヴァと、マルセイユではマルチーヌと、パリではフランソワーズ、マリーと、南仏で働いていたときはミシェルと。どれも**失敗だった**。どうしてだろう。

## C 物語の現在のなかの複合過去

つぎにその一部を紹介する短篇は前半を現在形、後半を単純過去形で書き分けている。その結果、前半部分にはい

わゆる物語の現在特有の臨場感がたちこめ、発話行為と作中人物の行為が同時進行してゆくスリルがある。そこへ時折挿入される複合過去形は、もし前半部分が初めから過去形で書かれていれば、当然大過去形に置かれているはずのもので、訳すにあたっても、そのことを頭に入れておくとおかないとで、結果はずいぶんと違ってくる。

⑳ Tous les hôtes du caravansérail dorment sur des lits en bois qui ont plutôt l'air de tables. Ils sont couchés à même les planches. Sur eux, des couvertures qu'ils **ont sorties** de leurs véhicules métalliques et dont certaines ressemblent à des édredons. L'un des lits n'est pas occupé, mais la couverture **a été jetée** au bout et **roulé** en tapon. Son occupant **n'a sans doute pas pu trouver le sommeil**, il **s'est levé**, et maintenant il rôde dans l'obscurité. (B. Karasu, *Un Pèlerin du moyen âge* — ㊻)

旅籠の客はみなテーブルと見まがうような木製の寝台で眠っている。板の上にじかに寝ているのだ。金属製の乗物から**引張り出した**布団にくるまっていて、羽根布団みたいなのもいくつかある。一つだけ空の寝台があるが、布団が端の方に**はいで丸めてある**。そこにいた男は**寝つけなかったにちがいない**。**起きて**、今暗闇を歩きまわっている。

似たような複合過去の用法をもう一つ挙げておく。

㉑ Avec le soir, les derniers invités **sont arrivés**. On **a écouté** d'un air patient et distrait les acteurs jouer en latin une pièce de Plaute, on **s'est amusé** à la récitation de poèmes de circonstance… On attend l'heure des réjouissances plus terrestres, des festins et des danses. Le peuple de Rome, au pied des fenêtres, se prépare à l'heure tardive où les serviteurs lanceront les reliefs des buffets, sous les applaudissements et les cris. (Sagan, *Le Sang doré des Borgia* — 80)

日暮れとともに客たちも**勢揃いした**。一同それまでは、役者がプラウトゥスの芝居をラテン語で演じるのを辛抱はしても上の空で聴いたり、即興の詩作に興じたりして**いたのだ**……皆はもっとあけすけな愉しみ、ご馳走とダンスの時間が早く来ないかと待ち望んでいた。ローマの民衆も窓の下にたむろして、遅くなってから給仕たちが拍手と喚声に迎えられて残飯をほうってくれるのを待ち構えていた。

太字部分はテクスト全体が過去時制で書かれていれば、当然大過去形に置かれるべきところである。On a écouté に始まるフラーズを「一同それまでは……」と補って訳したのもそのためである。

## 練習問題 20

① Ne fais pas le faraud, mon petit, avec ton beau costume et ta valise. N'oublie pas que ce costume perdra bientôt ses plis. Je m'en charge. Il sera taché d'huile, couvert de poussières invisibles qui lui enlèveront son éclat. J'y mettrai des mites, moi. Et un jour qui n'est pas lointain, tu le sortiras pour le porter au champ quand tu iras défricher. Et alors, tu vois ce qui l'attend ! (M. Feraoun, *Les Jours de Kabylie* — 26)

未来形の練習。しゃべっているのは故郷の「村」。tu と呼ばれているのが都会から帰郷した若者。

② Glenn Gould hospitalisé
Victime d'un accident cardiaque, le pianiste canadien Glenn Gould a été hospitalisé à Toronto dans une unité de soins intensifs, depuis une semaine. Son entourage ignore si l'illustre pianiste pourra retrouver l'usage de ses mains. Il venait de fêter son cinquantième anniversaire. Il a cessé de jouer en public depuis 1964. (*Figaro* — 1)

翻訳も一種の演奏行為であるなら、グレン・グールドこそあらゆる翻訳家の鑑ではないだろうか。偉大な天才の死を悼みながらの複合過去形の練習。

第 21 章
動詞(4)

# 「語り」の時制 1
# 単純過去形と大過去形

　「語りの時制」のうち、この章は単純過去と大過去を取りあげる。前章の未来形や複合過去形と違って説明主体の存在や気配を訳文に活かす工夫が必要ないから、翻訳技術上さしたる問題はないはずである。「語りの時制」の過去は、ある種のフィルターによって語り手から遠ざけられた過去なのである。

## 1 単純過去形

　ある小説を忠実に映画化しようとしている人物を思い浮かべよう。シナリオのセリフの部分ができあがると、細かいしぐさの指示を決めなければならない。この指示は原作のどこに求めればよいか。基本的には単純過去で示された動作が手掛りになる。主人公がタバコを吸う、恋人を殴る、キオスクで新聞を買う、こういう節目節目の出来事はすべて単純過去で示される。人物の行動だけを追跡するような粗筋をつくるにも、やはり単純過去を拾うのが手っ取り早いだろう。たぶんフィルムの早回しのようなキビキビした効果がえられるはずである。単純過去を多用した文には、そうしたスピード感と省略感がある。

① Le lion **eut** tout à coup un mouvement de colère. D'abord il **renifla, gronda** sourdement, **écarta** ses griffes, **étira** ses pattes ; puis il **se leva, dressa** la tête, **secoua** sa crinière, **ouvrit** une gueule immense et **poussa** vers Tartarin un formidable rugissement. (*Etude de l'expression française* — 25)
ライオンは突然怒った様子を**見せはじめた**。まず**鼻を鳴らす**と低い声で**唸り**、爪を**広げ**、四肢を**のばす**。それから**身を起し**、頭を**立て**、タテガミを**揺さぶり**、巨大な口を**あける**と、タルタランにむかって恐しい吼え声を**あげた**。

　原文と訳文を比べてみてはっきり分かるのは、フランス

語の10個の動詞がすべて直説法単純過去の定型終止 -a ないし -it を機械的に反復するにおわっているのにたいし、訳文の動詞は前後の意味や論理の脈絡のなかで微妙な変化を見せていることである。「のばす」という現在形終止もさることながら、「身を起し……揺さぶり……あける と……あげ た」といった、細やかな動きは、継起するしぐさの全体をあくまで一つの流れとして自然に摑まえようとする訳者の、じつは人為的な配慮にほかならない。この配慮の介在ある限り、フランス語の単純過去がもつドライでシニカルな切れ味はまず日本語に移しかえられないと断念するしかないようである。逆にこの配慮をやめて「起した……揺さぶった……あけた……あげた……」とぶっきらぼうな「た止め」を連発すれば、たちまち生硬な「翻訳調」におちこむのは目に見えている。

② Tout à coup, M. Hogier **s'arrêta** et je **me heurtai** presque à lui, quand il **ouvrit** une porte et **entra** dans son cabinet de travail. Je l'y **suivis**. (Green, *Le Grand Œuvre de Michel Hogier* — 36)
突然、オジエ氏が**立ちどまった**ので、僕はぶつかりそうになったが、氏はドアを**開くと**書斎に**入った**。僕もつづいて**入った**。

単純過去でもう一つだけ気をつけたいことがある。①の Le lion **eut**... を、「見せ**はじめた**」と訳しているところがそれで、「開始」とか「進入」の単純過去と呼ばれている。この avoir のような未完了動詞が、本来の継続的内容から

して相性のよい半過去に置かれず、単純過去をとった場合、動作の「はじまり」を示してしまうケースである。

③ Dès qu'il eut mis le pied en cet endroit, il **fut** la proie d'un léger tremblement nerveux, impossible à réprimer. (— ㉕)
この場所に足を踏み入れたときから、彼は身体が小刻みにブルブル震え**はじめて**、どうしても止まらなかった。

つぎなども「進入」として訳してよい例だろう。

④ Chat s'en alla très loin et se cacha parmi les mousses mouillées du Bois Sauvage, tout seul, pendant longtemps si longtemps que la Femme **n'y pensa plus**. (— ㉕)
ネコは遠くにでかけて「野生の森」の湿った苔のなかに身を隠し、一人でいつまでもそうしていたので、女の人は**もうネコのことを考えなくなりました**。

## 2 大過去形

大過去というのは過去以前に完了している過去なのだから、すべて「……してしまっていた」とでも訳しておけば何とかなると思っているとひどい目にあうのが、たとえばつぎの文章である。

⑤ Laura, du journal, m'**avait téléphoné** à midi. **J'avais accepté** la mission, malgré les exigences odieuses et tyranniques du vieux négrier. En effet, je ne sortais plus des limites de ma ville, voire des limites de mon appartement, car je puisais dans mes livres nombreux la matière de mes articles, et je me disais que la vie ne pouvait continuer ainsi. Mais je **n'avais jamais fait** de reportages sur le vif. (R. Belletto, *L'Enfer* — ⑩)

　主人公はある地方紙の記者で、町を離れた寒村で催される祭の取材にやってきたところなのである。引用部分には太字にした大過去形が三つと、ほかに半過去形が四箇所で使われている。ところで、太字の大過去動詞は半過去形の動詞が表わす行為以前に完了したことをのべているだろうか。ローラが電話をかけてきたのはその日の正午のことである。主人公は取材を承諾して村までやってきた。つまり時間的にごく近いことが大過去で語られており、そのすぐあとで「それまで私は町を出たことがない」というどちらかといえば遠い過去に属しそうな事柄が半過去で書かれているのである。この混乱は、むろんあくまで表面のものにすぎない。小説の時間、というよりは言語そのものが紡ぎ出す固有の時間を、現実の時間と同一視するところからくる混乱なのである。まずはともかく訳を試みてみよう。

⑤′ローラが社から正午に**電話してきた**。仕事は**引き受けた**が、老奴隷商人ばりにあれこれ一方的に言ってくるのは忌々しい限りだ。たしかに、私は町を金輪際出ていな

い、というよりむしろじぶんのアパルトマンを出ていない。つまり手許にある沢山の本を使って記事を書いていたわけで、こんなことがつづくはずはないと思ってはいた。だが、現地取材という奴は**まだ一度もしたことがない**。

　文例中の大過去と半過去との差は時計の時間差ではない。三つの大過去の箇所で、この短篇の語り手がくっきりと浮かびあがらせているのは、おもしろいことに「私」という人物の物語における「現在」、つまり、とある村に到着した直後の刻限である。この刻限は小説のなかでは過去という文法時制で示されるから、正午の電話は必然的に大過去で表わされるにすぎない。読者がこの大過去のところで急に現実に引き戻されるような感じを抱くのは、もっぱらこの「現在」の浮き彫り効果のためである。一方、je ne sortais plus ... ではじまる半過去の記述では、語り手はむしろ大過去部分に見られるような「現在」意識を捨てて、アパルトマンに閉じこもっていたそれまでのじぶんの生活の方に眼をむけ、観念のなかではその時期に移行して書いている。小説の時制を決めているのは、かならずしも主人公がとある村で過ごしている夕刻から過去の方に無限にのびている目盛付きの時間軸ではなく、語り手がその都度えらびとるじぶんと物語の世界、過去の世界とのかかわりの「場」なのである。

　以上の基本的な了解を踏まえた上で、主として小説における大過去の用法をいくつか検討してみよう。

⑥ Sous l'influence des films qu'elle **avait vus** et des romans qu'elle **avait lus** à Tôkyô elle souhaitait trouver au moins une fois un homme qui la regarderait avec une expression dans les yeux disant : «Je t'aime.» Mais elle **avait décidé** qu'elle ne ferait jamais cette expérience dans sa vie. (tr. Renondeau, *Le Tumulte des flots* — 69)

東京で**見た**映画や小説の影響もあって、「僕はあなたを愛しています」という男の目の表情を一度でも見たいと思う。しかもそんなものは一生見られぬと**決めてかかっているのである**。(三島『潮騒』— 68)

　ご覧のように、三島の原文は現在形を軸にして書かれている。フランス語訳は前後関係からしてそれを当然過去時制に直し、さらに「東京で見た」のところは大過去にしている。ところで、最後の elle avait décidé... の大過去文が三島の文章では「決めてかかっているのである」とこれまた現在形になっていることにお気づきと思う。これは単に「決めた」という過去以前の過去が問題になっているのではなくて、むしろ「決めた」ことのあとにおよぼす結果や状態の方にウェイトがかかっているのである。以下、そういう用例をいくつか挙げておく。

⑦ Le lendemain, au réveil, l'abcès de mon oreille **s'était ouvert** tout seul. (— 25)
翌日、目を覚ますと、耳のできものは自然に**ウミが出ていた**。

⑧ Simone leva la tête et considéra sa sœur. La surprise lui **avait fait tomber** son ouvrage des mains. (Green, *Amours et vie d'une femme* — ㉟)
シモーヌは顔を上げると、姉を見た。姉は驚きのあまり、つづれ織りを手から**落としている**。

⑨ «Et ma fille est venue avec moi, elle m'accompagne partout, pas vrai Marthe ?» Madelaine **s'était levée** à ce moment-là : «Il est tard. On va rentrer, Demain…» (T. Cartano, *La Gorge aux loups* — ⑱)
「娘も一緒に来ましてな、どこにでもついてくるんですよ。そうだろマルト」。マドレーヌはこのときにはもう**立ち上っていた**。「遅いわ。帰りましょうよ。明日……」。

⑩ Une heure après, sur le coup de midi, M. Lenormand **avait tout juste fini** le second étage, les autres agents **n'avaient pas terminé** les étages supérieurs, et nulle découverte **n'avait été faite**. (Leblanc, *813* — ㊿)
1時間後、12時が鳴ったとき、ルノルマン氏は**ちょうど3階が終ったところだった**。ほかの警官たちは上の方の階を**終えておらず**、何も**見つかってはいない**。

大過去が過去のある時点まで継続しておこなわれてきた行為を示す場合もある。

⑪ L'odeur de l'homme **avait empli** peu à peu le hallier, une odeur pénétrante que le faon ne devait plus oublier. (— ㉕)
人間の匂いがしだいに森のなかに**たちこめた**。子じかが

二度と忘れてはならない、しつこい匂いだ。

⑫ Il retrouva sa femme à son balcon. Elle tenait à la main le carnet où elle avait coutume de noter ses réflexions et qu'elle lui **avait** toujours soigneusement **caché** jusque-là. (— 25)
バルコニーに佇む妻が見つかった。手に持っている手帳はいつも考えを書きとめているものだが、これまでどうしても**見せてくれなかった**。

⑬ Elle **avait toujours eu** un goût très vif, une passion même pour la recherche scientifique. Ces sortes de terrain à défricher allumaient invariablement en elle une soudaine ardeur. (— 25)
彼女は科学研究に強い興味、いや情熱すら**抱きつづけてきていた**。この未開拓の分野は彼女の心にいつも燃えあがるような衝動をひきおこすのだった。

最後に、「締めくくりの大過去」。パラグラフの末尾にきて、パラグラフ全体の記述のまとめ、解説、説明をおこなう大過去である。時間的に先行するものは、かならずあとにくるものにたいして「原因」ないし「理由」を構成するはずだという歴史観がここにはある。ただしその因果律を言語のなかに展開する際、「果」をまず示しておいてから「因」で締めくくるのだ。

⑭ Mes mâchoires se crispaient et mon diagnostic était fait. **J'avais attrapé le tétanos** ! (— 25)
歯がガチガチ鳴った。思ったとおりだ。**破傷風にかかっ**

第21章 動詞(4) 「語り」の時制1 単純過去形と大過去形　307

たにちがいない。

　少年がつまらない指先の傷を誇大に解釈するエピソードである。つぎは三島由紀夫の『潮騒』から――

⑮ Ils allaient partir lorsqu'il fit brusquement demi tour et remonta : **il avait oublié la charge de bois que sa mère lui avait demandé de rapporter**. (― 69)
そのまま行きそうになって、引返した。**母親から頼まれた焚付けの束を忘れたのである。**(― 68)

## 練習問題 21

今回の課題は大過去を主体としたもの。前章のグレン・グールドにつづいて、今度はテノール歌手マリオ・デル・モナコの死を報じる新聞記事から。モナコのキャリアを回顧している、その途中のところです。

① Et puis un jour de 1963, au volant d'une petite Toppolino — lui qui avait piloté des Ferrari — il avait été victime d'un très grave accident de la circulation à Rome, dont il ne s'était jamais remis. Après deux ans d'absence de la scène lyrique, il n'avait plus triomphé des époumonnements sublimes qui avaient fait sa renommée. Il avait tenté les opéras wagnériens, puis le chant religieux. Finalement, il s'était remis à la peinture. C'est devant une de ses dernières toiles qu'il a rendu le dernier soupir — une plainte inaudible. (*Le Monde* — ⅳ)

第22章
動詞(5)

# 「語り」の時制 2　半過去形(1)

　語学の教室で動詞の時制をあつかうとき、いちばん教師を泣かせるのが直説法半過去である。「半過去とは過去における状態、継続、反復、習慣を表わす」といった紋切型の説明が通用しない実例は、すこしでも実際のテクストに当たればいくらでも出てくるからだ。

## 1　半過去の説明と翻訳

　早速、モーパッサンから引く。

① Lorsque le notaire arriva avec M. Geoffrin, elle les **reçut** elle-même et les **invita** à tout visiter en détail. Un mois plus tard, elle **signait** le contrat de vente et **achetait** en même temps une petite maison bourgeoise. (G. de Maupassant, *Une Vie* — ⑥)
公証人がジョフラン氏とやってくると、彼女はみずから**出迎え**、くまなく吟味して下さいと**言った**。一月後、彼女は売却契約に**署名**し、それと同時に中流の小さな家を一軒**買った**。

　文中、elle を主語とする四つの動詞に注目していただきたい。最初の二つが単純過去形（reçut, invita）で、残りの二つが半過去形（signait, achetait）に置かれている。この二つの過去時制を区別するものは、いったい何なのだろうか。
　動詞四つはわずらわしいので、両時制をそれぞれ reçut と signait で代表させてみよう。どちらも「語り」の時制に属する表現であるから、表現主体そのもののあからさまな介在は見られない。だが、表現主体が過去の出来事（「彼女は出迎えた」と「彼女は署名した」）にたいして身を置いている場所は単純過去形と半過去形とではおのずと違う。単純過去形で elle reçut と書いたとき、表現主体はヒロインが客を迎えるという物語の時間を現実のじぶんが生きている時間から遠い過去の出来事として俯瞰する場所にいる。elle signait という半過去形はどうか。一般に「絵画的半過去」と呼び慣わされているこの用法のメカニズムはいささか複雑だ。署名というヒロインの行為時間にたいして、表

第 22 章　動詞(5)　「語り」の時制 2　半過去形(1)

現主体は明らかに単純過去形の場合のような俯瞰の視点にいない。むしろ、感情移入の能力によって「署名」という物語の時間に身を投じると同時に、その現場の感覚、臨場感といったものを現実の位置から反省的に眺めてもいるという二重性こそが、この場合の表現主体の特徴であるといえる。半過去形 elle signait が表わすものは、したがって、署名という行為の「継続」ではない。むしろ、表現主体が署名行為に想像の世界で立ち会い、その体験の内実を読み手に伝えようとしているのだ、と解すべきなのである。現場にいた以上、表現主体がヒロインと共有した時間は体験的な、生きた現在である。ところで「生きた現在」とは、私たち自身の刻一刻を考えてもわかるように、両端に過去と未来とをわずかながら含みつつ展開する時間にほかならない。『女の一生』の語り手は、ヒロインの署名を記述するくだりで、このいくぶん生々しい、流動する時間の姿を露呈させている。署名という行為がどれほど短時間で完了するものであろうと、物理的な所要時間はこの際「生きた現在」の時間相とは直接かかわりがない。

とはいえ、以上の考察はもっぱらテクストに表われた半過去形の一用法をどう説明するかという問題にかかわるもので、じつをいうと翻訳の現場にあっては、用法の見定めさえ読みの段階できちんと押えておけば、直説法半過去を日本語に移すにあたって、とりたててむつかしい議論はないように思われる。たとえば文例①のいわゆる絵画的半過去はほとんど日本語に訳出不能であり、単純過去形の動詞につづけて、おなじようなスタイルで訳すしかない。絵画的半過去については改めて次章で論じるが、とりあえず翻

訳文法の枠内でいくつかの半過去の用法を吟味してみるとしよう。なお、本章および次章で、私の文例収集がおよばない部分については、語学者日髙佳さんの論文「直説法半過去試論Ｉ――現代フランス語におけるその本質的機能と用法――」（― ㊸）のお世話になった。訳例は漢字なども含めて勝手に手を入れさせていただいたが、日髙さんに心からの御礼を申し上げる。

## 2　小説の作中人物にかかわる半過去形

　一般に単純過去形が出来事の「前景」を表わすのにたいして、半過去形は「背景」表現を担うといわれる。だが、この「背景」にははたしてどれだけのニュアンスが可能なのだろうか。とりわけ翻訳の場合、何の変哲もないべったりとした半過去形による風景描写はまだいいとして、作中人物の心理や行動とのかかわりのなかで半過去形がもちいられるとき、その「かかわり」の部分をその都度微妙に訳し分ける呼吸はかなりの注意と判断を要する。フランス文では一様な変化語尾でも、訳文には訳者自身の読みといったものまで出してやらないと通りが悪くなるのである。

② Les quatres types leur **demandaient** alors leur nom et leur profession. La plupart du temps ils **n'allaient pas** plus loin －… Ils **n'écoutaient pas** les réponses ou du moins ils **n'en avaient pas** l'air : ils **se taisaient** un moment et **regardaient** droit devant eux puis ils **se**

**mettaient** à écrire. Ils demandèrent à Tom... (J.-P. Sartre, *Le Mur* — 86)

四人の男は名前と職業を**訊く**。が、たいていはそこどまりだ。答を聞いていない。すくなくとも**聞いている様子**はない。一瞬**黙ってじっと前方を見つめ**、それから**書きはじめる**。彼らはトムに訊いた……。

　最後の単純過去形 demandèrent のみが物語の前景となる一つの事件を示し、それまでの七つの半過去形は事件の背景をなす状況を表わしている。もっとも、この前景、背景の概念をあまり舞台や絵画の構図感覚で考えない方がよい。文例②の二つの過去形が織りなす遠近法は視覚的なものではなくて心理的なものである。取調べの現場を描くこの文章の生命ともいえる七つの半過去は、主人公のトム（ないしはトムの視点に位置する表現主体）にとって眼前の出来事がすこしも現実的でなく、さながら映画のスクリーンに明滅する一連の映像のようにはかなく流動していく虚体であることを示している。そして同時に、その遠隔、断絶の印象は、出来事に立ち会っているトムの意識それじたいが実体を欠いたうつろな代物でしかないことをも教えてくれるのである。結びの一句 Ils demandèrent à Tom... の単純過去のところでトムの白昼夢は中断し、彼は喪神状態の観察者の立場を下りて、突如被告席に立つのである。以上のニュアンスを訳文で活かすのは至難の業であるが、訳例②では半過去形の部分をすべて現在形に訳して、逆に単純過去形が強調されるようにした。以下、単純過去形で示される中心行為に微妙な形でまといつく半過去形のさまざま

なニュアンスを検討しよう。

③ Un homme passa à bicyclette : il **était pâle et suant** : il **pédalait** avec brutalité. (J.-P. Sartre, *La Mort dans l'âme* — 85)
男が自転車で通り過ぎた。**顔色が悪く、汗をかいている。乱暴にペダルを踏んでいた。**

　作中人物の容姿、様子を説明する半過去である。passa ... était... pédalait... の語順は事件の継起ではなく、「男」とすれ違った人物の認識の序列を表わしている。すなわちこの人物は、男が自転車で通り過ぎたという現実を一つの事件として把握し、それ以外の情報（顔色、汗、ペダル）を事件に付随する背景として書き加えたのである。

④ Puis, brusquement, ne résistant plus à la tristesse désespérée qui lui noyait le cœur, elle se mit à sangloter si violemment qu'elle **ne pouvait plus** avancer. Elle **couvrait** sa figure sous ses deux mains et **haletait** avec des râles dans la gorge, étranglée, étouffée par la violence de son désespoir. (G. de Maupassant, *Yvette* — 61)
それから突然、やりきれない悲しみに心を浸されてどうにもならず、彼女はむせび泣きはじめて歩け**なくなってしまった**。両手で顔を**覆い**、絶望が昂じてのどが締めつけられ、詰まったようになって、ぜいぜい**あえいだ**。

今度は、語り手がある中心人物の視点に移入し、その人物が観察したべつの人物に関する情報を記している場合。

⑤ En ouvrant les yeux, Robinson vit d'abord un visage penché sur lui. Vendredi lui **soutenait** la tête de la main gauche et **essayait** de lui faire boire de l'eau fraîche dans le creux de sa main droite. (Tournier, *Vendredi ou la vie sauvage* — 96)
目を開けたロビンソンにまず見えたのは、こちらをのぞきこんでいる顔だった。フライデーが左手で頭を**支え**、右手のくぼみに汲んだ冷たい水を飲ませて**くれようとしていた**。

訳例は気絶から息をふきかえしたロビンソンの視点でフライデーを眺めている。この半過去はロビンソンという人物の意識や感覚をそのまま現在のものとして読み手に実感させる働きをしているのである。

⑥ Un peu plus tard, je levai la tête : il m'**observait** d'un air curieux. Les gardiens s'étaient assis sur une paillasse. Pedro, le grand maigre, **se tournait** les pouces, l'autre **agitait** de temps en temps la tête pour s'empêcher de dormir. (— 86)
しばらくして、私は顔をあげた。彼はしげしげと私を**観察している**。看守たちはわら蒲団の上に腰を下ろしていた。やせて背の高いペドロは両の親指を**まわしており**、もう一人は眠らないようにときどき**首を振っている**。

上例の視点はむろん「私」にあり、私以外の複数の人物の様子が半過去形で記述されている。こういう半過去を訳すためのコツとか技術などというものはない。ただ一つ、カメラ・アイを「私」に固定させて訳すことである。それは同時に、小説から神の視点を排するサルトルの思想を尊重した翻訳でもある。
　⑤⑥と似て非なるケースをつぎに挙げよう。

⑦ Elles pressèrent le pas : Henri les **suivait** sans dire un mot. (J.-P. Sartre, *Intimité* — 84)
　彼女たちは足を早めた。アンリは一言も言わずに二人の**あとについて行く**。

　まず中心行為が単純過去形で示され、ついでその行為の動作主以外の人物がそのときどうしていたかが、半過去形で記される。⑤⑥と違って、語り手はかならずしも中心行為の担い手の視点にいないのが特徴である。べつな人物の眼を借りている場合もあるし、客観的証人の位置にいてもよい。つぎの例は明らかに場面に登場しない「私」の視点から書いている。

⑧ Tom sortit entre deux soldats. Deux autres soldats **suivaient**, ils **portaient** le petit par les aisselles et par les jarrets. Il **n'était pas** évanoui : il **avait** les yeux grands ouverts, et des larmes **coulaient** le long de ses joues. (— 86)
　トムは二人の兵士にはさまれて出て行った。べつな兵士

が二人、**あとに続く**。彼らは腋の下と脛を抱えて少年を**運んで行く**。少年は気を失ってはいない。目を大きく**見開き**、涙が頬をつたって**流れている**。

つぎの例は語り手が作中人物に移入しない中性的証人の場合である。

⑨ Ils traversèrent Bougival, à la stupéfaction des promeneurs. Tous **se retournaient**; les habitants **venaient** sur leurs portes. (— 61)
一行がブジヴァル村を通ると、通りを歩いている人々は啞然とした。こぞって**振り向き**、家のなかにいる連中までが戸口に**出てきた**。

作中人物にかかわる半過去形として、最後に同一人物における中心行為とそれにまつわる感覚や心理の描写という型を挙げておく。③と区別しにくいが、今度の型には人物を内側から捉える視点がある。

⑩ Elle s'aperçut que le coton était sec, et elle s'étonna de n'être pas encore morte. Ses sens lui **semblaient** aiguisés, plus subtils, plus alertes. (— 61)
気がついたら脱脂綿は乾いており、彼女はじぶんがまだ死んでいないのにびっくりした。感覚がずっととぎすまされ、鋭敏で生き生きしてきた**ようだった**。

⑪ Rirette s'assit à la terrasse du Dôme et commanda un porto. Elle **se sentait** lasse, elle **était** irritée contre

Lulu... (— 84)

リレットはドームのテラスに坐ると、ポルト酒を注文した。疲れを**おぼえ**、リュリュにたいしていらいらしていた。


## 3　因果関係を表わす半過去

たとえば文例⑪だが、リレットが酒を注文した行為と、そのとき彼女がいらいらしていた状況とのあいだには、格別に論理の必然といったものはない。だが、単純過去形と半過去形が並置されてそこにあるという表現の型それじたいが、読み手にある種の必然を納得させるのだ。小説の書き手がそれを逆用すれば、半過去形はいくらでも「原因」、「理由」、「説明」といった因果関係を表わす役割を果たすようになる。以下、いくつか例を記しておく。

⑫ Mais une petite cloche sonna. **On annonçait le déjeuner**. Ils rentrèrent. (— 61)
だが小さな鐘の鳴る音がした。**昼の合図である**。一同は帰還した。

⑬ Il s'arrêta brusquement : **Eve l'écoutait à peine**. Il songea avec tristesse qu'elle ne s'intéressait plus à rien. (J.-P. Sartre, *La Chambre* — 82)
彼は突然話をやめた。**エヴがほとんど聞いてないのだ**。
もう何にも興味がないのだなと思うと悲しかった。

⑭ Je renonçai d'ailleurs bientôt à me frictionner, **c'était** inutile : déjà mon mouchoir était bon à tordre et je suais toujours. (— 86)

もっとも、私は間もなく拭くのを諦めた。**拭いてもだめなのだ。ハンカチはもうビショビショなのに、汗はまだ流れていたから。**

⑮ Une horloge lointaine se mit à sonner. Il compta les coups : minuit. **Il parcourait l'Ile depuis deux heures**. (— 61)

遠くで柱時計が鳴りはじめた。数えると 12 時だった。**してみるともう 2 時間も島を歩きまわったことになる。**

⑯ Après avoir entreposé les quarante tonneaux de poudre noire au plus profond de la grotte, il y rangea trois coffres de vêtements, cinq sacs de céréales, deux corbeilles de vaisselle et d'argenterie : **une ère nouvelle commençait**. (— 96)

火薬を 40 樽洞窟の奥深くしまいこむと、彼はそこにさらに衣裳箱三つ、穀物袋を五つ、食器や銀器のかごを二つならべた。**新しい時代のはじまりだ。**

## 4 反復および未遂

最後に、とりたてて翻訳上注意すべき問題はないが、半過去形が動作の断続的反復を示すケースと、「中断・未遂」を表わす場合とは、やや特殊なので例を挙げておく。

まず、「断続的反復」だが、これは説明を要しないだろう。主に副詞やそのほかの指標の助けを借りて、動作の複

数性、反復性が示される。

⑰ **Parfois**, il **s'arrêtait** et **attendait** que j'eusse écrit quelques lignes. (Belletto, *L'Enfer* — 10)
**ときどき**、彼は**話をやめ**、私がメモをとるのを**待つのだった**。

⑱ **Quand** le verre de l'homme **était** vide, la femme, prenant la cruche au cidre, la **remplissait**. (G. de Maupassant, *Un Réveillon* — (59))
男のコップが空に**なるたびに**、女はリンゴ酒の壺をとって**ついでやるのだった**。

⑲ **De temps en temps** il **portait** sa montre à son oreille, regardant son cadran phosphorescent. (tr. Renondeau, *Le Tumulte des flots* — (69))
彼は**ときどき**耳に時計を**あてた**。また蛍光文字板を**ときどき見た**。(三島『潮騒』— (68))

上の例では、分詞 regardant までが半過去の用法の支配を受けている。

つぎに「中断・未遂」の半過去と呼ばれる用法。

⑳ Il **mourait** de faim.*
彼は飢えで**死にかけていた**。

この文は時と場合によっては「彼は死ぬほど腹がすいていた」とも読めるわけで、どっちみち主人公は死んではいない。もともと mourir という動詞は、その動作が完了し

なければ意味をもちえない完了動詞であるから、本来からすれば単純過去形と相性のよい動詞なのである。その完了動詞をあたかも未完了のようにあつかうのがこの特殊な用法なので、まるで自動車の急停止にも似た軽い衝撃を読み手にあたえる。

㉑ Ah, **j'oubliais** !*
あ、忘れるところでした。
㉒ Quand je les dépassai, nous nous regardâmes ; un peu plus, nous **nous adressions** la parole. (J.-P. Sartre, *La Nausée* — 87)
私が連中を追い越したとき、私たちは見つめあった。もうすこしで言葉を**交わす**ところだった。

## 練習問題　22

① Elle aimait lui téléphoner à n'importe quelle heure de la journée. Parfois elle l'appelait la nuit. Cela le flattait. Après, il était trop heureux pour se rendormir. Il se mettait à penser à elle et la voyait habiter ses rêves. Il osait à peine y croire, de peur de la déranger, de peur qu'elle ne s'en rende compte. (T. Ben Jelloun, *La Vie est pudique comme un crime* — 11)

第23章
動詞(6)


# 「語り」の時制3　半過去形(2)

　この章は半過去形の後半で、一般に「絵画的半過去」imparfait pittoresque と呼ばれている用法をあつかうことにする。
　前章の冒頭に引用したモーパッサンの文章に出てきた用法である。


## 1　絵画的半過去（その1）

　絵画的半過去なんてものがあったのかという読者のために、もう二つほど簡単な文を引くことにしよう。

① A midi juste, la bombe **exposait**. (M. Wilmet, *Etudes de morphosyntaxe verbale* — 回)

正午ちょうどに、爆弾が**炸裂した**。

② La semaine passée, trois bandits masqués **entraient** dans une banque et **tuaient** un employé. (— 回)

先週、覆面の強盗が三名銀行を**襲い**、従業員一人を**殺害した**。

　上の例文にもちいられている半過去形は、本来であれば単純過去形ないしは複合過去形に置かれてよいはずのものである。いずれの半過去形も前章で検討したような「背景」の位置でさまざまなニュアンスをおびることなく、むしろ前景における事件記述の役割を担っている。exposer、entrer、tuer といった動詞が完了動詞であることからしてもそれは明らかで、たとえば Quand j'entrai, Pierre **lisait**.*のような文の半過去形と比べてみると、①②にもちいられている三つの半過去形には行為の継続相というものがまったく認められないのである。ではその代わりに何が認められるのか。おそらくは、発話主体による、事件の現場にたいする観念の上での同化に強いアクセントが置かれた、臨場感の濃い表出が認められるのである。過去の出来事の現場に同化し、立ち合うという事態にはいくつかの特徴が指摘できる。距離をとった理性的記述ではないから、発話の内的時間は流れが速くなり、事件はつぎつぎと間を置かずに継起し、記述全体が生き生きとした連続相のもとに独自の輝きをおびてくるのだ。①②の例文では定かではないが、一般に絵画的半過去が複数の動詞を一まと

めにつづけてもちいるのはそのためなのである。ごく当り前の半過去と絵画的半過去との対照比較をしてみよう。つぎの二例をご覧いただきたい。

③ Dépossédés de leur miroir, Acis et Galatée **dépérissaient, erraient** dans le Grand Jardin, **se promenaient** sur la terrasse dans l'espoir d'un miracle, mais ils **perdaient** peu à peu le désir de s'étreindre, l'envie de s'aimer : jamais ils n'avaient été plus blafards et plus tristes. De retour sur le grand lit blanc de leurs draps, ils **se dérobaient** l'un à l'autre, ils **s'évitaient** et **pleuraient** sur leur passion éteinte. En ces deux statues disparues, ils avaient perdu qui un amant, qui une compagne et la Fontaine aux Guirlandes leur **paraissait** dévastée. (J. Schmidt, *Le Cyclope* — 88)
鏡を失ったアキスとガラテイアは、**がっくりして**大庭園を**さまよい**、奇蹟を願って築山を**歩きまわったが**、おたがいに抱きあい愛しあいたいという気持がすこしずつ**薄れていった**。二人がこんなに青白く悲しげだったことはなかった。真白なシーツの床に戻っても、**触れあおうともせずに避けあい**、愛が失せてしまったことを**嘆くのだった**。二つの彫像が消えてしまったことで、二人はそれぞれの連れあいを失くしてしまったわけで、花飾りの泉もさびれて**見えた**。

④ La crainte de perdre me fit commettre plusieurs erreurs, heureusement Petroff en fit plus que moi. Soudain Petroff **semblait** ignorer les règles les plus simples. Il **se battait** comme un débutant, **envoyait** ses pièces au massacre, **jouait** trop tôt sa dame, **sortait** ses tours sans raison. Il **semblait** croire qu'aux échecs le courage remplace la science. (R. Pividal, *08 ou la haute fidélité* — 76)

負けたくない気持から私はいくつかへまをやったが、有難いことにペトロフはもっとひどかった。突然ペトロフは初歩のルールも忘れたようになった。初心者みたいに悪戦苦闘し、駒はつぎつぎにつぶされる、クイーンを早くいじりすぎ、意味もなくルークを動かす。チェスは頭脳より度胸だとでも思っているみたいだった。

申すまでもなく③がごくふつうの状態記述の半過去で、④の方が絵画的半過去である。④の場合は fit という単純過去形が二回示されたのち、soudain という副詞ではずみがついたかのように文章のスピードは増し、半過去形が連続する。訳文の対応部分を太字にしなかったのは、絵画的半過去を翻訳するための工夫など特別にないからであって、全体のまとまりが、ある種のリズムと緊張に貫かれて訳出されればそれでよい。スピード感のある文章としてもう一例引く。

⑤ A trois heures, il **se battait** au sabre avec le commandant italien Spinelli, dès la première reprise **coupait** l'oreille à son adversaire, et, à trois heures trois quarts, **taillait** au cercle de la rue Cambon une banque d'où il **se retirait** à cinq heures vingt, avec un bénéfice de quarante-sept mille francs.（Leblanc, *813* ― ⑳）

3時に、彼はサーベルを武器にイタリア陸軍少佐スピネリと決闘し、最初の一合で相手の片耳を切り落とした。3時45分、カンボン街のクラブで賭けトランプの親になり、5時20分、4万7000フランの儲けを手に引揚げた。

もう一つ、絵画的半過去で忘れてならない特徴は、とりわけ20世紀文学にいちじるしい作中人物の「放心」ないしは「心神喪失」である。ある人物が事件や事象をまえにしてまったく忘我の状態にあり、しかもその状態を異常なことではなく、ごく当り前の日常茶飯事として描き出すのは現代文学の大きな特質の一つだが、絵画的半過去に固有な、対象との距離を置かない同化作用は、そうした白昼夢にも似た心象の記述にはうってつけなのである。サルトルから一例だけ引く。

⑥ Tantôt je le ［mon revolver］ **regardais** et tantôt je **regardais** la nuque du type. Le pli de la nuque me **souriait**, comme une bouche souriante et amère. Je **me demandais** si je n'allais pas jeter mon revolver dans un égout.（J.-P. Sartre, *Erostrate* ― ㊽）

私はピストルを**眺めたり**、男の襟首を**眺めたり**した。襟首の皺は、苦々しく微笑する口許のように私に**ほほえんだ**。ピストルを下水に投げこむのではないかなという**気がした**。

## 2 絵画的半過去 (その2)

　以上見てきた絵画的半過去の用法は、フローベールこのかた近代・現代フランスの小説家が好んで多用するようになった、というのが一応の定説ではあるが、作家の資質によるとしても、一篇の作品でそうやたらにお目にかかれるものではない。むしろ、頻度の上で圧倒的に多いのがつぎの用例である。単純過去形を軸にひとまとまりの記述があり、段落の結びに置かれる半過去である。

⑦ A six heures du soir, M. Lenormand **rentrait** dans son cabinet de la préfecture de police. (— 50)
夕方六時、ルノルマン氏は警視庁の執務室に**帰った**。

　これは結末を締めくくる半過去で、ほとんどの場合動詞は一つであり、かならず時間を示す語句が先にくる。エア・ポケット効果とでもいおうか、それまで連続する単純過去の流れにのってある種の持続のなかに閉じこめられてきた読み手に、まったく異なった角度から情報をあたえ、その微妙なズレの感覚によって独特の味わいを満喫させる語りくちである。映画のモンタージュ、すなわち高度な省略語法といってよい。

⑧ Le lendemain, je **recevais** une lettre de mon frère. (G. Moignet, *Systématique de la langue française* — 71)
翌日、兄からの手紙が**来た**。

⑨ Dix minutes après, l'automobile **s'arrêtait** à

l'extrémité du boulevard Inkermann, devant une villa isolée.（— 50）
10分後、車はアンケルマン通りの奥の一軒家の前で**止**った。

⑩ Sa mère était à l'agonie ; elle mourut le jour même de son arrivée ; et, le lendemain, Rose **accouchait** d'un enfant de sept mois, un petit squelette affreux, maigre à donner des frissons, et qui semblait souffrir sans cesse, tant il crispait douleureusement ses pauvres mains décharnées comme des pattes de crabe.（G. de Maupassant, *Histoire d'une fille de ferme* — 57）
母親は臨終で、彼女が着いたその日に死んだ。翌日、ローズは七カ月の子を**産み落とした**。骨と皮ばかりの、ぞっとするほど痩せ衰えた赤ん坊で、苦痛がたえないといった様子であり、蟹の脚みたいに細い手を苦しげに痙攣させていた。

文中の accouchait が絵画的半過去であり、それにつづく二つの半過去形と区別しなければいけないことは申すまでもない。

## 練習問題 23

① Un jour, un lion se coucha aux pieds d'Orphée qui chantait aux tendres accords de la lyre… Les hommes descendaient des montagnes, les chèvres des rochers. Ceux-ci, à leur tour, quittant la roche natale, se mettaient en mouvement vers cette source de musique. La neige quittait les hauteurs pour s'approcher du poète et, sous l'action de la poésie, ne fondait pas au soleil. L'enfant à la mamelle lâchait le sein maternel et se retournait pour mieux entendre, le couteau de l'assassin s'immobilisait et se rouillait dans l'air, l'oiseau migrateur posait une patte sur la branche et le voyageur devenait sédentaire, cependant que les arbres formaient le cercle autour d'Orphée. (J. Supervielle, *Orphée* — 90)

② Au terme d'un dîner chez ses propres parents, il raccompagna sa promise, son juge de père et son épouse jusqu'au vestibule de l'immeuble. La troupe descendait le grand escalier lorsque, parvenue à l'avant-dernier degré, la jeune fille posa sa main sur l'épaule de son fiancé et sauta les marches. Dès le lendemain, mon oncle rompait. (Sagan / Hanoteau, *Il est des parfums…* — 81)

②の文中の「彼」とは語り手の伯父にあたる学者で、きわめてブルジョワ的な大学教授。その人物が婚約したとき

のエピソードである。

第 24 章
動詞(7)




# アスペクト


　時制翻訳についてひと巡りしたところで、アスペクトという問題を考えてみたい。そもそも日本語には私たちが英語やフランス語で習いおぼえるような意味での時制概念が稀薄だから、翻訳者が英語やフランス語の動詞を日本語に訳し移す際、元の動詞の時制のことだけを考えて訳文を練るのではどうしても不足である。たとえば——

① Elle chante.

　これを直説法現在時制であるからといって、ただ「彼女は歌う」といつも訳してばかりいてはまずいのである。こ

の動詞の表わす行為が置かれている前後関係や状況をよく見きわめ、表現者が行為をどのアスペクトで表現しようとしているかの確定がなされなくてはならない。その結果、Elle chante. は、「彼女は今歌っているところだ」という現在進行形にもなるし、「彼女は歌い始める」という開始の意味にもとれる。時と場合によっては「彼女の芸は歌だ」というふうに、刻々の時間の進行とはべつの次元に「歌う」行為が位置づけられることもありえよう。そうした動詞アスペクトの読みとりは、日本語への翻訳に際して非常に大きな意味を持ってくる。フランス語という言語がアスペクトをことさらに強調しようとしない傾向を持つだけに、なおさら翻訳者の「読みこみ」が問われるのである。

　さまざまなアスペクトを含む現在形の文をもう一つ挙げておく。

② César **garde** le silence. A son tour, sa main **glisse** sur les naseaux de l'animal. De l'autre côté, Lucrèce **a** toujours les yeux baissés. César ne **regarde** pas non plus, il **murmure** quelque chose comme pour lui-même. Les mains du frère et de la sœur **bougent** doucement. (Sagan, *Le Sang doré des Borgia* — 80)
チェーザレは口を**つぐんだままだ**。今度は彼の手が馬の鼻の上を**すべりはじめる**。むこう側でルクレツィアはまだ眼を**伏せている**。チェーザレもそちらを見ようとはせず、独りごとのように何か**呟く**。兄と妹の手がゆっくりと**動いている**。

本章では、J. ギュマン゠フレシェールの労作『英仏比較統辞論——翻訳の諸問題』(— 40) という難解きわまりない書物に例示されている豊富な引用文を借用して、アスペクトの読みとりと翻訳を工夫してみたい。この論文は題名が示すとおり英仏両国語間の翻訳に伴う問題を、きわめて理論的・体系的に論じているのだが、著者はフランス語がアスペクトを文の表層レベルでかならずしも明示しないという本質を強調するために、英語との比較を試みている。まずフローベールの『ボヴァリー夫人』の一節と、G. ホプキンズによる英訳を掲げる。

## 1　展開のアスペクト

③ Elle resta seule, et alors on entendit une flûte qui faisait comme un murmure de fontaine ou comme des gazouillements d'oiseau. (G. Flaubert, *Madame Bovary* — 27)

She was left alone, and **gradually** the **listening** ear **became aware** of a flute, the notes of which might have been the **murmuring** of a stream or the **twittering** of a bird. (tr. G. Hopkins — 40)

　この英訳文は、フランス語をほかの言葉と比較して考えたことのない人にとっては、かなりな驚きのはずである。まず、gradually, became aware といった、フローベールの原文に対応するもののない言葉が書き加えられている。

この補足をえて、英訳ではフランス語の原文がはっきりと示していない動作の「展開」の相とでも呼ぶべきものが強調される結果となっている。フルートの音色は「突然聞こえた」のではなく「徐々に聞こえてきた」のであり、その展開の幅のなかでこそ、水の流れや小鳥のさえずりとの比較も生まれようというものであろう。私たち日本人は単純過去時制にたいしてフェティッシュなまでの固定観念があり、ことごとく瞬間的行為として「〜した、〜した、〜した」と片づけてしまう傾向が強いが、それはつまり、フランス語の動詞がその表現内容を結果としての形の方からとらえて定着させる特質をもっている、ということを忘れて、表層レベルだけなぞるように訳しているのである。フランス語では「聞こえた」も「聞こえてきた」も等しく entendit という単純過去形で「結果」として表わされることを念頭に置けば、文の深層レベルに隠された動詞表現のアスペクトをいちいち識別しないことには、到底まともな翻訳は望めない。英訳者はその点、gradually と became aware という補足表現を加えて、アスペクトの読みとりを訳出しているのである。ついでに申し添えれば、英訳文の三つの -ing 形もその動詞的表現からして、どちらかというと名詞で固めたような静止相のフランス文から、アスペクトを読みおこすのに大きな役割を演じている。

　今度は逆向きにマーク・トウェイン『トム・ソーヤー』の一節とその仏訳文を比べてみよう。

④ As the sun began to steal in upon the boys, drowsiness came over them and they went out on the sand bar and

lay down to sleep. They got scorched out by and by, and drearily set about getting breakfast. (M. Twain, *Tom Sawyer* — 56)
Au matin, les rayons de soleil pénétrèrent jusqu'à eux. Tout engourdis de sommeils, ils s'allongèrent à découvert près du banc de sable et s'endormirent. La grande chaleur les réveilla et ils préparèrent leur déjeuner. (tr. F. de Gaïl — 40)

　いかがなものであろうか。いちいち細かい指摘はしないが、まるで映画の数場面のように生き生きと進行する英文と比べあわせたら、仏訳はさながら古ぽけた記念写真か何かのようにどっしりと構えて動かない印象がないだろうか。映画と写真という比喩が適当でなければ、全体の語数にそれほど違いはないにもかかわらず、仏訳はどこか英文をレジュメしたような感じがする、と言い換えてもよいだろう。たしかに結びの drearily set about getting breakfast のところが、仏訳では préparèrent leur déjeuner とあっさりまとめられてしまっているあたりは、もうレジュメに近いといえる。が、厳密にはこれはやはりレジュメではない。英文がめんどうくさそうに朝飯の仕度にとりかかる少年たちの姿を、その仕度の「展開」というアスペクトで描き出しているのにたいし、仏訳の方は、そうしたプロセスをすべて無視した「結果」の相のみを、訳文に定着させているのである。

## 2　開始のアスペクト

　③④は「展開」のアスペクトに関する文である。今度は、それに劣らぬほど頻度数の高い「開始」inchoation のアスペクトを取りあげてみよう。第21章の「単純過去形」のところで「進入」と呼ばれる用法が出てきたのを思い出していただきたい。念のため例文をもう一度引くと——

⑤ Dès qu'il eut mis le pied en cet endroit, il **fut** la proie d'un léger tremblement nerveux, impossible à réprimer. (*Etude de l'expression française* — 25)
この場所に足を踏み入れたときから、彼は身体が小刻みにブルブル震え**はじめて**、どうしても止まらなかった。

　単純過去のこの特殊用法は、ほかの時制に拡大して、単純過去におけるほど唐突な感じを味わうことなく適用できる。たとえばつぎの現在形——

⑥ Et puis, tous ces paysages et toutes ces villes, par leurs contrastes, **prennent** un aspect irréel. (*Le Monde* — Ⅴ)
ついで、これらの風景や都市はそのことごとくが、おたがい同士の対照効果によって、この世のものとは思えぬ様相を**呈しはじめる**のである。

　prennent をただぶっきらぼうに「呈する」と訳したのでは、やはりどこか物足りない。「呈してくる」「呈すように

なる」「呈しはじめる」といった「開始」のアスペクトが訳文に出てこないと、おさまりが悪いのだ。

⑦ Ici, Thérèse **hésite**; s'efforce de détourner sa pensée de ce qui se passa dans la maison d'Argelouse. (F. Mauriac, *Thérèse Desqueyroux* — 62)
ここで、テレーズは**迷いはじめる**。アルジュルーズの館の一件のことを考えまいとする。

⑧ Lorsque après les longs repas, sur la table desservie **on apporte l'alcool**, Thérèse était restée souvent avec les hommes... (— 62)
長い食事が済んで、食卓が片づき、**酒が出回りはじめるようになっても**、テレーズは男たちと居残っていた。

さらに半過去形を「開始」のアスペクトで訳すべきケースが多いことはいうまでもない。

⑨ Mais si c'était par routine qu'il les avait conservés jusqu'alors, il **éprouvait** par son désespoir la valeur de cette armure de laine et de lin dont la société humaine l'enveloppait encore un moment auparavant. (Tournier, *Vendredi ou la vie sauvage* — 96)
これまではただ惰性で身につけてきたようなものだが、つい今しがたまで人間社会が着せてくれていた羊毛や麻の服がいかにありがたいものであるか、彼は絶望してみ**てやっとわかりはじめたのである**。

第 24 章 動詞(7) アスペクト

原文に対応する単語がない以上、「やっと」は余計ではないか、とクレームがつくかもしれない。だが、半過去形 éprouvait に「開始」のアスペクトを読み、その読みを訳文の上で生かそうとする翻訳者の側の主体的な姿勢を評価する立場からは、杓子定規な対応主義を離れた多少の補足や加筆はむしろ原文に「忠実」であると考えられるのである。そのような訳出上の配慮を伴う実例を、ほかのアスペクトいくつかについてひろい出してみよう。

## 3 「折節」や「以前・以後」を表わすアスペクト

⑩ Le lendemain matin l'officier descendit quand nous **prenions** notre petit déjeuner dans la cuisine. (Vercors, *Le Silence de la mer* — 99)
翌朝、私たちが台所で**食事している**ちょうどそこへ士官が下りてきた。

うまい言葉が見当らないが、強いて名づければ「折節」のアスペクトとでもいおうか。むろん、「台所で食事していると士官が下りてきた」という訳がまず考えられようが、フランス人家族たちのドイツ人士官にたいする微妙な心理を原文の流れに読みとれば、「ちょうどそこへ」という訳文上の補足は、士官の出現をどことなく迷惑なものとしてとらえる効果があるはずである。おなじような「折節」の例をもう一つ挙げる。

⑪ Celle-ci prenait peu à peu possession de ce décor... et, le vent soufflant toujours sans le moindre sifflement, la lune **atteignit** la grève opposée et tout **retomba** dans les ténèbres. (A. Malraux, *La Condition humaine* — 55)
それ〔死の匂い〕は徐々にその場にたちこめはじめていた……。風がそよともいわず吹くなかを、月が対岸の砂丘に隠れ、**その刹那**あたりはふたたび闇につつまれた。

おなじような配慮は、テクストのなかに明示された一定のときより以前、ないしは以後のときに言及する表現についても必要である。
まず「以前」のアスペクトから。

⑫ Lorsque aucun prix n'est indiqué, nous conseillons de **demander** les conditions. (*Le Guide Michelin 1972* — 39)
値段が明示されていない場合は、**あらかじめ**確かめておく方がよい。

⑬ Rodolphe avait mis de longues bottes molles, se disant que sans doute **elle n'en avait jamais vu** de pareilles ... (Flaubert, *Madame Bovary* — 27)
ロドルフは鞣し皮の長靴をはき、こんな代物はきっと彼女も**これまで**一度も見たことがないに違いないと考えていた。

⑭ Je vis que ses yeux n'étaient pas bleus **comme je l'avais cru**, mais dorés. (— 99)
気がつくと彼の眼は、**はじめ**思っていたような青色では

なく、金色だった。

最後に「以後」のアスペクトを一例だけ引いておく。

⑮ Une exhalation s'échappait de ce grand amour embaumé et qui, passant à travers tout, parfumait de tendresse l'atmosphère d'immaculation où **elle voulait vivre**. (— 27)
このかぐわしい大いなる愛は匂い立ってすべてのものにしみわたり、彼女が**これから**生きたいと念じている清浄無垢な世界を優しくくゆらせるのだった。

## 練習問題 24

① Me voici installée à Saulnois. Le village est encore plus triste que nous ne l'avions imaginé. Une rue unique, bordée de platanes. Des maisons blanches ou grises. Un café-tabac buvette où les hommes, de gros fermiers au teint rouge, s'enivrent avec méthode en parlant fort. Sujets de conversation : le temps, toujours pluvieux, les vaches et les amours de la boucherie. Elle couche avec l'instituteur laïc. Son mari en est tout désolé et il tue moins bien ses bêtes. La viande devient mauvaise. Les ménagères se rendent chez le concurrent au hameau voisin. C'est mauvais pour Saulnois. On parle de faire une pétition pour renvoyer l'instituteur. (J.-P. Enard, *Morts en fanfare* — 21)

短篇小説の出だしの部分。女友達にあてた手紙であることを忘れずに。

第25章
動詞(8)

# 分詞1　現在分詞

　この章と次章にわたって分詞の翻訳を考えてみることにする。まずは現在分詞から。

　現在分詞には、名詞を限定したり、目的補語の属詞になったり、分詞節を構成し主節にたいして理由・条件・譲歩などの意味を持つなど、さまざまな用法があるが、そうした文法上の基本事項はここでは一切省くことにする。絶対分詞節、すなわち現在分詞の主語が主節の主語と違っている形についても、とりたてて区別をせず、ふつうの現在分詞と一緒にしてあつかう。翻訳上、現在分詞を用法別に論じることはあまり意味がない——というよりも、現在分詞の用法を一目で区別できない人が翻訳をはじめても、あま

り意味がないと考えるからなのである。

## 1 ジェロンディフ

　用法のなかで特別あつかいをしておきたいものが一つだけある。いわずと知れたジェロンディフである。〈en＋現在分詞〉の組み合わせさえ見れば「～しながら」と訳したくなるのはむしろ人情というもので、「～しながら」を禁句にされたらにっちもさっちもいかなくなる人は決してすくなくないはずである。そういうときの突破口は、例によって日本文学の仏訳を買い、訳文のジェロンディフを拾い出してはいちいち原文とつきあわせてみることである。

① Parfois **en écoutant une chanson ou en la fredonnant**, des larmes lui venaient aux yeux comme dans la chanson. (tr. Renondeau, *Le Marin rejeté par la mer* — 65)
**歌をきき、口吟むと**、歌の文句どおりに涙ぐむこともあった。(三島『午後の曳航』— 64)

　ついでながら、フランス文の parfois という副詞が日本文では「こともあった」と述部にきている転換にも注目していただきたい。
　①以上に鮮やかなジェロンディフの処理をおなじ『午後の曳航』に求めよう。

② «Nous déjeunerons ici?» dit Fusako **en se dirigeant vers le sofa**. (— 65)
「こっちで召上る？」と房子は**長椅子のほうへ行った**。(— 64)

　これなどは、つい「長椅子の方へむかいながら言った」などとしてしまいがちであるが、日本の小説ではいちいち「言った」「のべた」という但し書きは不要であるし、それに三島の原文の方がフランス文の語順そのままの「訳」になりえているのも愉快ではないか。これもついでながら、nous déjeunerons の一人称が日本文では「召上る？」と二人称にたいする問いになっているのも、じつに味わい深い工夫というべきであろう。つぎも三島。

③ Il était midi et le parc était désert. La petite fontaine d'eau potable débordait **en teignant de noir la dalle de pierre**; les cigales chantaient dans les cyprès. (— 65)
日ざかりの公園には人影も少なく、水呑場の小さな噴水は溢れて**敷石を黒く染め**、糸杉に蟬が啼き……。(— 64)

　以上の②と③に見られる工夫は一般に「順行訳」と呼ばれているもので、ジェロンディフだからといってまずジェロンディフから訳して主文に従属させることなく、原文の語順を尊重する形でそのまま訳し進める手法である。ほかの例文で試みてみよう。

④ Au début de la nouvelle vague, les jeunes metteurs en scène commençaient une carrière **en adaptant un «polar»**. (*Magazine littéraire* — ⅺ)
ヌーヴェル・ヴァーグ初期の若い監督たちは手始めに推理小説を**映画化したものである**。

⑤ Le 15 avril 1980, mourait Jean-Paul Sartre. Gallimard célèbre le troisième anniversaire de la mort de l'écrivain **en publiant deux inédits**. (— ⅺ)
1980 年 4 月 15 日、ジャン゠ポール・サルトルは死んだ。ガリマール社はその三周忌を記念して**未発表作品を二点刊行する**。

ジェロンディフに tout がつくと、主文への対立関係が強調されることはご承知のとおり。そこでつぎの文。

⑥ Il est fort égoïste **tout en ayant l'air généreux et désintéressé**. (*Etude de l'expression française* — ㉕)
**気前よい無欲な様子と裏腹に**、彼は大変なエゴイストだ。

原文では文末に置かれているジェロンディフを、先に訳し上げる形になっている。もしどこまでも語順にこだわるなら、たまにはこういう工夫も悪くないのではないか。

⑥' 彼は大変エゴイストのくせに、**表面だけは気前がよくて無欲そうだ**。

むろん、ジェロンディフと見れば順行訳を考えるのも何とかの一つおぼえで、過ぎたるはおよばざるがごとしなのだが、この際分詞というものが語や節に「従属」したものである、という発想から自由になっておくことは必要である。

## 2　文頭と文末の現在分詞

　実際の翻訳現場でぶつかるいちばん大きな問題は、用法がどうということではなくて、現在分詞の置かれている場所にこだわるあまり、訳文の日本語が妙にぎこちないものになりはしないか、ということである。まず、文頭にきた現在分詞の例。

⑦ **Succédant au travail artisanal de la fonte des métaux**, la sidérurgie apparaît à la fin du XIX$^e$ siècle avec les fonderies de Kamaishi en 1874 sur un petit gisement de fer. (M. Moreau, *Le Japon d'aujourd'hui* ― 72)

　これを律儀に頭から直訳してみると――

⑦′ **溶鉱業の手工業段階に取ってかわって**、製鉄業は19世紀末、小さな鉄鉱脈の上に1874年に建てられた釜石製鉄所とともに出現する。

これではチンプンカンプンである。主文の主語から説きおこす形で、全体を書き直してみるとしよう。

⑦″ 製鉄業が**手工業段階の溶鉱業に取ってかわって** 19 世紀末に出現したのは、1874 年小さな鉄鉱脈の上に釜石製鉄所が建てられたときからである。

おなじ工夫が生きる例をさらに二つほど挙げれば――

⑧ **Longeant les côtes en provenance des hautes latitudes**, l'Ohia-Shio, courant de dérive polaire, abaisse sensiblement les températures, accentue la nébulosité, étend la période d'embâcle sur la côte orientale. (― 72)
親潮は**高緯度海域から南下して海岸沖を流れる**極流であり、気温をいちじるしく低下させ、そのため雲が目立って多くなり、東岸一帯は流氷の時期が長引くのである。

⑨ **Se saisissant sans un mot d'un paquet de cigarettes**, M. Walesa, peu avant 15 heures, leur emboîte le pas et, montant dans le fourgon de police, dit aux témoins de la scène : «Dites au monde qu'ils violent la loi.» (*Le Monde* ― vi)
ワレサ氏は、15 時ちょっとまえになると、**黙々とタバコの箱だけつかんで彼らのあとに従った**が、護送車に乗りこむ際、その場に居あわせた人々にこう言った。「皆に言ってくれ、これは違法だってな」

以上とは反対に、文末に置かれた現在分詞については、うしろから訳し上げず、ジェロンディフの場合同様、そのまま順行で訳し開いてしまうのがよい。

⑩ J'ai écrit à un de mes parents, **le suppliant de m'envoyer quelque chose**. (Leblanc, *813* — 50)
身内に手紙を書いて、**いくらかでも送ってくれと頼み**ました。

上の文の場合、suppliant という現在分詞は主節で問題になった「手紙」の内容を説明しているのであるから、訳の順序としてはどうしても最後にくるしかない。

⑪ La science et l'intelligence ne sont que des outils **ne possédant par eux-mêmes aucune force créatrice**. (— 25)
知識や知性などというものはしょせん道具なのであり、**それじたいものを創りだす力などまったくない**。

これは誤訳だ、という指摘もあろう。possédant の意味上の主語は outils であるから、正しくは「知識や知性などというものは、それじたいものを創りだす力などまったくない道具にすぎない」と訳さなければならないはずなのである。だが、この訳は日本語としてこなれていない（〜ない〜ないの反復など）ばかりか、知識や知性の限界を説く原文の主旨を、かえってあいまいなものにしてしまっているような気さえするのである。

⑫ Il n'est guère de village qui ne soit dominé, en France, par un clocher, **attestant la présence d'une église**. (— 25)

直訳：フランスでは、**教会の所在を示す**鐘楼に見おろされていない村はほとんどない。

→フランスでは、まずどんな村にも鐘楼がそびえ立ち、**教会のあることがわかる**ようになっている。

⑬ Le jeune homme poussa un soupir de soulagement. Il sourit, **ses jolies dents blanches apparaissant, dans l'obscurité**. (tr. Renondeau, *Le Tumulte des flots* — 68)

若者はホッと一息ついた。微笑すると、白い歯が闇の中に美しくあらわれた。(三島『潮騒』— 68)

⑭ Mais rien n'effrayait Alexandre, et rien ne l'offusquait. Pas même les libelles moqueurs qui couraient la ville, et qu'il tolérait, **s'en divertissant** chaque fois d'un magnifique éclat de rire. (Sagan, *Le Sang doré des Borgia* — 80)

だが、アレッサンドロにとって恐いものなど一つもなく、何があっても動じなかった。街にはアレッサンドロを誹謗する文書が出まわっていたが、別段構うでもなく、むしろそのたびに**面白がっては**笑いとばしていた。

⑮ Un demi-siècle plus tard, et quatre ans après la mort de Margaret Mead, un anthropologue de la Nouvelle Zélande, Derek Freeman, publie un livre **accusant Mead d'avoir fabriqué une image idyllique et non-représentative de la culture samoane**. (— xi)

半世紀のち、マーガレット・ミードの死後四年目に、ニ

ュージーランドの人類学者デレク・フリーマンは一冊の書物を刊行し、**ミードがサモア文化について的はずれな牧歌的イメージを捏造した**、といって非難した。

## 3　現在分詞の並列文

最後に、現在分詞がいくつも横に並んでいる文。似たような意味の動詞がつづくことが多いので、訳し分けに気をつかうことである。

⑯ C'était le matin. **Allant, venant, tournant, trottant, galopant, tournoyant, tourbillonnant, courant après sa queue et courant après son ombre**, le chat-comme-ça venait d'engager une formidable partie de cache-cache avec le balai mécanique…(— ㉕)
朝のことでした。行ったり、来たり、向きを変えたり、ちょこちょこ歩いたと思うと駆足になったり、回転したり、旋回したり、じぶんの尻尾を追いかけたり、影を追いかけたり——チビ猫は掃除機相手にすごい隠れんぼをはじめました。

⑰ Quel brasier! **Ronflant, pétillant, crépitant, flamboyant**… Tout le bûcher flambait…(— ㉕)
よく燃えること。ごうごう言ったり、はぜたり、パチパチ言ったり、炎をあげたり……薪の山全体が燃えさかっていた。

## 練習問題　25

① Après avoir investi le squelette initial de son ébauche, l'écrivain s'en écarte et s'en rapproche tour à tour pour exercer plus cruellement encore sa façon d'y voir clair. Ajoutant ici et tranchant là, il creuse, déchire et blesse les moindres reliefs de son matériau. Et l'on sent bien que les nombreux petits romans ainsi greffés ne peuvent exister qu'aux dépens du propre corps du romancier en le laissant dépouillé jusqu'à l'os. (*Magazine littéraire* — xi)

ミニ短篇小説集を書評した文章の一節です。

第 26 章
動詞(9)


# 分詞 2　過去分詞

　前章の現在分詞とおなじで、過去分詞についても、形容詞とほとんど区別できない修飾用法や、主文にたいする種々のかかりかたを上手に読みとる必要のある分詞節の用法をめぐって、基本事項をおさらいする手間は省かせていただくことにする。
　ところで、小説でも論文でもよい、既存の翻訳で過去分詞がどう処理されているかを調べてみると、かならずしも過去分詞が表現しようとしているメッセージそのものを伝えるのではなく、むしろその文法的用法を絵解きしようとするかのような日本語がやたらと目につく。

① **Entourée** de livres, elle ne lit jamais.*
書物に**囲まれているにもかかわらず**、彼女は決して読もうとしない。

　この「かかわらず」訳は、entourée が文法上「譲歩節」の役割を果たしていることを強調する表現であるにすぎない。語学教室で指名された生徒が、正しい文法把握を教師のまえで証明してみせるための符牒のようなものなのである。だが、実際の翻訳に際して、この「かかわらず」ぶしに毒される必要はない。「彼女は本に囲まれて暮らしているというのに、決して読もうとしない」ではどうしていけないのか。さらに言うなら「囲まれて」とわざわざ受身を訳出する義理もさらさらないので、「本ならいくらでもあるのに、読もうとしない」ぐらいにまで砕いてしまってもかまわないのではないだろうか。ここではそういう立場から、過去分詞翻訳の問題を考えてみたいと思う。

## 1　訳し上げる処理

　過去分詞を翻訳する場合、学校文法の知識がかえってマイナスに働き、ある種の制約をこうむってしまうことはけっこう多い。「かかわらず」訳のように用法の絵解きにこだわるケースもさることながら、文中で過去分詞が占めている場所ないしは位置というものが、訳文の形式まで半ば強制してしまうことは珍しくない。しかしながら、たとえばつぎの二例などは過去分詞の形容詞的用法という性格から

しても、名詞に寄り添わせてうしろから訳し上げるしかないだろう。

② Les voilà repartis dans la direction **indiquée par le corbeau**. (Brunhoff, *Gregory et Dame Tortue* — ⑬)
そこで二人は**カラスに教わった**方角にまた歩き出しました。

③ Beaucoup de migrants **venus dans les grandes agglomérations** sont des ruraux célibataires. (*Etude de l'expression française* — ㉕)
**大都市に流入する**移住民の多くは独り者の農民である。

このあたりの呼吸は関係代名詞の処理とまったくえらぶところがなく、過去分詞グループの分量が訳し上げ可能な範囲にあるかないかを一つの目安とするしかあるまい。日本文学の仏訳を逆用すると、つぎのようなかなり大規模な訳し上げの好例がえられる。

④ Il monta l'escalier et au premier étage il aperçut la mer, **encadrée lamentablement par de larges fenêtres sans vitres ou même sans châssis**. (tr. Renondeau, *Le Tumulte des flots* — ㉙)
階段を昇ってゆくと、廃墟の二階の、**硝子も窓枠もない広い窓が、落莫と囲んでいる**海があった。(三島『潮騒』— ㉘)

⑤ Du fond de l'obscurité, son rire étouffé parvenait à Kaé, **restée seule, assise sur la couche glacée**. (tr.

Sim / Beaujin, *Kaê ou les deux rivales* — ⑦)
夜のしじまの中から、於継の押えた笑い声が、**冷たい床の上に正坐した**加恵の耳まで伝わってきた。(有吉佐和子『華岡青洲の妻』— ⑥)

## 2 主語にかかる過去分詞

　ここで「主語にかかる」というのは、分詞節としての用法を指している。過去分詞の位置は主語のまえ、すなわち文頭か、主語のあとにくる。どちらの位置にしても、この形の過去分詞は翻訳者の表現意識をひどく制約するものである。学術論文の翻訳が時折ひどく読みづらいのは、文頭の過去分詞をいかにも過去分詞らしく、いかにも主語の従属物らしく、ようするにいかにも訳しにくそうに、無理をして訳すからで、これだけは何とか工夫すべきであると思う。

⑥ **A peine protégée de la pluie**, Kaê sentait le froid la pénétrer jusqu'à la moelle des os. (— ⑦)
**冷たい雨から辛うじて濡れることはなかったものの、**その寒さは体の芯が凍えるほどであった。(— ⑥)

⑦ **A peine tirée de sa léthargie, et heureuse un instant**, elle voyait la route aussitôt barrée devant elle, et se retrouvait assise dans l'obscurité de la maison familiale, comme avant. (— ⑦)
**はっきりと眼醒めて胸ときめかしたのも束の間、**その道

は閉ざされてしまい、加恵は再び妹背家の奥内で薄暗く坐っていたのであった。(— ⑥)

⑧ Les jeunes plants, **trop longtemps inondés**, semblaient macérer sans que leurs racines pussent se fixer. (— ⑦)

苗は**水に漬りすぎて**株もはらずに腐ろうとしている。(— ⑥)

⑨ D'ordinaire, une femme **ayant passé la quarantaine, usée par les soins incessants du ménage**, ne conservait plus la moindre jeunesse: sa peau était déjà bistrée et flétrie, son corps avachi ou ratatiné. (— ⑦)

普通ならば、**四十の峠を越せば世帯繰りに疲れて肌も煤け、体つきも萎むか弛むかして**醜くなってくるものである……。(— ⑥)

以上四例、有吉佐和子の小説とその仏訳から引いた。いずれの日本文も過去分詞の面影などまったく見当らないのは当り前といえば当り前だが、位置や用法へのフェティッシュなこだわりを捨てて、過去分詞が伝えようとしている意味の広がりだけに着目するという態度を学びとるには、うってつけの実例といえる。ついでながら、仏文中の太字部分で⑦の heureuse、⑨の ayant passé が過去分詞でないことにも注目していただきたい。つまるところ、形容詞、現在分詞、過去分詞といった品詞群は、翻訳文法の観点から文字どおり十把ひとからげにして論じられる共通性を有しており、現在の品詞別による項目立てにはおのずと限界のあることが知られるのである。

ところで文頭に置かれた過去分詞グループがあまりにも長文であったり、主文の動詞と比べてもひけをとらないほど重要な意味を担っているため、一筋なわではいかない例を検討しておこう。

⑩ **Perché sur une butte au milieu d'une vaste pleine vallonnée que borde un cirque de montagnes dominé par le Ventoux**, le château de Grignan, merveille de la Renaissance, sommeillait quelque peu depuis la Révolution, à l'écart des grandes invasions touristiques. (*Le Monde* — ⅶ)

　太字部分の過去分詞グループは芋づる式に地形描写が展開する仕組みになっており、それが一巡してからやっと主語が登場する。この構文そのものを日本語に移すのは、単にむつかしいばかりか、あまり意味がないことである。ここはフランス文を分解して、組み立て直すしかあるまい。Perché 以下の地理説明は、ようするにグリニャン城が人里離れた山奥にあって観光客が寄りつかないという事情の背景をなしている。そのあたりを考慮に入れて——

⑩′ルネサンスの傑作グリニャン城の**建つ丘のぐるりは起伏の多い平野で、その周囲をヴァントゥー山をはじめとする山並みが取り巻いている**。そのためか同城は大革命このかた観光客の殺到することもなく、いわばまどろみつづけていた。

つぎは過去分詞がやたらと多い文。

⑪ **Resté hélas sans lendemain**, le Front franco-italo-britannique **esquissé à Stresa en avril 1935** était un projet non dénué de pertinence, et l'alliance franco-soviétique **conclue quelques jours plus tard** allait elle aussi dans le bon sens. (— Ⅷ)
1935年4月にストレーザで構想がまとめられた仏伊英共同戦線の計画は、**短命に終わったとはいえ**、時宜をえたものだったし、また仏ソ同盟が**その数日後に結ばれた**ことも風向きとしては悪くなかった。


## 3 フラーズにほどく

とりわけ文末に置かれた過去分詞について、これをべつな品詞に従属させるような先入観を断ち切り、あくまで一個の動詞として独立させ、フラーズにほどき、拡大してしまう方法がある。

⑫ Un geste de colère, **vite réprimé**. (Leblanc, *813* — 50)
ちょっと怒りの様子が見えたが、**すぐおさまった**。
⑬ J'abjure ce serment, **prononcé dans le délire**. (— 50)
そんな誓いは取り消します。**夢中で口走ったことですから**。
⑭ Elle s'en retourne chez elle, **vexée** parce que Gregory n'a même pas levé les yeux pour lui dire au revoir.

(— ⑬)
彼女は家に帰って行きます。グレゴリーがこっちを見てさよならも言ってくれないので、**ご機嫌斜めです**。

もうすこし硬質な、たとえば時事文についてもおなじことである。

⑮ Une gouttière tectonique se suit du nord-est au sud-ouest, **jalonnée de dépressions**. (Moreau, *Le Japon d'aujourd'hui* — ㊆)
地溝が一筋、北東から南西に走っており、**ところどころに陥没が見られる**。

⑯ Il s'agit par exemple de l'utilisation de l'informatique pour la composition et la mise en page des journaux, **maintenant assez couramment utilisée dans certains quotidiens de province**. (— ㉕)
たとえば新聞の植字と本組にコンピューターを使用するという方法があり、**現在地方紙などでよくおこなわれている**。

過去分詞の翻訳に人称転換を応用する工夫は大切である。いつも「……されて」と受身で訳していたのでは翻訳調を消し去りようもない。

⑰ Il dégringola l'escalier, **suivi de Gourel et de trois inspecteurs qu'il avait recueillis au passage**, et s'engouffra dans son automobile. (— ㊿)

第26章 動詞(9) 分詞2 過去分詞 361

かれは転がるようにして階段を駆け下りた。**途中で拾ったグーレルと三人の刑事があとにつづく**。そして自動車に飛び乗った。

最後に、今一度『華岡青洲の妻』に登場願おう。文末の過去分詞の処理は典型的な人称転換を示し、鮮やかにフラーズへとほどき開かれている。

⑱ Les paysans, redoutant encore une récolte désastreuse après celle de l'année précédente, gardaient une mine sombre, tandis que le jardin des Hanaoka était envahi par les mauvaises herbes **ramenées par l'été**. (— ⑦)
百姓たちは二年続く凶作の予想の前で昏い表情をしているのに、庭先の雑草類は生い繁って**すっかり夏景色**であった。(— ⑥)

## 練習問題 26

① Lascaux renaît vingt ans après sa fermeture. On n'y croit encore qu'à moitié à Montignac, le gros bourg d'à côté qui somnole sur les bords de la Vézère. Pourtant, une copie restitue prodigieusement les peintures rupestres du commencement de l'art. A quelques pas de l'original, rongé, surveillé quotidiennement pour lui éviter de mourir effacé par les moisissures et masqué, par la calcite, Lascaux II produit, lui aussi, le «miracle», la «danse de l'esprit» dont parlait Georges Bataille. Le public pourra en juger à partir de la mi-juillet. (*Le Monde* — ⅷ)

## 練習問題訳例

### 練習問題1 (53ページ)
①矢印の方向にスイッチをひねって下さい。
②君の伯母さんはお家第一で(あまりにも家族精神が強くて)施設に家具を寄贈しなかったんだね。
③官能のよろこび。
④同義語とは、おなじ意味をもつ単語のことである。
⑤昔から五感ということが言われている。視覚、聴覚、触覚、味覚、嗅覚である。

### 練習問題2 (72ページ)
①北フランス諸地域の住民はもっぱら脂身、ベーコン、獣脂、バターを食用にしており、植物性油をまったく使っていないので、動物性脂肪(クリームとバターを含む)の使用を禁じられてしまうとお手上げだった。

　　　原文のdevoirという助動詞は義務や推測ではなく、ここでは未来や予定を表わす。念のため。

②自家用車のおかげで総合スーパーでまとめ買いができるようになると、これまでのように中小商店を何軒もまわってその日その日の買物をしなくてもすむようになった。
③カフェのテラスに坐っていると、まわりの会話がくっきりと頭に刻みこまれるが、そうした珍しく敏感な状態は外国語を聴きとったり学んだりするには願ってもないとはいえ、頭に記録される話というのが下らないものばかりで、じき耐えられなくなり、急いで勘定をすませて店

を出るのである。
　　　たとえば、avec une netteté particulière を「くっきり
　　　と」と訳したところなどが、とっつきにくい抽象名詞の
　　　処理法として参考になるかもしれない。

## 練習問題3（84ページ）
①そうした生活を送るなかで彼女がなんともいいようのな
い感動をおぼえていたもの、それはまだ自覚されないあ
の恋の芽ばえであり、女というものの奥ぶかい部分で一
つの敬虔な存在がひそかに成長し、ひと知れず育まれて
いくありさまであった。それも本人はまったく気づいて
いないことだが、いつのまにか神々しい何ものかがじぶ
んを訪れてきて、奥の方へと静かにしのび入ってくるさ
まは、えもいわれぬ清らかな比喩をもちいるならば、ふ
さふさとしたやわらかい毛のうえに露のしずくが一滴ま
た一滴と、そっと音もたてずに落ちてゆくにもたとえら
れた。
②フランスにも、皆でおなじ鍋をつつく「フォンデュ」は
ある。すこし慣れればスピードでぬきんでることはでき
るが、チーズのフォンデュの場合はチーズしかなく、肉
のフォンデュの場合は肉しかないわけで、それ以上に手
のこんだ才能、たとえば素早く具を見分けるとか、的確
な判断を下すとか、まわりの者に心理的圧力をかけると
かいった才能を磨く必要はないのである。実はこうした
才能こそが日本料理の複雑さや洗練といったものの一面
なのであって、私の知る限り、これについて論じられる
ことはほとんどないように思う。

①も②も、抽象名詞を思いきってやわらかくくだいてある。

**練習問題 4**（101 ページ）
①こんな夜更けにまだ食べているのは、旺盛な食欲の持ち主か、胃がおかしくなって空腹と勘違いした連中ぐらいのものだった。
②憤然とする者に羨む者、怒る者にあきらめる者がいた。いろいろな見方のなかでも同意する者が多かったが、思いがけず激しいことをいう声も混じっていた。
③技術は立派に安定し、リズムはどこまでもむらがない、音の一つ一つの粒だちがよく、強奏部分はまるで銃声のように炸裂して力強い、タッチの音色はこのうえなくやわらかくてみずみずしいものから、熱狂的なまでの喜びや達観しきったような澄明さにまで変化する、こうしたありとあらゆる種類の比類ない美質がしかも一つの音楽的ヴィジョンによって統一されており、そのヴィジョンは――こんなことをいうのは月並みだが、やはりいわずにはいられない――ピアノというものを忘れさせてしまうのである。

**練習問題 5**（121 ページ）
①〈ルクレツィア様〉はまばゆく透通るようで、この上なく美しく、金色のクッションにつつましく膝をついていた。黒人の少女に引裾を持たせた長いローブは一面に金と宝石の刺繡がほどこされ、また二筋の金色の波となってまだ幼い肩にちょうど届く髪には、豪奢な宝石がとこ

練習問題訳例　367

ろどころにさり気なくあしらわれて光っていたが、それが彼女のいたいたしいまでにか弱い肢体をいやが上にも引き立てていた。

　　文頭の «Madame Lucrèce» は、爵位をもつ未婚の貴族女性への尊称。末尾の fragile et émouvante は語順を変えて訳してある。「か弱くて感動的な」では、émouvante のニュアンスがまったく生きないからである。

**練習問題 6**（133 ページ）
①一同が振りむくと、女が一人捕われていた。スラリとした姿で、足には幅のせまい皮ひもをきりりと巻きつけ、アルテミスの侍女が着るような丈の短い寛衣をまとっていた。打出し細工をほどこした金のピン二本で肩のところをとめた白布に帯を締め、ほっそりした膝がみえる。王冠状の銀の髪飾りが装いをこらした髪のなかで光っていた。髪の一部はきちんと編み、残りはアップにしてラコニア風に結っていたが、それがなんともしとやかでわざとらしいところがない。褐色の眼はよく澄んで、毅然としたものを宿し、誰の眼にもあのミノスの娘で太陽の孫、クレタの王女アリアドネと知れた。

**練習問題 7**（144 ページ）
①エーグ゠モルトは、今や足もとに、赤い屋根瓦を碁盤目状にせせこましく並べて、四方にそびえ立つ城壁の内側に囲いこまれていた。周囲はこれはまたすばらしい田野が広がり、大地は紫色で、銀と青の鹹湖がいくつか、なま暖かい風に吹かれてぽつねんとうち震えている。その

むこうは海で、水平線には船が何隻か、未知なる土地を目指して帆をふくらませていたが、それは出発、または逃走というもののみごとな象徴とも見えた。そう、私たちの魂、あわれな魂はみなこの逃走にあこがれているのだ。俗世間の下らぬことにばかり煩わされているものだから、自然がたっぷり貯えられているはずのあの未知の部分を求めてやまないのだ。

**練習問題 8**（155 ページ）
①数寄屋普請を好む人は、誰しもこう云う日本流の厠を理想とするであろうが、寺院のように家の広い割りに人数が少なく、しかも掃除の手が揃っている所はいいが、普通の住宅で、ああ云う風に常に清潔を保つことは容易でない。取り分け床を板張りや畳にすると、礼儀作法をやかましく云い、雑巾がけを励行しても、つい汚れが目立つのである。

**練習問題 9**（166 ページ）
①フランスのカフェがあたえてくれる一番確実な愉しみの一つに、じぶんも観察されることを承知でほかの客を観察するというのがある。テラスでも道行く人を観察できるが、この場合は劇場とおなじで、こちらが見られる心配はまずないといってよい。
②京都から来てみると、東京は魅力にあふれた、異国的で趣のある都会にみえる。駅からしてもうヤ・キ・ト・リ・ヤのタレがプンと匂い、そういえば東京は食物が旨くて安いのだったなと思いいたるわけである。

①の impunément を「展開説明」してさらに「述語訳」で処理したところ、②の bien と à bon marché を「品詞転換」しているところ、このあたりがポイントである。

## 練習問題 10 (183ページ)
①慣れてしまうと、眼はくたびれ、興味も薄れる。じっくり考えれば、偏見は免れても、判断に迷いが出る。何かに詳しくなればなるほど、それだけ視野が狭くなる。良いこと、嫌なこと、いろいろ経験すればするだけ、じぶん本位になってくる。そもそも外国などというものが論じられるのだろうか。

②日本の自然が美しいといっても、外国人の目から見ると、その美しさは他国と比べてはじめはそれほどエキゾチックでもないし、壮大なものでもない。むしろ驚かされるのは、日本人が自然というものにたいして抱いている特別な感情の方である。空間の美的な利用法、本物の自然顔負けの自然を造り出してしまう巧みな造園術、風景や季節を愛でる気持をどこまでも社会化するところ、などがそれである。

## 練習問題 11 (194ページ)
①一例をあげよう。わが国民が長きにわたる沈滞から驚くべき立ち直りを見せたという話は、何を読まれても書かれていることだ。あなたはそうした考えを鵜呑みにするか、でなければ型にはまった下らぬ言い草だと思いこむ。そうした考えは、ものごとを正しく判断しようと心がけて成長したあの若者たちを侮辱するものなのである

が、そういう侮辱が長くつづくとどんな結果を生むことになるか、あなたには分かっていない。かの有名なドレフュス事件以後、暴君たちは大物小物を問わずみな失脚し、あの事件が投げかけた巨大な波紋については今や万人の認めるところとなっている。その暴君どもがまたぞろのさばりはじめて、若者たちをおだてあげ、死に赴かせようとしていることも、あなたは気がついていないのではないか。私はそういう恐ろしい考えかたには反対で、そのことを書きもし、しゃべりもしてきた。ところがたいていの人びとは、そうした恐ろしい考えかたが、どの国民の歴史にも共通して見られる、一般には原因不明として片づけられがちな例の振子のような世論の揺れを示している、というていどにしか受けとめていない。「あの若者たちは卑劣だった。この連中の方がましだ」などという軍人や学者の演説は、すくなくともこの私から見るといつも底が割れている。学者たちの書きちらす文章にしてもそうだ。一貫して敵を罵る言葉だらけで、ようするに狙いは一つなのだ。街中での暴力沙汰や王党派のこけおどしにしてもそうだ。こういう戦争気分があなたをとらえ、否応なく引きずって破局へと導いたのだ。それでいて、あなたは国家間の紛争を解決してくれる調停裁判所のようなものをいつも探しもとめていたし、おそらくはまだ探しもとめているという有様なのだ。だが、これだけは言っておく。国家間の紛争のために戦うものなどだれもいないだろうが、じぶんが卑劣漢でないことを証しだてるためだったら、どんな男でも戦うだろう。

哲学者アランの面目躍如たる反戦論である。ひどくむつかしいが、あえて選んでみた。

**練習問題 12**（206 ページ）
①女はオールド・ミスに生まれつくわけではない。オールド・ミスをつくるのは、家庭の環境や精神や道徳、親同士の関係である。環境によっては文字どおり老嬢培養基みたいなのもあって、オールド・ミスはそこから身を離すすべを知らなかったのである。いろいろな原因があり、また原因同士が結びつくこともある。

　主な原因の一つに母親への固着というのがある。両親の仲がうまくいっていないと母親の方は相手、すなわち敵である男からじぶんがどれだけひどい目にあったかを娘にくどくどと語って聞かせる。母親の言い分がもっともであるかどうかは問題ではない。欲求不満の母親というのはエゴイストであり、何でも話せる娘を必要としている。母親は娘に罪の意識を植えつける。娘だけが唯一の愛の対象なので、そばに置きたがるのだ。ある時、ミシェルは言った。「あたしが家を出たら、母は死んでしまうわ」。37歳にもなって、ミシェルはまだ家にいる。また、こういう母親は、娘から女らしさを奪ってしまう。女性について娘が抱く最初のイメージは、成熟しそこなった、目立たない、顧みられることのない女性の姿である。こういう母親は娘をセックスからも遠ざけてしまう。母という失敗の見本を見せつけられた娘は、じぶんもまた男を幸せにはできないだろうと思いこむのだ。この「教育」の成果は、男を拒否したり、じぶんの殻に閉

じこもってしまう態度となって表われることが多い。

**練習問題 14**（226 ページ）
①カフェのテーブルで議論しているフランス人のグループを観察してみたまえ。例によってお得意の政治や哲学談議に夢中になっているな、と思われるに違いない。そうかもしれないが、連中が外の光景や周囲の雰囲気を何一つ見落としていないのも、これまた確かなのである。いやそればかりか、じぶんたちのことをびっくりして眺めている日本人観光客のあなた自身の姿だってちゃんと目に入っているのだ。連中は帰宅すると、今しがたのカフェで見かけた奇妙なこと、おもしろいこと、ありふれたことをくまなく語ってみせることができる。ところが、あれほど夢中になって何をしゃべっていたのか、ごひいきの議員選挙立候補者のために一生懸命何を弁じていたのか、そちらの方のことはおそらくとっくに忘れてしまっているのだ。

**練習問題 15**（236 ページ）
①話し言葉につづいて書き言葉を検討してみると、語彙にしろ構文にしろ、両者のあいだにはいちじるしい違いのあることが分かる。この違いが特にきわ立って見えるのは、新聞や雑誌の言語よりも、文学の言語を考察してみた場合である。文学の言語は、アカデミー・フランセーズや幾多の言語学関係の著作が文法を規範化しようとする努力を怠らないできたおかげで、伝統というものにつながっている。それに、新聞によってはわざわざ特別欄

を設けて、一種の「フランス語の擁護と顕揚」を専門家にやらせているものまである。

**練習問題 16**（246 ページ）
①五児の母などといえば、戦前であれば市場で主婦たちから後指をさされたものだが、それが今では時として羨しがられ気味なのである。物笑いの種になって死ぬほどつらい思いをする心配はもうない。現金支給を受けて社会的地位も向上し、一目置かれるばかりか、雨のなかで待つほかの客を尻目にバスに乗車できるところは、警視庁のお偉方なみの権威である。

**練習問題 17**（258 ページ）
①長い沈黙がはじまった。いってみれば催眠術の実験に立ち会うような気分で、冷やかしと不安が相半ばし、何か神秘なことが起こるかもしれないという漠然とした恐怖にとらわれるのである。もしかすると、魔術師の巧みな呪文に誘われて、瀕死の人間がどこからともなく出現するかもしれなかった。もしかして見られるかも……。
②とくとくとして、彼女はじぶんにふさわしい相手の容貌や人柄についてのべたて、そういう男が現にいて、街のどこかで待ってくれているということを、一瞬たりとも疑わなかった。そのしゃべりかたは、固定観念にとらわれててこでも動かない、もうろくした老人みたいに一徹そのものだった。

**練習問題 18**（267 ページ）
①ラテン語は具体的な表現を明らかに**好む**。
②出席者の皆さんに心のこもった**挨拶をし**なさい。
③彼は先祖の手柄話を**自慢気に**語った。
④彼は**躍起**になってあなたを追求している。
⑤**おっつけ**あの人から手紙が来ますよ。
⑥あの男は油断がならない**と思う**。
⑦あの不誠実な連中がこの寓話を読めばじぶんたちのことだと**思うはずだ**。
⑧彼は謀りごとなどまったく覚えがないと**言っている**。
⑨彼は私の決定が勝手だと**言っている**。
⑩彼はじぶんの主張を自由主義だと**言っている**が、それは間違いだ。

**練習問題 19**（284 ページ）
①冬はまだいい。寒いし、風は吹くし、雪も降る。野を走るなんて狂気の沙汰だ。火の前が心地よいから、そこを動かない。でも春になると風は快く、天気もさわやかになる。外に出て動きまわりたくなってくる。だれでもそうだが、僕もそうしたい気持が湧いてきた。飛び出したくて矢も楯もたまらず、そら恐ろしいほどだった。

**練習問題 20**（298 ページ）
①カッコつけるなって、お前さんよ、洒落た背広にスーツ・ケースなんぞをぶら下げてさ。言っとくがその背広もじきに折り目が消えちまうぜ。まあ任せとけって。油で汚れ、目に見えない埃がつけば艶もなくなるってもん

さ。そこへ俺がしみを住まわせてやるよ。そのうちに、それもそんなに先のことじゃないが、お前さんは背広を引張り出して野良仕事に着ていくことになるさ。そうすりゃ、背広がどうなるかお愉しみってもんだ。

② グレン・グールド入院

カナダのピアニスト、グレン・グールドは、心臓発作のため、1週間前からトロントの集中治療センターに入院している。この高名なピアニストが再起できるかどうかは、関係者にも分からない。50歳の誕生日を迎えたばかりのことであった。彼は1964年以来、公開演奏を中止している。

### 練習問題 21（309 ページ）

① それから 1963 年のある日のこと、小型のトポリーノを運転していた彼は――昔はフェラーリを次々と乗りまわしていたものだったが――ローマで大事故にあい、二度と立ち直ることができなかった。オペラを遠ざかること2 年間、あの一世を風靡した声を限りの絶唱も、息切れのためよみがえることはなかった。ワーグナーの楽劇に手を出し、宗教曲を試みたりもした。しまいにはまた絵筆をとりはじめた。そして制作中に息を引きとった――その声はだれの耳にも届かなかった。

> époumonnements には二重の意味が托され、動詞 triompher とのつながりでは「息切れ」になるが、後続の関係詞節に結びつけると、逆に全盛期のモナコ独特のあの心もち苦しそうな張りつめた高音域でのフォルティシモを意味する。マラルメの一節を思わせるような変則

語法である。

**練習問題 22**（323 ページ）
①彼女は昼間なら時間を選ばずに電話してきた。夜中にかけてくることもある。彼は満更でもなかった。あとが嬉しくて寝つかれない。彼女のことを考えはじめ、夢にまで見るのだった。なかなか真にうける気になれないのは、迷惑をかけたくなかったからでもあり、またこちらの気持を悟られたくなかったのである。

**練習問題 23**（331 ページ）
①あの日のこと、竪琴の優しい調べに合わせて歌うオルフェの足もとに一頭のライオンが来て寝そべった……人間たちは山から、山羊たちは岩から下りてきた。岩たちも、母岩と別れ、この音楽の湧き出る方を目指して動きはじめた。雪は詩人に近づこうと高山を離れ、詩の感化で陽を浴びても溶けなくなった。乳呑み子は母の乳房から口を離すと、もっとよく聴えるようにと振りむき、人殺しのナイフは空中に停止したまま錆つき、渡り鳥は木の枝に片脚でとまり、旅人は旅に出ようともせず、そのあいだにも樹木はオルフェのまわりを取り巻いていた。
②実家での晩餐会がすむと、彼はフィアンセとその父の判事および妻を建物の玄関まで見送った。一同が大階段を下りていると、最後から二つ目の段まできた娘はフィアンセの肩に手をついて飛び下りた。翌日、伯父は破談にした。

### 練習問題 24 (343 ページ)

①ソーノワに赴任しました。思ってたよりずっとひどい村よ。道は一本だけ、一応はプラタナスの並木道。家は白か灰色。タバコ屋と酒場を兼ねたカフェが一軒あって、客といえば太った赤ら顔の百姓たちがとことん酔っぱらって騒いでるの。話題は雨もよいの天気のこと、雌牛のこと、肉屋のおかみの火遊びのこと。おかみは小学校の教師（むろんお坊さんじゃありません）と浮気中。亭主はがっくりもいいとこで、牛の殺しかたまでおろそかになる。肉の質が落ちて、かみさん連中は隣村の肉屋に買いに行くようになる。これじゃソーノワにとってよくないというので、件の教師の解雇要求の話が出ています。

> l'instituteur laïc の laïc は「非聖職者」という意味で、小学校教育が世俗化しはじめ、ミッション校と一般校が並列していた時期を匂わせる。試訳では（　　）内のような形で処理してある。

### 練習問題 25 (353 ページ)

①作家というのは、はじめの骨子に輪郭をあたえてしまってからでも、ためつすがめつしてどこまでも吟味に徹するものである。足したり、削ったり、素材のわずかな凹凸でも掘りこみ、引き裂き、傷つけるのだ。当然のことながら、これだけの掌篇がたがいに緊密な結合の形で生みだされる代わりに、小説家自身の肉体は骨まで剝ぎとられることになる。

**練習問題 26**（363 ページ）

①ラスコーは閉鎖後 20 年でよみがえろうとしている。ヴェゼール川のほとりにまどろむ隣町のモンティニャックでは、みんながまだ半信半疑である。しかしながら、初期美術の壁面画を復元した複製画はなんともすばらしい出来ばえだ。目と鼻のところにある原画の方は腐触してしまい、カビにやられて消滅しないように方解石の膜までかぶせて日夜監視づきだったが、このラスコー第 2 号も、ジョルジュ・バタイユいうところの「奇跡」や「精神の舞踏」を生みだす点では、原画にまさるとも劣らない。真偽のほどは 7 月中旬からの一般公開でお確めを。

# 内容索引

　この索引は単なる言葉の索引ではなく、内容に関する索引である。

　「逆転（→転換）」などの→は、この矢印で示された別項（この場合は〝転換〟）もあわせて参照せよの意、また「ことわざ➡格言」などの➡は、別項（この場合〝格言〟）を見よの意である。

　本文中の引用文献に関する著者名・書名はこの索引には含まれていない。〝引用文献〟を参照のこと。

## あ―お

悪訳　　63
アスペクト　　86-89, 333-343
　　――における「以後」　　342
　　――における「以前」　　341-342
　　――における「折節」　　340-341
　　――における「開始」（→進入）　　338-340
生きた現在　　312
意志　　278-279, 286-287
位置　　116-120, 147-149, 348-352, 357-363
イデオロギーへの加担　　50
意味論的処理　　111-120
意味論的貧困　　104-105, 113
因果関係　　46, 61, 244-245
印象派美学　　74-75
書き言葉　　46, 48, 65, 74, 77
うしろから訳し上げる　　239-241, 247-251, 355-357
英訳　　335-337
エリート　　47-49, 60
on　　231-235
　　――が vous や nous に代用される場合　　231-232
　　――が語り手を代弁する（→語り手）　　232-233
　　――が不特定多数を表わす　　234-235
　　――の視点が作中人物にある（→視点、作中人物）　　233-234
　　――を受身で訳す　　233-234
　　――を省略して訳す（→省略して訳す）　　231-232

## か―こ

絵画的半過去　　311-312, 324-332
書き言葉　　46, 48, 65, 74, 77

格言　60-61, 66
過去分詞　354-363
　——が主語にかかる場合（→位置）　346-360
　——をフレーズにほどく（→解きほぐす）　360-362
　——を訳し上げる（→うしろから訳し上げる）　355-357
語り手　185, 232-233
語りの時制　299-332
関係代名詞　237-258
　——が因果関係を表現する（→因果関係）　244
　——が普遍的記述の場合（→超時的現在）　254-257
　——が理由説を構成する　244-245
　——の入れ子式の処理　251-254
　——の限定用法　238-239
　——の説明用法　238-239
　——の並列式の処理　247-251
　——をうしろから訳し上げる（→うしろから訳し上げる）　239-241
　——を順行で訳す（→順行訳）　242-245, 247-251
　——を分解して組み立てなおす（→分解して組み立てなおす）　250-251, 256-257
　——を短くまとめて訳す（→まとめて訳す）　240-241
冠詞　167-183
　——の重要性　168-170
漢字　136-138
感情移入　312
緩和　270

既知　78
逆転（→転換）　67-71
凝縮　54-58
凝縮文肢　56-59
強調　148
緊張　270-271
空間の表現　71
クレオール　30
継続相　273-275, 306-307
形容詞　102-144, 184-207
　——の位置　105-107, 116-120
　——の限定用法　103-104
　——の語順（→位置）　116-120
　　〈形＋名＋形〉　119-120
　　〈名＋形〉　117-119
　——の叙述用法　103-104
　——のそのまま訳（→そのまま訳）　102-121
　——の用法を転換する（→転換）　139-143
　——を省略して訳す（→省略して訳す）　135
　——を動詞になおす　131-132
　——を副詞になおす　124-127, 191
　——をまとめて訳す（→まとめて訳す）　136-138
　——を名詞になおす　127-130
現在形　61, 223-224, 254-257, 271-284
　——が注釈、説明を表わす　280-283
　——が超時的現在を表わす（→超時的現在）　279-280
　——が話し手の意志を表わす（→意志）　278-279
　——が未来、近接未来を表わす

(→未来)　278
　　──が物語のなかの現在を表わす
　　　(→物語の現在)　282-283,
　　　295-297
　　──における「開始」のアスペク
　　　ト　338-340
　　──における習慣(→習慣)
　　　275-276
　　──の継続相(→継続相)　273
　　　-275
　　──の文末表現(→文末表現)
　　　277
　　──の要約　271-273
　　──を過去形で訳す　276-277
現在分詞　344-353
　　──が文頭にきた場合(→位置)
　　　348-349
　　──が文末にきた場合(→位置)
　　　350-352
　　──の並列文　352
限定　78
限定詞　167-207
行為名詞　75-76
語学教室　28,40,156-157,355
ことわざ➡格言
こなれた訳　68,157,215
固有名詞　181-182

## さ─そ

作中人物　190,232-233,313-319,
　　328
作中人物の「放心」　328
ジェロンディフ　345-348
時間の表現　70-71
指示形容詞　184-195
　　──の「あれこれ」訳　185-
　　187
　　──の「以下」訳　188-190
　　──の「以上」訳　187-188
　　──の感情的用法　192-193
　　──の品詞転換訳(→品詞転換)
　　　191
　　──の「例の」訳　190
指示代名詞　227-231
　　──を省略して訳す(→省略して
　　　訳す)　229-230
　　──をほかの語と抱きあわせて訳
　　　す(→まとめて訳す)　228-
　　　229
　　──を弱めて訳す(→弱めて訳
　　　す)　228-229
時制　268-332
視点　146,233-234
視点移入　38,221-225,316-319
締めくくり　307-308,329-330
ジャーナリズムの文体　81
習慣　275-276
主語省略　50
主語の複数性(→複数性)　91
主語名詞　58-67
述部訳　159-161,264,345-346
種類の複数性(→複数性)　89-90
順行訳　242-245,346-347,350
条件の表現　64-65
小説　82,185-187,313-319
小説の時間　303-304
譲歩の表現　65-66
所有形容詞　55,66,196-207
　　──の習慣的関係　200-202
　　──を主語として読む　203-
　　　205
　　──をべつな言葉に置き換える
　　　198-200

内容索引　383

省略して訳す　135, 151-152, 229-231
深層　336
進入　301-302, 338-340
人物➡作中人物
生物主語　59-60
説明の時制　268-298
前景　325
戦後のフランス語翻訳　156-157
速読　80
そのまま上手に訳す　111-115
そのまま訳　102-121, 145-149, 156-157

## た―と

大過去形　302-308
　──が継続相を表わす（→継続相）　306-307
　──が結果としての状態を表わす　305-306
　──が締めくくりを表わす（→締めくくり）　307-308
代名詞　217-258
単純過去形　292-295, 300-302, 311, 336, 338
　──における「進入」（→進入）　301-302
忠実な訳　340
抽象観念　68
抽象動詞　259-267
　──の目的語を動詞で訳す（→品詞転換）　261-262
　──を「言う」と訳す　265-266
　──を「思う」と訳す　264-265

　──を副詞に転換する（→品詞転換）　263-264
抽象名詞　45, 47, 85-101
　──の特殊用法　92-100
　──の複数形　86-91
中性的証人　294, 318
超時的現在形（→現在）　254-257, 279-280
直訳　301
定冠詞　170-174
　──の個別特定化　170-172
　──の総称的表現　172
　──の複数形（→複数性）　172-174
転位形容詞　108-111
転換（→逆転）　67, 120, 139-143
道化　36, 210
動詞　45, 259-363
統辞論的処理　122-144
統辞論的貧困　104-105
解きほぐす　54-58, 360-362

## な―の

内的独白　294
日本語　45, 59, 68
日本語の三層構成　36-37
人称　208-216
人称指示語の省略（→省略して訳す）　218
人称支配　218-221
人称代名詞　213-215, 217-226
　──をもとの名詞で訳す　221
人称転換　215-216, 287-289, 361-362
人称分裂　208-216

# は―ほ

背景　325
発話主体　269-271, 311, 325
発話態度　269-271
話し言葉　46, 48
速く書ける　80-81
半過去形　310-332
　　――が因果関係を表わす（→因果関係）　319-320
　　――が締めくくり（→締めくくり）を表わす　329-330
　　――が小説の作中人物（→作中人物、視点）にかかわる場合　313-319
　　――が反復・未遂を表わす（反復、未遂）　320-322
　　――における「開始」のアスペクト　339-340
　　――の絵画的半過去用法（→絵画的半過去）　311-312, 324-332
反復　87-89, 320-321
ひと　59
表現主体 ➡ 発話主体
表層　336
品質名詞　75
品詞転換　55-57, 75, 122-133, 162-165, 181, 191, 260-262
付加形容詞　105-106, 116-117
複合過去形　269, 289-297
　　――と単純過去（→単純過去）との併用　292-295
　　――と物語の現在（→現在形、物語の現在）　295-297
　　――を現在形で訳す　290-295
副詞　145-166
　　――の位置を工夫する（→位置）　147-149
　　――を述部的に訳す（→述部訳）　159-161
　　――を省略して訳す（→省略して訳す）　151-152
　　――をそのまま訳す（→そのまま訳）　145-147
　　――を展開説明して訳す（→補足訳）　153-154
　　――を転換して訳す（→品詞転換）　162-165
　　――をほかの語と抱きあわせて訳す（→まとめて訳す）　157-159
　　――を弱めて訳す（→弱めて訳す）　149-151
複数性　87-91, 98, 172-174
仏語翻訳という文化　27-38
仏文を逆用する　108, 115, 156-157, 345, 356
不定冠詞　174-182
　　――の固有名詞修飾（→固有名詞）　181-182
　　――の総称的用法　175-176
　　――の単数形　174-175
　　――の複数形（→複数性）　179-181
　　――の不特定用法　176-179
フランス語のカリスマ性　46, 49, 63
フランス語の対象指示　50-52
フランス語の多義性　40-43
フランス語の抽象性　44-52, 259
フランス語の特性　39-53
フランス文学専攻　28-29
文　56

分解（→解きほぐす）　54-58
分解して組み立てなおす　150-151, 257, 259
文学的教養　46
文肢　56-57
分詞　344-363
文章語→書き言葉
文末表現　277
補足訳　153-154, 179, 182

## ま―も

まとめて訳す　137-138, 157-159, 240-241
未遂　320-322
導きの動詞　62-63, 262
未来　278
未来形　285-289
　　――が意志を表わす（→意志）　286-287
　　――が命令（→命令）を表わす　286-288
　　――が予見を表わす　285-286
　　――を人称転換して訳す（人称転換）　287-289
無生物主語　45-47, 66-67
名詞　54-101
名詞構文　47, 204
名詞文の社会的条件　80-83
名詞文の文法的・形態的条件　75-79
命令　286-288
もの　58
物語の現在　282-283, 295-297

## や―よ

要求する主語　69-70
弱めて訳す　149-151, 228, 229

## ら―ろ

論証の表現　61-64

本書は1985年10月21日バベル・プレスより刊行された『翻訳仏文法』(上)を一部改定したものである。

「翻訳仏(英・独・中 etc.)文法」は、BABEL UNIVERSITY(株式会社バベル)の翻訳教育のオリジナル・メソッドです。

| | | |
|---|---|---|
| ベンヤミン・コレクション2 | ヴァルター・ベンヤミン 浅井健二郎編訳 三宅晶子ほか訳 | 中断と飛躍を恐れぬ思考のリズム、巧みに布置された理念や細部に宿るベンヤミイの思想の新編・新訳アンソロジー、第二集。 |
| ベンヤミン・コレクション3 | ヴァルター・ベンヤミン 浅井健二郎編訳 久保哲司訳 | 「独自の歴史意識に貫かれた《想起》実践の各篇「一方通行路」「ドイツの人びと」「ベルリンの幼年時代」などを収録。 |
| ベンヤミン・コレクション4 | ヴァルター・ベンヤミン 浅井健二郎編訳 土合文夫ほか訳 | 〈批評の瞬間〉における直観の内容をきわめて構成的に叙述したベンヤミンの諸論考を初期の哲学的思索から同時代批評までを新訳で集成。 |
| ベンヤミン・コレクション5 | ヴァルター・ベンヤミン 浅井健二郎編訳 土合文夫ほか訳 | 文学、絵画、宗教、映画——主著と響き合い、新たな光を投げかけるベンヤミン《思考》の断片を立体的に集成。新編・新訳アンソロジー、待望の第五弾。 |
| ベンヤミン・コレクション6 | ヴァルター・ベンヤミン 浅井健二郎編訳 久保哲司訳 | ソネット、未完の幻想小説風短編など、『パサージュ論』成立の背後で友人たちに送った手紙、若き日の履歴書、ソネットなどの知られざる創作世界が注目の待望の第六弾。 |
| ベンヤミン・コレクション7 | ヴァルター・ベンヤミン 浅井健二郎編訳 | 文人たちとの対話を記録した日記、若き日の履歴書、死を覚悟して友人たちに送った手紙——20世紀を代表する評論家の個人史から激動の時代精神を読む。 |
| ドイツ悲劇の根源(上) | ヴァルター・ベンヤミン 浅井健二郎訳 | 〈根源〉へのまなざしが、〈ドイツ・バロック悲劇〉という天窓を通して見る、存在と歴史の〈星座〉(状況布置)。ベンヤミンの主著の新訳決定版。 |
| ドイツ悲劇の根源(下) | ヴァルター・ベンヤミン 浅井健二郎訳 | 上巻「認識批判的序章」「バロック悲劇とギリシア悲劇」に続けて、下巻「アレゴリーとバロック悲劇」、関連の新訳論文を付して、新編でおくる。 |
| パリ論/ボードレール論集成 | ヴァルター・ベンヤミン 久保哲司/土合文夫訳 | 『パサージュ論』を構想する中で書きとめられた膨大な覚書を中心に、パリをめぐる考察を一冊に凝縮。ベンヤミンの思考の核を明かす貴重な論考集。 |

| 書名 | 著者 | 訳者 | 内容紹介 |
|---|---|---|---|
| フーコー・コレクション フーコー・ガイドブック | ミシェル・フーコー/小林康夫/石田英敬/松浦寿輝編 | | 20世紀の知の巨人フーコーは何を考えたのか。主要著作の内容紹介・本人による講義要旨・詳細な年譜で、その思考の全貌を一冊に完全集約！ |
| マネの絵画 | ミシェル・フーコー | 阿部崇訳 | 19世紀美術史にマネがもたらした絵画表象のテクニックとモードの変革を、13枚の絵で読解。フーコーの伝説的講演録に没後のシンポジウムを併録。 |
| 間主観性の現象学 その方法 | エトムント・フッサール | 浜渦辰二/山口一郎監訳 | 主観や客観、観念論や唯物論をめぐる「現象」そのものを解明したフッサール現象学の中心課題。現代哲学の大きな潮流「他者」論の成立を促す。本邦初訳。 |
| 間主観性の現象学II その展開 | エトムント・フッサール | 浜渦辰二/山口一郎監訳 | フッサール現象学のメインテーマ第II巻。自他の身体の関係性から人格的生の精神共同体までの真の関係性を喪失した孤立する実存の限界を克服。 |
| 間主観性の現象学III その行方 | エトムント・フッサール | 浜渦辰二/山口一郎監訳 | 間主観性をめぐる方法、展開をへて、その究極の目的（行方）が、真の人間性の実現に向けた普遍的目的論として呈示される。壮大な構想の完結篇。 |
| 内的時間意識の現象学 | エトムント・フッサール | 谷徹訳 | 時間は意識のなかでどのように構成されるのか。哲学・思想・科学に大きな影響を及ぼしている名著の新訳。詳細な訳注を付し、初学者の理解を助ける。 |
| リベラリズムとは何か | マイケル・フリーデン | 山岡龍一監訳/寺尾範野/森達也訳 | 政治思想上の最重要概念でありながら、どこか曖昧でつかみどころのないリベラリズム。その核心をこのうえなく明快に説く最良の入門書。 |
| 風土の日本 | オギュスタン・ベルク | 篠田勝英訳 | 自然を神の高みに置く一方、無謀な自然破壊をする日本人とは何か？ フランス日本学の第一人者による画期的な文化・自然論。 |
| ベンヤミン・コレクション1 | ヴァルター・ベンヤミン | 浅井健二郎編訳/久保哲司訳 | ゲーテ『親和力』論、アレゴリー論からボードレール論まで、ベンヤミンにおける近代の意味を問い直す、新訳のアンソロジー。 |

自我論集

ジークムント・フロイト
竹田青嗣編
中山元訳

フロイト心理学の中心、「自我」理論の展開をたどる新編・新訳のアンソロジー。「快感原則の彼岸」「自我とエス」など八本の主要論文を収録。

明かしえぬ共同体

モーリス・ブランショ
西谷修訳

G・バタイユが孤独な内的体験のうちに失うという形で見出した〈共同体〉。そしてM・デュラスが描いた奇妙な男女の不可能な愛の〈共同体〉。

フーコー・コレクション（全6巻＋ガイドブック）

ミシェル・フーコー
小林康夫／石田英敬／松浦寿輝編

20世紀最大の思想家フーコーの活動を網羅した『ミシェル・フーコー思考集成』。その多岐にわたる思考のエッセンスをテーマ別に集約する

フーコー・コレクション1 狂気・理性

ミシェル・フーコー
小林康夫／石田英敬／松浦寿輝編

第1巻は、西欧の理性がいかに狂気を切りわけてきたかという最初期の問題系をテーマとする諸論考。"心理学者"としての顔に迫る。（小林康夫）

フーコー・コレクション2 文学・侵犯

ミシェル・フーコー
小林康夫／石田英敬／松浦寿輝編

狂気と表裏をなすフーコーの"不在"の経験として、文学をフーコーは読み解かれる。人間の境界＝極限を、その言語活動に探る文学論。（松浦寿輝）

フーコー・コレクション3 言説・表象

ミシェル・フーコー
小林康夫／石田英敬／松浦寿輝編

ディスクール分析を通しフーコー思想の重要概念も精緻化されていく。『言葉と物』から『知の考古学』へと研ぎ澄まされる方法論。（小林康夫）

フーコー・コレクション4 権力・監禁

ミシェル・フーコー
小林康夫／石田英敬／松浦寿輝編

政治への参加とともに、フーコーにおける"権力"の問題が急浮上する。規律社会に張り巡らされた巧妙なメカニズムを解明する。（松浦寿輝）

フーコー・コレクション5 性・真理

ミシェル・フーコー
小林康夫／石田英敬／松浦寿輝編

どのようにして、人間の真理が〈性〉にあるとされてきたのか。欲望的主体の系譜を遡り、「自己の技法」の主題へと繋がる論考群。（石田英敬）

フーコー・コレクション6 生政治・統治

ミシェル・フーコー
小林康夫／石田英敬／松浦寿輝編

西洋近代の政治機構から定義するか。近年明らかにされてきたフーコー最晩年の問題群を読む。領土・人口・治安など、権力論から再定義する。（石田英敬）

## 入門経済思想史 世俗の思想家たち
R・L・ハイルブローナー　八木甫ほか訳

何が経済を動かしているのか。スミスからマルクス、ケインズ、シュンペーターまで、経済思想の巨人たちのヴィジョンを追う名著の最新版訳。

## 分析哲学を知るための 哲学の小さな学校
ジョン・パスモア　大島保彦/高橋久一郎訳

数々の名テキストで哲学ファンを魅了してきた分析哲学界の重鎮が、現代哲学を総ざらい。思考や議論の技を磨ける、哲学史を学べる便利な一冊。

## 表現と介入
イアン・ハッキング　渡辺博訳

科学にとって「在る」とは何か？ 現代哲学の鬼才が20世紀を揺るがした問いの数々に鋭く切り込む！ 科学は真理を捉えられるのか？（戸田山和久）

## 社会学への招待
ピーター・L・バーガー　水野節夫/村山研一訳

社会学とは、「当たり前」とされてきた物事をあえて疑い、その背後に隠された謎を探求しようとする営みである。長年親しまれてきた大定番の入門書。

## 聖なる天蓋
ピーター・L・バーガー　薗田稔訳

全ての社会は自らを究極的に審級する象徴の体系、「聖なる天蓋」をもつ。宗教について理論・歴史の両面から新たな理解をもたらした古典的名著。

## 人知原理論
ジョージ・バークリー　宮武昭訳

「物質」なるものは存在しない――。バークリーの思想的核心が、平明のうえない訳文と懇切丁寧な注釈により明らかとなる。主著、待望の新訳。

## デリダ
ジェフ・コリンズ　鈴木圭介訳

「脱構築」「差延」の概念で知られるデリダ。現代思想に偉大な軌跡を残したその思想をわかりやすくビジュアルに紹介。丁寧な年表、書誌を付す。

## ビギナーズ 倫理学
デイヴ・ロビンソン文 クリス・ギャラット画　鬼澤忍訳

正義とは何か？ なぜ善良な人間であるべきか？ 倫理学の重要論点を見事に整理した、道徳的カオスの中を生き抜くためのビジュアル・ブック。

## 宗教の哲学
ジョン・ヒック　間瀬啓允/稲垣久和訳

古今東西の宗教の多様性と普遍性は、究極的実在に対する様々に異なるアプローチであり応答である。「宗教的多元主義」の立場から行う哲学的考察。

| 書名 | 著者/訳者 | 内容紹介 |
|---|---|---|
| ロラン・バルト モード論集 | ロラン・バルト 山田登世子編訳 | エスプリの弾けるエッセイから、初期の金字塔『モードの体系』に至る記号学的モード研究まで。オリジナル編集・新訳。初期のバルトの本気が光るモード論考集。 |
| 呪われた部分 | ジョルジュ・バタイユ 酒井健訳 | 『蕩尽』こそが人間の生の本来的目的である! 思想界を震撼させ続けたバタイユの主著、45年ぶりの待望の新訳。沸騰する生と意識の覚醒へ! |
| エロティシズム | ジョルジュ・バタイユ 酒井健訳 | 人間存在の根源的な謎を、鋭角で明晰な論理で解き明かすバタイユ思想の核心。禁忌とは、侵犯とは何か?待望久しかった新訳決定版。 |
| 宗教の理論 | ジョルジュ・バタイユ 湯浅博雄訳 | 聖なるものの誕生から衰滅までをつきつめ、宗教の根源的核心に迫る。文学、芸術、哲学、そして人間にとっての宗教の〈理論〉とは何なのか。 |
| エロティシズムの歴史 | ジョルジュ・バタイユ 湯浅博雄/中地義和訳 | 著者の思想の核心をなす重要論考20篇を収録。文庫化にあたり「クレー」「ヘーゲル弁証法の基底への批判」「シャプサルによるインタビュー」を増補。 |
| エロスの涙 | ジョルジュ・バタイユ 森本和夫訳 | 三部作として構想された『呪われた部分』の第三部。荒々しい力〈性〉の禁忌に迫り、エロティシズムの本質を暴く一冊。二百数十点の図版で構成されたバタイユの遺著。(吉本隆明) |
| 呪われた部分 有用性の限界 | ジョルジュ・バタイユ 中山元訳 | エロティシズムは禁忌と侵犯の中にあり、それは死と切り離すことができない。二百数十点の図版で構成されたバタイユの遺著。(林好雄) |
| ニーチェ覚書 | ジョルジュ・バタイユ編著 酒井健訳 | 『呪われた部分』草稿、アフォリズム、ノートなど15年にわたり書き残した断片。バタイユの思想体系の全体像と精髄を浮き彫りにする待望の新訳。 |
| | | バタイユが独自の視点で編んだニーチェ箴言集。ニーチェを深く読み直す営みから生まれた本書には二人の思想が相響きあっている。詳細な訳者解説付き。 |

|  |  |  |
|---|---|---|
| 論理哲学入門 | E・トゥーゲントハット/ U・ヴォルフ 鈴木崇夫/石川求訳 | 論理学とは何か。またそれは言語や現実世界とどんな関係にあるのか。哲学史への確かな目配りと強靭な思索をもって解説するドイツの定評ある入門書。 |
| ニーチェの手紙 | 茂木健一郎編・解説 塚越敏/眞田收一郎訳 | 哲学の全歴史を一新させた偉人が、思いを寄せる女性に綴った真情溢れる言葉から、手紙に残した名句まで——書簡から哲学者の真の人間像と思想に迫る。 |
| 存在と時間 上・下 | M・ハイデッガー 細谷貞雄訳 | 哲学の根本課題、存在の問題を、現存在としての人間の時間性の視界から解明した大著。刊行時すでに哲学の古典と称された20世紀の記念碑的著作。 |
| 「ヒューマニズム」について | M・ハイデッガー 渡邊二郎訳 | 『存在と時間』から二〇年、沈黙を破った哲学者の後期の思想の精髄。「人間」ではなく「存在の真理」の思索を促す。書簡体による存在論入門。 |
| ドストエフスキーの詩学 | ミハイル・バフチン 望月哲男/鈴木淳一訳 | ドストエフスキーの画期性とは何か？《ポリフォニー論》と《カーニバル論》という、魅力にみちた二視点を提起した先駆的著作。（望月哲男） |
| 表徴の帝国 | ロラン・バルト 宗左近訳 | 「日本」の風物・慣習に感嘆しつつもそれらを〈零度〉に解体し、詩的素材としてエクリチュールとシーニュについての思想を展開させたエッセイ集。 |
| エッフェル塔 | ロラン・バルト 宗左近訳 諸田和治訳 伊藤俊治図版監修 | 塔によって触発される表徴を次々に展開させること で、その創造力を自在に操る、バルト独自の構造主義的思考の原形。解説・貴重図版多数併載。 |
| エクリチュールの零度 | ロラン・バルト 森本和夫/林好雄訳註 | 哲学・文学・言語学など、現代思想の幅広い分野に怖るべき影響を与え続けているバルトの理論的主著。詳註を付した新訳決定版。（林好雄） |
| 映像の修辞学 | ロラン・バルト 蓮實重彥/杉本紀子訳 | イメージは意味の極限である。広告写真や報道写真、そして映画におけるメッセージの記号を読み解き、意味を探り、自在に語る魅惑の映像論集。 |

| 省察 | ルネ・デカルト | 山田弘明訳 | 徹底した懐疑の積み重ねから、確実な知識を探り世に証明づける。哲学入門者が最初に読むべき、近代哲学の源泉たる『省察』。詳細な解説付新訳。 |

方　法　序　説　ルネ・デカルト　山田弘明訳
「私は考える、ゆえに私はある」。近代以降すべての哲学は、この言葉で始まった。世界中で最も読まれている哲学書の完訳。平明な徹底解説付。

社　会　分　業　論　エミール・デュルケーム　田原音和訳
人類はなぜ社会を必要としたか。近代社会学の嚆矢をなすデュルケーム畢生の大著を定評ある名訳で送る。社会はいかにして発展するか。(菊谷和宏)

公衆とその諸問題　ジョン・デューイ　阿部齊訳
大衆社会の到来とともに公共性の成立基盤は衰退した。民主主義は再建可能か？プラグマティズムの代表的思想家がこの難問を考察する。(宇野重規)

旧体制と大革命　A・ド・トクヴィル　小山勉訳
中央集権の確立、パリ一極集中、そして平等を自由に優先させる精神構造──フランス革命の成果は実は旧体制の時代にすでに用意されていた。

ニ　ー　チ　ェ　ジル・ドゥルーズ　湯浅博雄訳
〈力〉とは差異にこそその本質を有している──ニーチェのテキストを再解釈し、尖鋭なポスト構造主義的イメージを提出した、入門的小論考。

カントの批判哲学　ジル・ドゥルーズ　國分功一郎訳
近代哲学を再構築してきたドゥルーズが、三批判書を追いつつカントの読み直しを図る。ドゥルーズ哲学が形成される契機となった一冊。新訳。

基礎づけるとは何か　ジル・ドゥルーズ　國分功一郎／長門裕介／西川耕平編訳
より幅広い問題に取り組んでいた、初期の未邦訳論考集。思想家ドゥルーズの「企画の種子」群を紹介し、彼の思想の全体像をいま一度描きなおす。

スペクタクルの社会　ギー・ドゥボール　木下誠訳
状況主義──「五月革命」の起爆剤のひとつとなった芸術=思想運動──の理論的支柱で、最も急進的かつトータルな現代消費社会批判の書。

|  |  |  |
|---|---|---|
| 自然権と歴史 | レオ・シュトラウス 塚崎智/石崎嘉彦訳 | 自然権の否定こそが現代の深刻なニヒリズムをもたらした、という現象学の理念を大胆に読み直し、自然権論の復権に至る思想史を大胆に読み直し、自然権論の復権に至る20世紀の名著。 |
| 生活世界の構造 | アルフレッド・シュッツ/トーマス・ルックマン 那須壽監訳 | 「事象そのものへ」という現象学の理念を社会学研究で実践し、日常を生きる「普通の人びと」の視点から日常生活世界の「自明性」を究明した名著。 |
| 哲学ファンタジー | レイモンド・スマリヤン 高橋昌一郎訳 | 論理学の鬼才が、軽妙な語り口ながら、切れ味抜群の思考法で哲学から倫理学まで広く対話篇の魅力を堪能しつつ、思考を鍛える！ |
| ハーバート・スペンサー コレクション | ハーバート・スペンサー 森村進編訳 | 自由はどこまで守られるべきか。リバタリアニズムの源流となった思想家の理論の核が凝縮された論考を精選し、平明な文庫で送る。文庫オリジナル編訳。 |
| ナショナリズムとは何か | アントニー・D・スミス 庄司信訳 | ナショナリズムは創られたものか、それとも自然なものか。この矛盾に満ちた心性の正体と、世界的権威が徹底的に解説する。最良の入門書・本邦初訳。 |
| 日常的実践のポイエティーク | ミシェル・ド・セルトー 山田登世子訳 | 読書、歩行、声。それらは分類し解析する近代的知が見落とす、無名の者の戦術である。領域を横断し、秩序に抗う技芸を描く。（渡辺優） |
| 反解釈 | スーザン・ソンタグ 高橋康也他訳 | 〈解釈〉を偏重する在来の批評に対し、〈形式〉を受ける官能美学の必要性をとき、理性や合理主義に対する感性の復権を唱えたマニフェスト。 |
| 声と現象 | ジャック・デリダ 林好雄訳 | フッサール『論理学研究』の綿密な読解を通して、「脱構築」「痕跡」「差延」「代補」「エクリチュール」など、デリダ思想の中心的"操作子"を生み出す。 |
| 歓待について | ジャック・デリダ アンヌ・デュフールマンテル編 廣瀬浩司訳 | 異邦人＝他者を迎え入れることはどこまで可能か？ギリシャ悲劇、クロソウスキーなどを経由し、この喫緊の問いにひそむ歓待の〈不〉可能性に挑む。 |

## さらば学校英語 実践翻訳の技術　別宮貞徳

英文の意味を的確に理解し、センスのいい日本語に翻訳するコツは? 日本人が陥る誤訳の罠は? 達人ベック氏が技の真髄を伝授する実践講座。

## 裏返し文章講座　別宮貞徳

翻訳批評で名高いベック氏ならではの文章読本。翻訳文を素材に、ヘンな文章、意味不明の言い回しを一刀両断、明晰な文章を書くコツを伝授する。

## 漢文入門　前野直彬

漢文読解のポイントは「訓読」にあり、歴史にもあり。その方法はいかにして確立されたか、歴史にもあり。その方法を読むための基礎知識を伝授。(齋藤希史)

## 精講漢文　前野直彬

往年の名参考書が文庫に! 文法の基礎だけでなく、中国の歴史・思想や日本の漢文学をも解説。漢字文化の多様な知識が身につく名著。(堀川貴司)

## 改訂増補 古文解釈のための国文法入門　松尾聰

助詞・助動詞・敬語等、豊富な用例をもとに語意を吟味しつつ、正確な古文解釈に必要な知識を詳述。多くの学習者に支持された名参考書。(小田勝)

## 考える英文法　吉川美夫

知識ではなく理解こそが英文法学習の要諦だ。簡明な解説と豊富な例題を通して英文法の仕組みを血肉化させていくロングセラー参考書。(齋藤兆史)

## わたしの外国語学習法　ロンブ・カトー 米原万里訳

16ヵ国語を独学で身につけた著者が明かす語学学習の秘訣。特殊な才能がなくても外国語は必ず習得できる! という楽天主義に感染させてくれる。

## 英語類義語活用辞典　最所フミ編著

類義語・同意語・反意語の正しい使い分けが、豊富な例文から理解できる定評ある辞典。学生や教師・英語表現の実務家の必携書。(加島祥造)

## 日英語表現辞典　最所フミ編著

日本人が誤解しやすいもの、英語理解のカギになるもの、まぎらわしい同義語、日本語の伝統的な表現・慣用句・俗語を挙げ、詳細に解説。(加島祥造)

|  |  |  |
|---|---|---|
| 古文読解のための文法 | 佐伯梅友 | 複雑な古文の世界へ分け入るには、文の組み立てや語句相互の関係を理解することが肝要である。「佐伯文法」の到達点を示す、古典文法学の名著。（小田勝） |
| チョムスキー言語学講義 | チョムスキー/バーウィック 渡会圭子訳 | 言語は、ヒトのみに進化した生物学的な能力である。その能力とはいかなるものか。なぜ言語が核心なのか。言語と思考の本質に迫る格好の入門書。 |
| 文章心得帖 | 鶴見俊輔 | 「余計なことはいわない」「紋切型を突き崩す」等、実践的に展開される本質的文章論。70年代に開かれた一般人向け文章教室の再現。 |
| ことわざの論理 | 外山滋比古 | 「隣の花は赤い」「急がばまわれ」……お馴染のことわざの語句や表現を味わい、あるいは英語の言い回しと比較して、日本語の心性を浮き彫りにする。 |
| 知的創造のヒント | 外山滋比古 | あきらめていたユニークな発想が、あなたにもできます。著者の実践する知的習慣、個性的なアイデアを生み出す思考トレーニングを紹介！ |
| 英文対訳 日本国憲法 [完全独習版] | | 英語といっしょに読めばよくわかる！「日本国憲法」のほか、「大日本帝国憲法」「教育基本法」全文を対訳形式で収録。自分で理解するための一冊。 |
| 知的トレーニングの技術 [完全独習版] | 花村太郎 | お仕着せの方法論をマネするだけでは、真の知的創造にはつながらない。偉大な先達が実践した手法から実用的な表現術まで盛り込んだ伝説のテキスト。 |
| 思考のための文章読本 | 花村太郎 | 本物の思考法は偉大なる先哲に学べ！先人たちの思考を10の形態に分類し、それらが生成・展開していく過程を鮮やかに切り出す、画期的な試み。 |
| 「不思議の国のアリス」を英語で読む | 別宮貞徳 | このけたはずれにおもしろい、奇抜な名作を、いっしょに英語で読んでみませんか──『アリス』の世界を原文で味わうための、またとない道案内。 |

|  |  |  |
|---|---|---|
| 古代日本語文法 | 小田 勝 | 現代語文法の枠組みを通して古代語文法を解説。中古和文を中心に、本書には古典文を読み解くために必要不可欠な知識が網羅されている。学習者必携。 |
| 概説文語文法 改訂版 | 亀井 孝 | 傑出した国語学者であった著者が、たんに作品解釈のためだけではない『教養としての文法』を説く。国文法を学ぶ意義を再認識させる書。（屋名池誠） |
| レポートの組み立て方 | 木下是雄 | 正しいレポートを作るにはどうすべきか。『理科系の作文技術』で話題を呼んだ著者が、豊富な具体例をもとに、そのノウハウをわかりやすく説く。 |
| 中国語はじめの一歩 [新版] | 木村英樹 | 発音や文法の初歩から、中国語の背景にあるものの考え方や対人観・世界観まで、身近なエピソードとともに解説。楽しく学べる中国語入門。 |
| 深く「読む」技術 | 今野雅方 | 「点が取れる」ことと「読める」のか？　実はまったく別。ではどうすれば「読める」のか？　読解力を培い自分で考える力を磨くための徹底訓練講座。 |
| 議論入門 | 香西秀信 | 議論で相手を納得させるには５つの「型」さえ押さえればいい。豊富な実例と確かな修辞学的知見をもとに、論証や反論に説得力を持たせる論法を伝授！ |
| どうして英語が使えない？ | 酒井邦秀 | 『でる単』と『700選』で大学には合格した。でも、少しも英語ができるようにならなかった「あなた」へ。学校英語の害毒を洗い流すための処方箋。 |
| 快読100万語！ペーパーバックへの道 | 酒井邦秀 | 辞書はひかない！　わからない語はとばす！　すぐ読めるやさしい本をたくさん読めば、ホンモノの英語が自然に身につく。奇跡をよぶ実践講座。 |
| さよなら英文法！多読が育てる英語力 | 酒井邦秀 | 「努力」も「根性」もいりません。愉しく読むうちに豊かな実りがあなたにも。人工的な「日本英語」を棄てて真の英語力を身につけるためのすべてがここに！ |

|  |  |  |
|---|---|---|
| てつがくを着て、まちを歩こう | 鷲田清一 | 規範から解き放たれ、目まぐるしく変遷するモードの世界に、常に変わらぬ肯定的な眼差しを送りつづけてきた著者の軽やかなファッション考現学。 |
| 英文翻訳術 | 安西徹雄 | 大学受験生から翻訳家志望者まで。達意の訳文で知られる著者が、文法事項を的確に押さえ、短文を読みときながら伝授する、英文翻訳のコツ。 |
| 英語の発想 | 安西徹雄 | 直訳から意訳への変換ポイントは、根本的な発想の転換にこそ求められる。英語と日本語の感じ方、認識パターンの違いを明らかにする翻訳読本。 |
| 英文読解術 | 安西徹雄 | 単なる英文解釈から抜け出すコツとは？ 名コラムニストの作品をテキストに、読解の具体的な秘訣と要点を懇切詳細に教授する、力のつく一冊。 |
| 〈英文法〉を考える | 池上嘉彦 | 文法を身につけることとコミュニケーションのレベルでの正しい運用の間のミッシング・リンクを、認知言語学の視点から繋ぐ。 |
| 日本語と日本語論 | 池上嘉彦 | 認知言語学の第一人者が洞察する、日本語の本質。既存の日本語論のあり方を整理し、言語類型論的の立場から再検討する。〈西村義樹〉 |
| 文章表現 四〇〇字からのレッスン | 梅田卓夫 | 誰が読んでもわかりやすいが自分にしか書けない、そんな文章を書こう。発想を形にする方法、〈メモ〉の利用法、体験的に作品を作り上げる表現の実践書。〈野村益寛〉 |
| 反対尋問 | フランシス・ウェルマン 梅田昌志郎訳 | 完璧に見える主張をどう切り崩すか。名弁護士らが用いた技術をあますことなく紹介し、多くの法律家に影響を与えた古典的名著。〈平野龍一／高野隆〉 |
| 論証のルールブック[第5版] | アンニー・ウェストン 古草秀子訳 | 論理的に考え、書き、発表し、議論する。そのための最短ルートはマニュアルでなく、守るべきルールを理解すること。全米ロングセラー入門書最新版！ |

| | |
|---|---|
| 翻訳仏文法 上 | 二〇〇三年十月八日　第一刷発行<br>二〇二五年一月三十日　第五刷発行 |
| 著　者 | 鷲見洋一（すみ・よういち） |
| 発行者 | 増田健史 |
| 発行所 | 株式会社筑摩書房<br>東京都台東区蔵前二—五—三　〒一一一—八七五五<br>電話番号　〇三—五六八七—二六〇一（代表） |
| 装幀者 | 安野光雅 |
| 印刷所 | 株式会社精興社 |
| 製本所 | 加藤製本株式会社 |

乱丁・落丁本の場合は、送料小社負担でお取り替えいたします。
本書をコピー、スキャニング等の方法により無許諾で複製する
ことは、法令に規定された場合を除いて禁止されています。請
負業者等の第三者によるデジタル化は一切認められていません
ので、ご注意ください。
© YOICHI SUMI 2003 Printed in Japan
ISBN978-4-480-08791-1　C0185